MUDE A SUA MENTE E TRANSFORME A SUA VIDA

Os conceitos da "cura das atitudes" inspirados no clássico da espiritualidade contemporânea *Um Curso de Milagres*

Gerald G. Jampolsky, M.D.
Diane V. Cirincione

MUDE A SUA MENTE E TRANSFORME A SUA VIDA

Os conceitos da "cura das atitudes" inspirados no clássico da espiritualidade contemporânea *Um Curso de Milagres*

Tradução
MERLE SCOSS
MELANIA SCOSS

EDITORA CULTRIX
SÃO PAULO

Título do original:
Change Your Mind, Change Your Life
Based On *A Course in Miracles*

Edição	Ano
1-2-3-4-5-6-7-8-9	96-97-98-99

Direitos de tradução para o Brasil
adquiridos com exclusividade pela
EDITORA CULTRIX LTDA.
Rua Dr. Mário Vicente, 374 — 04270-000 — São Paulo, SP — Fone: 272-1399
que se reserva a propriedade literária desta tradução.

Impresso em nossas oficinas gráficas.

Dedicamos este livro,
com amor e gratidão sem limites,
às muitas crianças e adultos que vieram ao
nosso Centro em busca de ajuda e acabaram
se tornando nossos mestres;
aos inúmeros voluntários que tanto contribuíram
e ao profundo comprometimento da equipe do
Center for Attitudinal Healing
de Tiburon, Califórnia.

Agradecimentos

Gostaríamos de expressar nossa mais profunda gratidão e apreço a Hal Zina Bennett, não só pelas muitas horas que ele dedicou a preparar a edição deste livro, como também por sua colaboração para transformá-lo num processo pleno de alegria. Sua amizade é um tesouro que conservamos conosco.

Também gostaríamos de agradecer a Tom Ingstad e a Debbie Ward Ingstad pela sua hospitalidade no Havaí e por nos terem dado a oportunidade de escrever grande parte deste livro num ambiente tão belo.

Somos profundamente agradecidos ao maravilhoso apoio e estímulo da querida amiga Michelle Rapkin, nossa editora na Bantam Books.

Gostaríamos de mencionar que os fundamentos deste livro se baseiam nos princípios de *A Course in Miracles* e de agradecer a Judith Skutch Whitson e a Robert Skutch, da Foundation for Inner Peace, pela permissão para reproduzir algumas passagens dessa obra excepcional, as quais estão assinaladas no final deste volume.

Sumário

Prefácio 9

PARTE I — MUDE A SUA MENTE 13
Cap. 1 — O que é a Cura das Atitudes? 15
Cap. 2 — Atitudes com relação à vida e à morte 32
Cap. 3 — O poder das atitudes na saúde 60
Cap. 4 — Curar as atitudes nos nossos relacionamentos 75

PARTE II — MUDE A SUA VIDA 93
Cap. 5 — Ensine apenas o amor — a regra de ouro dos pais 95
Cap. 6 — A educação — ensinamos aquilo que queremos aprender ... 110
Cap. 7 — As atitudes corporais 125
Cap. 8 — Atitudes com relação aos esportes 138
Cap. 9 — A Lei: abandonar as atitudes de ataque e defesa 152
Cap. 10 — Preconceito e discriminação 167
Cap. 11 — A Cura das Atitudes nos negócios (Parte A) 180
Cap. 12 — A mudança das atitudes nos negócios (Parte B) 195
Cap. 13 — O envelhecimento — manter vivo o coração da "criança interior" 212
Cap. 14 — Atitudes com relação à paz 228

PARTE III — A CURA DAS ATITUDES — DEZOITO LIÇÕES SEMANAIS 233
Dezoito lições semanais: como usar a Cura das Atitudes em cada aspecto da nossa vida 235
Epílogo 241
Notas relativas ao livro *Um Curso de Milagres* 243
Sobre os autores 245

Se vivemos uma vida
plena de paz ou de conflito,
isso, em última análise, é
determinado pelas nossas atitudes.

Prefácio

A maioria de nós quer ter paz na nossa vida. Mas parece que as circunstâncias estão sempre se intrometendo para tornar isso impossível. Se você é como nós, o simples ato de abrir o jornal pela manhã e de ler sobre as guerras e matanças que estão ocorrendo mundo afora pode fazer desaparecer rapidamente a paz mental que você imaginava possuir.

Podemos ter de enfrentar uma infinidade de coisas que acontecem antes mesmo de sairmos de casa pela manhã, e culpá-las pela nossa falta de paz. Talvez tenhamos um desentendimento com o nosso parceiro sobre a maneira de tratar determinado problema com um dos nossos filhos. Ou talvez tenhamos descoberto que alguém da família esqueceu de nos dar um importante recado telefônico, e agora achamos que essa pessoa é culpada pelo aborrecimento que estamos tendo.

O carro não pega porque a bateria está descarregada, e isso pode arruinar todo o nosso dia. Ou o vizinho nos telefona dizendo que vai nos processar porque a nossa árvore danificou o telhado da casa dele. Abrimos um envelope: nosso médico nos mandou a conta e achamos que é absurda e injustificadamente alta. Sentimo-nos "roubados" e, quando nos sentimos assim, é fácil acreditar que lá fora existe um inimigo real e que somos as vítimas. O difícil, na verdade, é acreditar que possamos ter poder de escolha sobre as idéias e sentimentos que guardamos em nossa mente.

Chegamos ao escritório e descobrimos que o programa de computador que acabamos de adquirir não cumpre as tarefas prometidas pelo fabricante. O chefe nos convoca ao seu gabinete e nos passa uma bela reprimenda porque "estouramos" o orçamento.

Ou talvez o médico da família nos telefone aconselhando que nossa velha mãe deveria ir para uma casa de repouso, onde sua medicação seria supervisionada, quando sabemos muito bem que ela quer permanecer na sua própria casa.

Ou então você é uma pessoa de mais idade que se sente rejeitada e sozinha porque tem a impressão de que seus filhos nunca lhe telefonam ou visitam.

Na verdade, a lista de coisas capazes de nos deixar aborrecidos parece infinita. Contudo, as idéias apresentadas neste livro baseiam-se na premissa de que podemos mudar em nossa mente os pensamentos de raiva, de medo e de negatividade. Não temos que ser as vítimas dos acontecimentos do mundo à nossa volta. Cada instante nos oferece uma nova oportunidade para reexaminar a nossa vida e para escolher, uma vez mais, aquilo que queremos sentir — amor ou medo, paz ou conflito.

Os Princípios da Cura das Atitudes, dos quais estas idéias foram extraídas, nos ensinam que a felicidade é o nosso estado natural e que podemos escolher ter a paz mental como o nosso único objetivo.

Para mudar a nossa vida, precisamos apenas mudar a nossa mente. Em vez de nos apegarmos às nossas queixas, de culpar os outros ou de condenar a nós mesmos, podemos *escolher ter a disposição* para perdoar, para abandonar todos os pensamentos desse gênero. Por meio dessa disposição para perdoar, damos um passo importante no sentido de corrigir nossas percepções equivocadas e de arrolar os obstáculos à nossa vivência da felicidade e da paz.

É claro que em quase tudo o que fazemos — em casa, no trabalho ou na escola, na sala de espera do médico, numa loja ou talvez tentando obter informações numa repartição pública —, estamos envolvidos em relacionamentos com as outras pessoas. E em cada uma dessas atividades sempre existe o potencial para o conflito, para a raiva e para o ressentimento.

Sem sequer reparar nisso, nós geralmente estabelecemos, para nos comunicar com os nossos familiares, regras totalmente diferentes das que seguimos ao lidar com pessoas não pertencentes à família. Talvez seja fácil para você perdoar os seus filhos ou o seu parceiro, mas pode ser que não esteja assim tão disposto a perdoar as pessoas com quem trabalha.

Se você é pai ou mãe, talvez se aborreça por perceber que o professor do seu filho não gosta dele. Ou, se você é professor ou diretor de escola, talvez fique angustiado por pensar que muitos pais e mães estão negligenciando os próprios filhos.

Quer você seja um médico, um dentista, um advogado ou outro profissional oferecendo seus serviços, quer você seja a pessoa que os recebe, existe sempre a tentação de censurar o outro por fazer com que você se sinta pressionado e aborrecido, como se ele tivesse o poder de acabar com a sua paz de espírito.

Em todos os lugares aonde vamos e em tudo o que fazemos, sempre parece haver a tentação de julgar ou de condenar os outros e de encontrar alguém para levar a culpa daquilo que sentimos. Além disso, todos nós tivemos experiências passadas que parecem nos "provar" que precisamos ser cuidadosos quanto às pessoas em quem confiamos. Encontramo-nos cheios de dúvidas, com medo de que os outros tirem vantagem de nós.

Um caminho diferente

Há um outro modo de olhar o mundo? Há outras maneiras de nos comunicarmos uns com os outros? É possível mudar a crença de que, para sobreviver neste mundo e não ser uma vítima, precisamos estar sempre prontos para nos defender e atacar? Podemos ter mais lucidez quanto ao propósito da vida e ao propósito dos nossos relacionamentos? É possível curarmos nossas atitudes com relação a nós mesmos e aos outros? Podemos aprender a viver com integridade e honestidade, sem nenhum tipo de ilusão?

É possível vivermos nossa vida sentindo pelos outros o mesmo interesse que sentimos por nós mesmos, e nos concentrando no dar em vez de no receber? É possível viver de modo a não mais culparmos os outros ou condenarmos a nós mesmos pelas coisas que parecem dar errado e nos fazem perder nossa paz de espírito?

Podemos aprender a deixar de ter medo do amor e aprender como perdoar a nós mesmos e aos outros? É realmente possível abandonarmos nosso medo da morte e a crença de que a morte é o fim da vida? Podemos aprender a ser mais gentis, ternos e bondosos para com os outros e para com nós mesmos? Podemos abandonar todos os medos e dar amor incondicional a todos os outros, sem exceção?

É possível desfrutar a paz de espírito mesmo acreditando que a vida foi cruel e que existem muitas pessoas que nos feriram? Podemos sentir paz interior apesar de tudo o que está acontecendo no mundo exterior?

Neste livro, respondemos a todas essas perguntas com um "Sim!" irrestrito e entusiasmado. Juntos, estaremos estudando como os Princípios da Cura das Atitudes podem nos trazer paz de espírito em todos os aspectos da nossa vida. Examinaremos as atitudes e cuidados que surgem na paternidade, na educação, na cura, no envelhecimento, nos negócios, nos assuntos legais e em muitos outros campos.

Falaremos sobre os problemas cotidianos que todos nós temos. Abordaremos o modo como as atitudes podem ser curadas, quer você esteja agindo como um prestador de serviços ou seu receptor, como freguês de uma loja ou vendedor, como gerente de uma grande empresa ou empregado.

Estaremos vendo os dois lados de cada situação, enfatizando aquilo que podemos fazer para nos sentir em paz uns com os outros, em vez de alienados mutuamente.

Em todos os lugares aonde vamos, descobrimos que — não importa se somos presidentes de uma poderosa organização ou secretários, enfermeiros, advogados, motoristas de ônibus, médicos, policiais, donas de casa, professores, alunos, crianças ou adultos — há freqüentemente um anseio, bem no fundo de nós, de experimentar uma sensação de paz interior, uma tranqüilidade mental e um sentimento de estar unido aos outros.

Num sentido muito real, este livro trata desse profundo anseio interior, um anseio por plenitude espiritual em toda nossa vida. Trata de honrarmos a natureza humana e o indômito espírito do amor que vive em todos nós.

Este é um livro sobre o aspecto prático do amor e do perdão, duas das mais poderosas forças na nossa vida. Tentamos revelar uma espiritualidade pragmática — os seus detalhes práticos e não uma abordagem idealizada e inatingível da vida —, mostrando como princípios espirituais tais como o amor, o perdão, a compaixão, a bondade e a gentileza podem realmente ajudar-nos a cumprir, com amor e paz interior, os desafios do nosso cotidiano.

Os princípios que aqui descrevemos referem-se ao ato de encararmos cada encontro, mesmo os que parecem cheios de intenso conflito, de um outro modo; um modo que traz paz de espírito e senso de união, em vez de medo e senso de separação.

Este é um livro sobre o processo de aprender a realizar-se espiritualmente, a encontrar harmonia entre corpo, mente, emoções e espírito, e a ter um equilíbrio adequado entre o sucesso interior e exterior. Um livro sobre o processo de treinar novamente a mente, de tornar o coração receptivo à intimidade e de aprender a escutar a orientação interior que cada um de nós tem em seu âmago. Um livro sobre a confiança, a fé e a esperança. E sobre o processo de encontrar propósito em nossa vida e dar uma continuação positiva a este mundo.

Depois de ler este livro, é nosso sincero desejo e esperança que, sempre que você estiver passando por um conflito, você saiba que uma solução poderá surgir com a mudança de sua mente e da mudança de sua vida.

I PARTE

MUDE A SUA MENTE

CAPÍTULO 1

O que é a Cura das Atitudes?

> Talvez a maior dádiva recebida por nós, seres humanos, seja o poder de escolher e de decidir quais os pensamentos e atitudes que adotaremos com nossa mente.

A resistência à mudança

Quando um amigo ou alguém que está assistindo a nossas palestras ou cursos nos pede para descrevermos os Princípios da Cura das Atitudes, eu (Jerry) geralmente penso no exemplo da minha própria vida e no modo como certas crenças que eu mantinha na minha mente quase me destruíram.

Durante o período de 1925 a 1975, os primeiros cinqüenta anos da minha vida, eu me considerava uma vítima das minhas próprias atitudes condenáveis e dos meus hábitos. Por mais que tentasse, eu parecia incapaz de mudar os pensamentos extremamente críticos sobre mim mesmo e sobre o meu comportamento.

Eu me sentia indigno de amor e ninguém conseguia convencer-me do contrário. Embora parte de mim quisesse mudar, havia uma outra parte que resistia obstinadamente a qualquer tipo de mudança. Sentia que, se ousasse abrir-me e me tornar vulnerável, as pessoas iriam descobrir quem eu realmente era e, por certo, eu seria rejeïtado.

Eu parecia aprisionado em uma batalha comigo mesmo e essa batalha quase sempre resultava num comportamento provocador que fazia de mim uma companhia bastante difícil para os outros. Eu odiava a mim mesmo e estava paralisado pelo medo de ser rejeitado. Embora pudesse ter o aspecto exterior de uma pessoa "durona", sentia o coração fraco e ferido; mas, mesmo assim, continuava a construir uma barreira em volta dele para que os outros não se aproximassem de mim. Passei por muitos tipos de psicoterapia e tentei até mesmo a psicanálise, mas nada parecia surtir efeito em mim.

Era como se minhas atitudes, meu comportamento e meus hábitos estivessem apertados num torno ou presos no cimento. Eu tinha me convencido de que era incapaz de mudar e de que estava fadado a uma vida de fracassos. Isso tornou-se a minha crença: e, mesmo continuando a ver-me como um fracasso, consegui mostrar ao mundo que me considerava certo. O resultado foi que me tornei implacável comigo mesmo e com os outros.

Hoje, olhando para o passado, posso ver que as minhas atitudes negativas e temerosas com relação a mim mesmo penetraram em todas as áreas da minha vida. Embora alcançasse grande sucesso em termos profissionais — na avaliação que todos fazem do sucesso —, a minha vida interior era tudo, menos bem-sucedida; era cheia de conflito e caos.

Minhas atitudes eram como sombras escuras, seguindo-me em todos os lugares aonde eu ia, fazendo estragos na minha vida escolar, nos esportes e no meu papel de marido e pai. Essas atitudes desempenharam um papel doloroso no meu relacionamento com os advogados e juízes durante o meu processo de divórcio. O meu medo, juntamente com as minhas atitudes implacáveis e pouco amorosas em relação a mim mesmo, parecia inabalável.

Eu tinha medo do amor e da intimidade. Tinha medo de ser ferido. Com nuvens negras de culpa pairando sobre mim, eu oscilava entre procurar a falha em mim mesmo e procurá-la nos outros. A cada vez que tentava controlar as pessoas e acontecimentos à minha volta, eu parecia ser mais malsucedido. Eram tantos os meus pensamentos concentrados na idéia de que eu era uma vítima das coisas exteriores a mim mesmo!

Percebo agora que não estava sozinho nesse modo de enxergar o mundo. Existem muitas outras pessoas que seguem pela vida com sentimentos parecidos a esses que descrevi.

"Um Curso de Milagres"

Em 1975, numa época em que eu estava me destruindo com o álcool, senti que estava além de qualquer possibilidade de ajuda. Eu era um ateu militante, nem um pouco interessado em assuntos espirituais. Foi então que um milagre aconteceu comigo. Uma grande amiga minha, Judith Skutch Whitson, presenteou-me com uma cópia de um manuscrito, então inédito, intitulado *A Course in Miracles* [*Um Curso de Milagres*].* O "Curso" falava sobre o poder do amor e do perdão e como eles nos oferecem tudo o que podemos desejar. Quando me tornei um adepto do "Cristo", minha vida começou a mudar de modo dramático e adquiriu um sentido e um propósito totalmente diferentes.

Aos poucos, descobri que não era o meu comportamento que precisava mudar: o que precisava de mudança eram os meus pensamentos, as minhas crenças e as minhas atitudes. Ao reconhecer que eram os meus pensamentos que criavam a minha realidade, descobri que a cura das minhas atitudes ia criando uma nova realidade para mim. Quando comecei a abandonar os meus apegos ao medo e à culpa e a pensar mais no "dar" que no "receber", fui também vivenciando uma paz interior que, até aquela época, nunca julgara possível.

À medida que a minha atitude que envolve o "primeiramente eu" começava a se dissolver, dei o salto da fé e escolhi entregar-me à orientação de um Poder Superior. Comecei a sentir o poder do amor e do perdão trazendo felicidade para mim. Relacionamentos que pensei nunca poderem ser curados começaram a ser curados. Ao renunciar à minha compulsão de controlar os outros e ao deixar Deus me conduzir, os milagres do amor passaram a acontecer na minha vida.

---

* Originalmente publicado em 1976, é um guia para o autoconhecimento e a transformação interior que já nasceu como um "clássico" da filosofia perene. Embora use uma linguagem cristã, aborda temas espirituais universais. Não se trata de uma religião nem de uma teologia, mas de um meio muito pessoal que permite a cada pessoa encontrar seu próprio mestre interior.

Os "milagres" de que fala o título não são fenômenos físicos e espetaculares, mas sim as mudanças de percepção que nos permitem ver o mundo através dos olhos do amor e não através dos olhos do medo. Esse livro foi "ditado por fontes interiores", durante um período de sete anos, à dra. Helen Schucman, professora de psicologia médica da Universidade de Colúmbia. Divide-se em três volumes: *Text* (622 páginas), *Workbook for Students* (478 páginas) e *Manual for Teachers* (88 páginas). (N.T.)

O que é a “Cura das Atitudes” e como ela funciona?

A Cura das Atitudes baseia-se na crença de que não são as pessoas nem as condições exteriores a nós que nos perturbam. Não somos vítimas do mundo que vemos. Em vez disso, o que causa conflito e angústia são os nossos próprios pensamentos e atitudes com relação às pessoas e aos acontecimentos. Mais ainda, não apenas somos responsáveis pelos nossos próprios pensamentos como também somos responsáveis pelos sentimentos que temos; e podemos, através da análise desses sentimentos, finalmente curá-los.

A Cura das Atitudes compreende a correção das nossas percepções equivocadas e acabar com os obstáculos interiores à experiência da paz. Esse processo se inicia com a vontade de encontrar uma outra forma de olhar o mundo, a vida e a morte — ter paz de espírito como nosso único objetivo, ter a disposição para perdoar como nossa principal função. Descobrir o valor que depositamos no apego às nossas queixas, na censura aos outros ou na condenação de nós mesmos, e então, fazendo novas escolhas, deixar de dar-lhes esse valor.

Na Cura das Atitudes, acreditamos que o propósito de todos os contatos é a união, não a separação; que a felicidade é uma escolha; e que nosso estado natural é o estado de harmonia, de criatividade e de felicidade. A desarmonia e a infelicidade que sentimos são criadas como conseqüência das atitudes que conservamos na nossa mente. A separação que vivenciamos advém do ato de projetarmos esses pensamentos e sentimentos sobre as pessoas e acontecimentos exteriores a nós. Começamos a curar esse sentimento de separação quando nos esforçamos para perguntar a nós mesmos, em todos os nossos encontros: “Esta comunicação é para unir ou é para separar?” e “Eu quero ser feliz ou eu quero ter razão?”

A Cura das Atitudes é um novo treinamento da mente e um desenvolvimento do coração, acabando com tudo o que bloqueia a presença do amor. Ela leva à liberdade, não à servidão. Tanto na nossa vida profissional como na pessoal, a Cura das Atitudes diz respeito a ensinar e a demonstrar o amor, não o medo.

A Cura das Atitudes baseia-se na crença de que é possível escolher a paz em vez do conflito e o amor em vez do medo. Ela tem como fundamento a crença de que o amor é a mais importante força de cura do mundo.

A Cura das Atitudes é um processo que envolve “deixar” que as atitudes relacionadas à dor e ao medo passem. Quando abandonamos o medo, só o amor permanece.

À medida que começamos a aplicar esses princípios em todas as áreas da nossa vida, descobrimos que é útil entender "saúde" como paz interior e "cura" como o processo de abandonar o medo.[1] Esse processo baseia-se na premissa de que cada instante nos oferece uma nova oportunidade para examinarmos a nossa vida e, uma vez mais, escolhermos aquilo que queremos vivenciar: amor ou medo, paz ou conflito.

A expressão "Cura das Atitudes" foi criada quando fundamos o primeiro Center for Attitudinal Healing, em Tiburon, na Califórnia, em 1975.

O Centro de Cura das Atitudes

Não muito tempo depois de ter lido o livro *Um Curso de Milagres*, comecei a me interessar pela difícil situação das crianças pequenas que estavam enfrentando doenças fatais e a possibilidade da morte. Eu notara que, em geral, as crianças hospitalizadas pareciam não ter com quem conversar sobre os seus problemas. Recebi a orientação interior de criar um pequeno centro onde essas crianças pudessem freqüentar grupos de apoio apropriados a elas. Demos a esse centro o nome de "Centro de Cura das Atitudes". Seria uma instituição onde não se cobrariam taxas por serviços diretos; essa política continua a vigorar até hoje. No início, o Centro atendeu apenas crianças que passavam por situações que envolviam perigo de vida. Posteriormente, ampliamos o programa, incluindo também seus pais e irmãos; depois, incluímos adultos com doenças fatais, pessoas que desejavam curar seus relacionamentos e até mesmo vítimas da AIDS. Temos redes de apoio por correspondência e por telefone — tudo isso orientado pelos Princípios da Cura das Atitudes.

Embora o Centro tenha começado a funcionar atendendo apenas crianças, descobrimos que os mesmos princípios utilizados com elas aplicavam-se a todas as áreas da nossa vida — curando nosso relacionamento com nós mesmos e fazendo cessar as batalhas que tantas vezes prosseguem dentro da nossa mente.

Orientada por esses princípios, a maioria das pessoas que trabalha no Centro passa por importantes transformações em suas vidas. A partir da tristeza e do pesar que vivenciam, ocorre nelas, com freqüência, o desabrochar de uma nova percepção espiritual. Essas pessoas descobrem que querem servir os outros e ajudá-los em suas dificuldades; isso, por sua vez, as ajuda em suas próprias dificuldades. Elas descobrem que dar e receber são uma única e mesma coisa. Tornam-se um exemplo, permitindo com isso que os outros percebam e passem a acreditar que existe realmente um outro modo de olhar a vida e a morte.

Os Princípios da Cura das Atitudes

Os doze princípios que desenvolvemos no Centro são hoje utilizados em mais de 85 centros independentes, no mundo todo. Os princípios se originam na crença de que a essência do nosso ser é o amor e de que a nossa verdadeira identidade é a identidade espiritual. Esses princípios nos afastam do medo e, ao mesmo tempo, nos levam para a realidade do amor em todos os momentos da nossa vida. Eles são úteis para guiar-nos ao longo do caminho da transformação espiritual. Todos os princípios fundem-se neste, o primeiro: *A essência do nosso ser é o amor*. O perdão é o tema que fundamenta todos os princípios.

Ao seguirmos os Princípios da Cura das Atitudes, aprendemos que é possível curar o nosso sentimento de separação, os nossos sentimentos de medo e qualquer ausência de paz que possamos estar experimentando em nossa vida. Fazemos isso ao lembrar que a nossa verdadeira identidade é o amor e que cada um de nós é um ser espiritual. A cura ocorre no momento em que lembramos que o nosso único propósito é dar o nosso amor e ser bons, compassivos e úteis aos nossos semelhantes.

Os Princípios da Cura das Atitudes são afirmações que nos permitem olhar o mundo e percebê-lo de um modo diferente. Seu propósito é ajudar-nos a abandonar o apego de nosso ego ao medo, à raiva e aos pensamentos hostis, permitindo ao amor fluir livre e ininterruptamente dentro de nós e através da nossa vida.

Para mudar as nossas crenças, precisamos ter apenas um pouco de vontade de olhar a nossa vida de um modo diferente. Mudando os nossos pensamentos e as nossas atitudes, podemos mudar o mundo que vivenciamos.

A seguir, apresentamos os Doze Princípios da Cura das Atitudes, que se desenvolveram a partir do nosso trabalho no Centro. Incluímos breves explicações sobre cada um deles, esperando torná-los mais claros para você.

1. A essência do nosso ser é o amor.

O primeiro princípio baseia-se na premissa de que nossa verdadeira identidade é a espiritual, não a física, e de que a nossa essência é o amor.

Por mais simples que pareça, existe uma parte de nós que resiste a essa idéia. Essa resistência advém do fato de acreditarmos que deveríamos temer o amor e não confiar nele; que deveríamos acreditar que somos apenas um corpo, nascido para morrer, e que a morte do corpo é o nosso fim.

Esse princípio, que nos diz que a essência do nosso ser é o amor, é a chave para a Cura das Atitudes. Ao ler os princípios, você descobrirá que ele flui através de todos os demais.

2. Saúde é paz interior. Curar é abandonar o medo.

Vivemos num mundo onde a palavra *saúde* geralmente está associada ao estado do corpo físico.

Na Cura das Atitudes, a saúde se concentra não no corpo, mas na mente. A Cura das Atitudes baseia-se na premissa de que o nosso estado mental natural é o de paz interior. Podemos ter paz interior independentemente do estado do nosso corpo ou daquilo que está acontecendo na nossa vida exterior.

Até mesmo uma pessoa que está morrendo de uma doença como o câncer ou a AIDS pode ter essa paz interior.

Curar é abandonar o medo — porque o ato de deixar que o medo passe leva-nos diretamente à obtenção de uma mente pacífica, que contém apenas pensamentos amorosos e apaziguadores; leva-nos à experiência dessa paz em todos os aspectos da nossa vida.

3. Dar e receber são a mesma coisa.

O mundo geralmente é visto como um ambiente injusto, hostil e pouco amoroso, onde o importante é obter tudo o que for possível e agarrar-se ao que se obteve. A crença generalizada é de que, quando damos algo a uma outra pessoa, temos menos do que tínhamos antes; é como tirar dinheiro do bolso e jogá-lo ao fogo. As pessoas acreditam que se deve obter, não que se deve dar; ou que se deve dar visando obter.

A base do nosso terceiro princípio é acreditar na abundância, não na escassez. A Lei do Amor é como um bumerangue e, assim, tudo que damos voltará para nós numa ampla variedade de formas e padrões.

4. Podemos nos desprender do passado e do futuro.

Estamos convencidos de que uma das razões pelas quais muitos de nós sentem-se tão cansados, extenuados, irritáveis, enraivecidos e deprimidos é que gastamos um tempo imenso, a cada hora do dia e da noite, concentrados nas mágoas e nos pensamentos implacáveis do passado; receamos ser novamente feridos, rejeitados ou não amados; temos medo do futuro porque acreditamos que o terrível passado está destinado a repetir-se.

Se essa for a nossa crença, iremos constatar que é impossível sermos felizes no presente. Na verdade, muitos de nós gastam tanto tempo pensando no passado e tendo medo do futuro que mal nos permitimos passar algum tempo no precioso presente. Em vez disso, gastamos o nosso tempo sobrepondo o passado ao presente.

Quando deixamos de ver qualquer valor em nos agarrarmos às lembranças implacáveis e às antigas mágoas, podemos então deixar o passado ir-se embora.

Do mesmo modo, quando percebemos que não há nenhum valor em nos preocuparmos com um futuro temível, podemos nos desprender dele.

E então somos capazes de usar todas as nossas energias para propagar o amor no presente. Quase todos nós acreditamos que aquilo que nos aconteceu no passado ainda está nos afetando hoje. O que ocorre, na realidade, é que as nossas experiências passadas — nas quais acreditávamos ser as vítimas — deixaram de existir e, portanto, não podem mais nos afetar. Tudo o que resta são os pensamentos, as atitudes, os julgamentos e as percepções que temos sobre aquelas experiências; é isso o que continua a nos afetar. Mas, já que fomos nós que construímos tudo isso em nossa mente, temos o poder de escolher se continuaremos a nos agarrar a elas ou se as deixaremos ir-se embora.

5. O agora é o único tempo que existe... E cada instante é para nos doarmos.

A nossa experiência cotidiana está baseada na crença em um tempo linear, e na suposição de que esse tempo existe para que possamos realizar, julgar, condenar e, claro, nos preocupar. Em geral, acreditamos que devemos ser egoístas e egocêntricos, pensando antes de tudo em nós mesmos. Isso exige que nos preocupemos com a nossa segurança no futuro e não confiemos completamente em ninguém — nem nos outros, nem em nós mesmos e, com certeza, nem em Deus ou em um Poder Superior.

Este quinto princípio afirma que existe uma outra realidade que não está baseada no tempo linear, e que é possível vivermos cada segundo como se fosse o único tempo existente; uma visão do tempo que é eterna, amorosa e doadora, na qual não existe pressa nem ansiedade.

6. Podemos aprender a amar a nós mesmos e aos outros perdoando, em vez de julgar.

Geralmente, estamos concentrados, como um raio *laser*, naquilo que o corpo faz e no porquê de sua existência. Estamos constantemente julgando — seja ao censurar os outros ou ao condenar a nós mesmos. Muitos de nós acreditam, com toda convicção, que as pessoas fazem coisas imperdoáveis e que a nossa segurança depende de nunca perdoarmos ou esquecermos o mal que talvez nos tenha sido feito. É essa crença que destrói nossa paz de espírito e nossa saúde.

Pelo fato de projetarmos a nossa própria raiva nos outros, o processo de perdoá-los irá nos levar ao processo de perdoar a nós mesmos. Não poderemos experienciar totalmente a nós mesmos enquanto amor, até que tenhamos perdoado totalmente a todos e a nós.

Aprender a liberar os bloqueios que nos impedem de amar e de perdoar aos outros e a nós mesmos faz-nos lembrar que a essência do nosso ser é o amor. Talvez cheguemos à conclusão de que o nosso verdadeiro propósito nesta vida na Terra é amar, a nós e aos outros, através do perdão.

7. Podemos nos tornar buscadores de amor em vez de buscadores de defeitos.

Quando vivenciamos a separação nos nossos relacionamentos, é porque estamos supondo que devemos ir em busca dos defeitos nos outros. No entanto, o nosso ser espiritual vê os relacionamentos como um caminho de busca do amor — o qual resulta em união.

Este princípio nos ensina que, na verdade, é muito mais fácil amar do que odiar.

8. Podemos escolher nos direcionar para a paz interior, independentemente do que está acontecendo no exterior.

Nossas experiências passadas freqüentemente nos aterrorizam e nos levam a acreditar que tudo o que nos acontece é causado por condições, pessoas ou acontecimentos exteriores a nós. Como resultado, achamos que estamos sempre correndo o risco de sermos atacados, feridos e vitimados.

Este oitavo princípio ajuda-nos a ver que existe uma outra maneira de se olhar o mundo, e que são os nossos próprios pensamentos que causam e criam a nossa realidade. Sua base é a idéia de que não são as pessoas ou as condições exteriores a nós que nos perturbam, mas sim que o nosso sofrimento é causado apenas pelos nossos próprios pensamentos a respeito dessas pessoas ou condições.

Este princípio leva-nos à liberdade, ao nos relembrar que são apenas os nossos pensamentos a respeito do mundo que causam o nosso sofrimento. Ele nos lembra que podemos, em cada segundo da nossa vida, ter paz interior, independentemente do caos que possa estar ocorrendo à nossa volta.

9. Somos alunos e mestres uns dos outros.

Muitos de nós foram ensinados a acreditar que a sabedoria só vem com a idade, que é resultado dos anos de experiência e que os mestres só têm algo a ensinar aos alunos e nada a aprender com eles.

No entanto, quando começamos a reconhecer que existe um aluno e um mestre dentro de cada um de nós, a nossa perspectiva muda. Passamos a compreender que cada um tem algo a aprender com o outro, e que todos nós somos professores capacitados, independentemente da idade ou das "credenciais". Quando o aluno estiver pronto, o professor surgirá. E vice-versa!

10. Podemos nos concentrar na totalidade da vida e não nos seus fragmentos.

Durante nossa vida, olhamos como se fosse através de um caleidoscópio, enxergando apenas minúsculos fragmentos, nunca o todo. Na verdade, o mundo é como um tecido no qual todas as coisas e todos os seres vivos estão entrelaçados. Quando conseguimos tomar distância de um fragmento da vida e vê-lo com relação ao todo, ganhamos uma nova perspectiva e podemos, portanto, fazer escolhas totalmente novas.

11. Já que o amor é eterno, a morte não deve ser encarada com medo.

Em vez de continuarmos seguindo a nossa crença de que nascemos apenas para morrer, este princípio declara que, quando realmente acreditamos que o amor é eterno, não teremos medo da morte.

Quando deixamos de ter medo de morrer, podemos realmente começar a viver.

12. Podemos sempre ver a nós mesmos e aos outros como seres que ou oferecem amor ou suplicam ajuda.

Quando optamos por mudar o modo como percebemos os outros neste mundo, isto é, quando os vemos ou como seres plenos de amor ou como seres cheios de medo que suplicam por amor — no íntimo, estamos livres.

Por outro lado, se persistimos na crença de que o "ataque" vem do exterior, encontramos sempre um meio de racionalizar ou de nos defender e contra-atacar. Em vez de perceber os outros como atacantes, podemos aprender a vê-los com pessoas cheias de medo.

Quando a nossa resposta ao que consideramos um ataque por parte de uma outra pessoa é vê-la como alguém cheio de medo que está suplicando por amor, em vez de nos defender ou contra-atacar, vamos entrar em contato com um estado interior bem diferente. Essa nossa resposta ao ataque do outro vai gerar amor em vez de gerar mais medo, e, assim, deixa de perpetuar-se o jogo de ataque e defesa.

* * *

Sempre temos uma opção quanto ao modo de abordarmos esses princípios. Por exemplo, podemos optar por vê-los como um simples apanhado de palavras inúteis, vazias de significado...

... ou podemos optar por aplicá-los em todas as áreas da nossa vida, determinando, assim, para nós mesmos, se são palavras vazias ou se realmente são úteis e significativos. À medida que aprendemos a aplicar esses princípios, talvez seja proveitoso perguntarmos: "Eles me ajudam a ter paz ou conflito?"

Existe um outro caminho

O primeiro passo na Cura das Atitudes é "ter certa disponibilidade", como costumamos dizer, para manter a mente aberta e considerar a possibilidade de que existe uma outra maneira de olhar o mundo. Para conseguir isso, somos encorajados a lançar um novo olhar a todas as crenças e valores que tanto acalentamos em nosso coração e determinar se eles estão realmente nos ajudando a ter mais paz e amor.

Quando acreditamos que os nossos pensamentos e atitudes determinam tudo o que vemos e vivenciamos, então aquilo que vemos é aquilo em que acreditamos. Quando temos pensamentos de medo, vemos um mundo temível. Quando só temos pensamentos de amor em nossa mente e em nosso coração, vemos apenas uma realidade amorosa.

A verdade pode ser definida como aquilo que não muda. A forma mais elevada dessa verdade é o amor, uma forte expressão daquilo que nos criou — quer o chamemos Deus, Poder Superior ou Energia Vital Criadora. Dentro desse sistema de crença, a nossa verdadeira identidade é o amor incondicional, algo que nunca muda e que nunca morre. Um outro modo de olhar o nosso propósito é nos lembrarmos de que estamos aqui para ensinar apenas o amor, pois amor é o que somos.

Nesse outro modo de olhar o mundo, temos um sistema de crença que diz: todas as formas que vemos nada mais são que projeções de algum aspecto dos nossos próprios pensamentos. Aquilo que projetamos sobre o mundo é o que percebemos, e o que percebemos é, na verdade, um espelho dos pensamentos na nossa mente, não um fato ou uma verdade.

É como se o mundo fosse uma gigantesca tela de cinema; o que vemos nessa tela nada mais é que uma projeção dos nossos pensamentos e experiências passadas. Aquilo que vemos com nossos olhos físicos e ouvimos com nossos ouvidos parece, de fato, bastante real. Mas, ao contrário da verdade, que é constante e imutável, o que vemos e ouvimos está sempre mudando.

Uma outra maneira de olhar o mundo é ter a disposição de escolher um modo de vida em que a paz mental é o nosso único objetivo, em que o perdão é a nossa única função, e em que tomamos decisões aquietando a mente e ouvindo a voz dentro do nosso coração dizendo-nos o que pensar, o que falar e o que fazer. É viver uma vida que se volta ao dar em vez de apenas obter, ao servir aos outros em vez de apenas prestar atenção aos nossos próprios interesses egoístas. É viver uma vida em que o nosso cuidado pelos outros é o mesmo cuidado amoroso que temos por nós mesmos.

Os apegos ao medo, à culpa e à raiva

O que nos impede de ter paz interior é o nosso apego ao medo, à culpa e à raiva. Foram eles que nos levaram a temer a intimidade e os sentimentos de amor em todas as áreas da vida. À medida que nos aferramos a padrões de medo, de culpa e de raiva em nossos pensamentos e ações, criamos apenas mais confusão e caos.

É muito freqüente vivermos nossa vida como se as únicas questões a serem consideradas fossem as que dizem respeito à simples sobrevivência. Muitas vezes, somos consumidos pelo medo e por aquilo que pensamos ser uma raiva "justificada", isto é, uma raiva na qual podemos identificar alguma coisa que aconteceu como "prova" de que devemos sentir raiva.

Sentimos, talvez, que o que mais bloqueia a nossa percepção da presença do amor é o medo, a raiva e a culpa. Nosso apego a eles penetraram tão profundamente em nós que não existe uma única parte da nossa vida livre de sua influência.

Como o ego esconde de nós a verdade?

O ego — a nossa personalidade — tenta convencer-se de que vivemos em um mundo onde a "causa" de tudo o que acontece está localizada fora de nós. Nossas experiências, portanto, seriam apenas "efeitos". Nossa vida nada mais seria do que uma série de respostas a acontecimentos exteriores, como se não tivéssemos nenhum poder de escolha. Para nos persuadirmos de que a vida é realmente assim, precisaríamos apagar todas as evidências de que o mundo que vemos é determinado pelo nosso próprio sistema de crença e pelos pensamentos em nossa mente. Esse modo de pensar só poderá subsistir enquanto nos mantivermos apegados à idéia de que nada temos que ver com o fato de criar o mundo que vivenciamos. Insistimos na crença de que somos apenas um corpo, destinado a estar na Terra durante um breve período de tempo e depois morrer; insistimos na crença de que a morte é o fim da vida.

Passamos grande parte do nosso tempo tentando compreender as coisas, num mundo extremamente complexo e baseado no medo. Buscamos a segurança, embora estejamos sempre a dizer a nós mesmos para viver com medo, pois, de algum modo, seremos feridos. Apegamo-nos à crença de que sempre estaremos em busca daquilo que procuramos, mas nunca o encontramos — e, se encontrarmos algo, nunca será o suficiente.

Quando vivemos de acordo com esse sistema de crença baseado no medo, é freqüente nos sentirmos vítimas e buscarmos constantemente alguém a quem identificar como sendo o nosso inimigo. Esse sistema de crença parece estar nos dizendo que sempre haverá guerras, que o passado sempre irá predizer o futuro, que não podemos confiar no amor e que os outros, e até mesmo nós, fizemos coisas imperdoáveis. Esse sistema de crença pretende fazer com que nos agarremos à idéia de que culpa e punição são coisas valiosas — o que não é verdade.

É da maior importância respeitar o poder dos nossos pensamentos. Afinal de contas, são os nossos pensamentos que criam o nosso comportamento e que determinam a nossa maneira de ver o mundo e de reagir a ele. De acordo com o sistema mental baseado no medo, não há problema se tivermos *pensamentos* agressivos, uma vez que só as *ações* agressivas causam dano às outras pessoas.

Uma outra maneira de olhar o mundo é acreditar que os nossos pensamentos podem ser tão prejudiciais quanto as nossas ações. O mundo que vemos começa a mudar quando abandonamos todos os nossos pensamentos agressivos e os substituímos por pensamentos amorosos.

A cura do passado

Existe uma parte em cada um de nós que resiste à mudança, mesmo àquelas mudanças que prometem tornar nossa vida melhor. Nossa resistência à mudança e o nosso apego ao medo podem fazer com que, de início, os Princípios da Cura das Atitudes pareçam bastante difíceis. Porém, concentrando nossa atenção por meio de muitos lembretes diários dizendo-nos que realmente existe um outro modo de olhar o mundo, encontraremos a paz em vez do conflito, e constataremos que realmente temos uma escolha.

Está claro que a maioria de nós quer viver relacionamentos baseados no amor e na confiança e sentir-se em harmonia com os outros e com o mundo em que vive. O que parece impedir-nos de ter essa experiência é o fato de que muitos de nós mantêm acesas as brasas das sinistras experiências do passado. O resultado disso é nos sentirmos temerosos e desesperançados a respeito do futuro. O passado que não foi curado e a nossa crença de que o passado irá se repetir faz com que nos sintamos limitados e imobilizados.

Através da Cura das Atitudes, sondamos os meios de curar o passado e de reacender a esperança em nosso coração. Começamos a experimentar a nossa vida como útil e significativa. Sondamos os pensamentos que nos levam à cura dos nossos sentimentos de solidão, de isolamento e de separação. Aprendemos a curar nossa crenças falsas de que não somos amados nem dignos de amor.

À medida que continuamos nos concentrando nos caminhos espirituais, com a crença de que a solução para todos os nossos problemas é o amor e o perdão, descobrimos que fica cada vez mais fácil resistir à tentação de acreditar que não somos amados nem dignos de amor. Nós (Diane e Jerry) nem precisamos dizer que há muitos dias nas nossas próprias vidas em que não conseguimos aplicar esses princípios e acabamos sentindo raiva e censurando, como se achássemos que estamos sendo atacados. No entanto, cada vez mais estamos percebendo, juntamente com muitas outras pessoas, que o modo como vemos o mundo e quais as emoções e atitudes que temos, são, em algum nível, escolhas nossas.

Através dos Princípios da Cura das Atitudes torna-se claro que, quando estamos dispostos a ver o mundo de um modo diferente, quando escolhemos ver as outras pessoas não como agressores mas sim como seres cheios de medo suplicando por amor, descobrimos a compaixão e a paz interior. A mudança que ocorre na pessoa que faz essa escolha permite-lhe ter mais êxito ao perdoar e ao amar.

Sentimos que hoje existe uma conscientização crescente de que dentro de cada um de nós reside a capacidade de determinar os pensamentos que colocamos na nossa mente. E, de fato, é essa capacidade que nos oferece o caminho para nos libertarmos daquilo que, para tantos de nós, acabará por revelar-se uma prisão auto-imposta.

Nos capítulos seguintes, tentaremos compartilhar com você alguns dos muitos ensinamentos que tivemos a oportunidade de vivenciar. O que iremos compartilhar são histórias reais de pessoas reais e a maneira como elas usaram esses princípios para ajudá-las em sua vida. Em todos os casos, empenhamo-nos em fazer com que essas pessoas contassem, com suas próprias palavras, exatamente de que forma os princípios as ajudaram, a fim de que outros possam também descobrir um modo de usar essas lições em sua vida.

Esperamos que, como nós, você ache proveitosas essas histórias e que as lições aprendidas por essas pessoas e agora compartilhadas conosco tragam tanta paz, proteção e amor à sua vida como trouxeram à nossa.

Alguns meses antes da publicação deste livro, recebemos uma carta de Kaycee Poirier que, na época, vivia no Canadá. Ela tinha dez anos de idade e um tumor no cérebro. Depois de ler os nossos Princípios da Cura das Atitudes, escreveu-nos dizendo que achava que eles eram bons, mas não estavam escritos em uma linguagem adequada para crianças. Ela os reescreveu para nós, afirmando: “Este é o meu presente para as outras crianças que estão lutando para viver.”

Kaycee morreu sem ver seu texto publicado. Mas antes de sua morte, escrevemos para ela e expressamos os nossos mais sinceros e profundos agradecimentos. É com grande alegria que queremos compartilhar com você a versão de Kaycee para os doze princípios. Talvez haja uma criança na sua vida com quem você queira compartilhá-los.

A Versão para Crianças dos Doze Princípios da Cura das Atitudes

1. O amor é uma das coisas mais importantes na vida!
2. É importante a gente se sentir bem — assim, nós não deixamos que o medo nos apanhe na sua armadilha!
3. Dar e receber são a mesma coisa.
4. Não viva no passado nem viva no futuro.
5. Faça o que puder agora. Cada minuto é para a gente dar amor.
6. Podemos aprender a amar a nós mesmos e aos outros perdoando em vez de não perdoando. Exemplo: lutando.
7. Podemos procurar o amor em vez de procurar os defeitos.
8. Se a coisa está confusa lá fora, não deixe que isso enlouqueça você, porque, lá dentro, você está seguro.
9. Nós somos alunos e mestres uns dos outros.
10. Não fique olhando só para as coisas ruins — olhe também para as coisas boas!
11. Já que o amor é para sempre, a morte não deve causar medo.
12. Podemos sempre ver os outros dando amor ou pedindo ajuda.

Uma nota ao leitor sobre o Centro de Cura das Atitudes

Descobrimos, já há algum tempo, que muitos dos nossos leitores querem saber mais a respeito do Centro de Cura das Atitudes e, portanto, achamos que poderia ser útil incluir algumas informações:

Vêm ao Centro pessoas de todas as religiões e dos mais diferentes ambientes culturais.

Todos os serviços dos grupos de apoio no Centro em Tiburon, na Califórnia, são gratuitos. Há atualmente quase cem Centros localizados em vários países de todo o mundo, e você pode consultar o mais próximo de sua casa e pedir informações sobre os serviços oferecidos.

Já foram escritos muitos livros, tanto para adultos como para crianças, sobre o trabalho nesses Centros. Também estão disponíveis videoteipes e fitas cassete.

O Centro de Tiburon oferece anualmente, a baixo custo, cursos de três dias sobre a Cura das Atitudes. Se você desejar maiores informações sobre o trabalho e os cursos do Centro, escreva para: Center for Attitudinal Healing, 19 Main Street, Tiburon, California 94920. Tel.: (415) 435-5022.

CAPÍTULO 2

Atitudes com relação à vida e à morte

Talvez o maior medo que existe dentro de nós, aquele que permeia todos os nossos problemas, seja o medo da morte e da separação.

Quando o discípulo está pronto, o mestre aparece

Em 1971, Helen, uma mulher de 55 anos que eu (Jerry) tivera como paciente, telefonou-me e disse que estava morrendo de câncer. Perguntou se eu gostaria de ficar a seu lado e de conversar com ela enquanto passava pelo processo que a levaria à morte. Tive de parar para pensar na resposta que daria a essa pergunta. Finalmente, expliquei-lhe que essa não era minha especialidade e que eu tinha meus próprios medos não resolvidos com relação à morte. No entanto, assegurei-lhe que estava pronto a ajudá-la de todos os modos que me fossem possíveis.

Naquele momento, eu não tinha meios de saber que aquela mulher viria a tornar-se uma grande mestra para mim. Mas, desde aquele dia, tive muitas oportunidades de descobrir que, quando estamos prontos para aprender, um mestre surge diante de nós. Eu sei agora que, quando Helen me telefonou, eu chegara a um momento da minha própria vida no qual estava pronto para olhar a morte.

Nos dois meses seguintes, visitei Helen no hospital quase diariamente. Quando não a visitava, falávamos por telefone. Ela era uma pessoa muito religiosa e tinha uma fé e uma confiança inabaláveis em Deus.

Devo confessar que, na verdade, eu não sabia como ajudá-la. Sentia-me inadequado por causa de todos os meus problemas não resolvidos com relação à morte. No entanto, com o passar dos dias, descobri que havia uma coisa que eu podia fazer com a maior confiança: vi que minha missão era dar a Helen o meu amor incondicional e escutá-la sem nenhum julgamento. Percebi que só me cabia estar ao lado dela. Como fui um *homem de ação* toda a minha vida, posso garantir a você que aquilo foi bastante estranho para mim.

Helen falava sobre tudo o que se possa imaginar. Não consigo pensar em um único assunto que não tenhamos debatido. A maior parte do tempo, ela não aparentava ter medo da morte — porém havia, certamente, momentos em que ela tinha dúvidas. Havia lágrimas, é claro, mas também algumas boas risadas. E às vezes também havia raiva.

Muitas e muitas vezes fiquei maravilhado com a imensa calma e tranqüilidade que sentia na sua presença. Ao contrário de mim naquela época, Helen acreditava que somos algo mais que um simples corpo físico. Ela acreditava que sua alma, seu espírito, viveria para sempre, nunca seriam tocados pela morte. Sentia que estava eternamente ligada a Deus e que nunca seria separada dos corações daqueles que amava. Helen me disse que não acreditava em nenhuma espécie de separação.

Helen morreu durante o sono, uma noite, partindo em paz. Com todo o meu coração, invejei e admirei Helen por ter essa fé e confiança inabaláveis em um Poder Superior. Ela via a morte como um simples ato de afastar-se e "soltar" o corpo físico, enquanto voltava para a luz.

A mente dividida

Nessa minha experiência com Helen, contudo, percebi a divisão que havia em minha mente. Uma parte de mim conseguia ver que havia outra maneira de encarar a morte além daquela à qual eu me apegara durante toda a minha vida. Eu não podia negar o fato de ter estado ao lado de alguém que não tinha medo de morrer. Porém, havia uma outra parte de mim que dizia: "Não há nenhuma evidência científica de que existe alguma coisa depois que o corpo morre. Não se deixe iludir por esta experiência."

O meu comportamento, naquele período da minha vida, refletia essa "divisão" mental. Eu era um alcoólatra e estava literalmente me afogando na bebida. Por um lado, tinha medo de morrer e, por outro, assim como muitas outras almas perdidas, estava deixando que a bebida me levasse para o túmulo antes do tempo.

Como é morrer?

Uma pergunta importantíssima que fazemos repetidamente a nós mesmos, quando crianças ou já adultos, é: "O que acontece conosco quando morremos?" Qualquer que seja a resposta, poderia alguém nos dar provas dela? Será que, depois de vivermos toda a nossa vida cercados de incertezas sobre o futuro, o mesmo nos acontece às portas da morte?

E a resposta tem muito que ver com o fato de nos considerarmos como seres físicos ou como seres espirituais. Esse ponto foi salientado por uma velha história que Tony De Mellow costumava contar — um homem chega ao padre e pergunta: "Quando eu morrer, meu corpo vai para o túmulo e minha alma para o Paraíso, mas para onde é que *eu* vou?"

Poucos anos depois da minha experiência com Helen, eu estava passando pela enfermaria das crianças com câncer do Centro Médico da Universidade da Califórnia, em San Francisco, quando ouvi casualmente um paciente de oito anos perguntar ao seu médico: "Como é morrer?" O médico evitou dar uma resposta, mudando rapidamente de assunto. E foi então que pensei: o que acontece a uma criança quando ela quer falar sobre aquelas coisas confusas que a preocupam, tal como a morte, e os adultos à sua volta ainda não lidaram com essas coisas dentro deles mesmos?

Um pequeno exame me fez descobrir que em geral as crianças procuram alguém em quem possam confiar e que lhes dê respostas honestas. Pode ser a pessoa que vem limpar o quarto, ou a enfermeira do turno da noite, ou alguém que a criança percebe intuitivamente que lhe dará uma resposta direta. O garotinho que perguntou ao médico "Como é morrer?", abriu uma porta dentro de mim, uma porta para a minha própria criança interior que ainda estava com medo de fazer essa pergunta.

Em função daquele encontro na enfermaria das crianças com câncer, fui inspirado a criar o primeiro Center for Attitudinal Healing, fundado em 1975. Por causa da pergunta de um garotinho, algo dentro de mim disse-me: se eu criar um espaço onde as crianças que estão diante da morte possam vir e fazer as suas perguntas, elas não só poderão ajudar umas às outras como também me ajudarão a ver a morte de uma maneira diferente. Eu sabia que a cura das minhas atitudes com relação à morte teria de ser experimental, não apenas intelectual.

Nos muitos anos que se seguiram, todos nós no Centro aprendemos muito sobre a vida e a morte e como olhá-las de um modo bastante diferente. Às vezes, quase parecia que as crianças e adultos que vinham até nós, a maioria enfrentando a própria morte, eram anjos enviados para nos servirem de mestres. Estamos convencidos de que muitas das crianças que aqui conhecemos eram almas antigas em corpos jovens, vindas para nos ensinar simples verdades espirituais.

O medo da morte

Ao longo dos anos, as crianças e muitos outros que vieram ao Centro revelaram diversas coisas sobre nossas atitudes com relação à morte e ao processo de morrer. Aprendemos com elas que, quer estejamos plenamente conscientes disso ou não, nosso medo da morte — na verdade, o medo da separação — é o maior medo que a humanidade conhece. Em geral, não se fala muito sobre a morte na nossa sociedade; como se, escondendo nossos medos nas cavernas da mente, pudéssemos de algum modo evitar a morte.

Nossos medos podem surgir sob as mais diversas máscaras. A mente humana costuma usar um modo muito especial de lidar com o medo da morte; nossa mente nos diz que precisamos sempre ter o controle sobre todas as coisas. E eis onde geralmente nasce essa atitude: temos medo de enfrentar o fato de que nunca conseguiremos controlar as coisas a ponto de fazer com que nosso corpo viva para sempre. Às vezes, o nosso pensamento mágico, alojado bem no fundo do nosso subconsciente, nos diz algo mais ou menos assim: "Se eu controlar os outros, talvez consiga controlar a própria morte e, desse modo, nunca morrerei."

No Centro, ouvimos muitas histórias contadas por pessoas que escolheram enfrentar seus próprios medos da morte. Uma dessas histórias é sobre um homem que, toda vez que apanhava o jornal, abria direto na seção "Mortes". A maioria das pessoas começa lendo a primeira página ou talvez o caderno de esportes ou os quadrinhos; ele não. Quando lhe perguntaram porque lia primeiro o obituário, respondeu que ficava aliviado ao não encontrar o seu nome ali! Essa era a sua estranha maneira de sentir que controlava a morte.

No Centro, as crianças e os adultos deixaram bastante claro que teremos medo da morte enquanto continuarmos apegados ao corpo como a nossa única realidade. Nossos medos permanecerão enquanto acreditarmos que o passado, o presente e o futuro são a única realidade, e que a vida e o corpo são uma única coisa. Teremos medo enquanto nossa mente conservar a crença de que nascemos para viver aqui na Terra apenas por um breve período de tempo e depois morrer. Teremos medo enquanto nos identificarmos com o nosso corpo — e não com a nossa espiritualidade.

Existem muitas outras coisas que, de algum modo, surgem para simbolizar o nosso medo da morte. Em nossos cursos, constatamos freqüentemente que muitas pessoas passaram pelo processo do divórcio. Inúmeras delas comentam que o fim do casamento foi como a morte. A perda de um emprego ou de um negócio também pode assemelhar-se à morte. O modo como reagimos a essas situações irá depender dos nossos sistemas de crenças. Essas situações proporcionam novas oportunidades de nos tornarmos mais conscientes dos nossos sistemas de crença e de quem somos, do que somos, de qual é o nosso propósito, e do fato de nossas vidas envolverem ou não algo mais do que um corpo físico.

Ao fazermos perguntas sobre a morte e o processo de morrer, é importante lembrar que muitas das nossas atitudes e medos nessa área são aprendidos. Para nos libertarmos desses medos, talvez seja útil examinar alguns detalhes sobre a origem desses medos. Podemos fazer isso relembrando o momento da nossa vida em que, pela primeira vez, tomamos consciência da morte.

Reflexões pessoais

De diferentes maneiras e em diferentes idades, todos aprendemos sobre a morte. A primeira vez que eu (Jerry) tomei consciência da morte, foi aos quatro anos. Havia na vizinhança um senhor de idade que gostava de trabalhar em seu jardim e, um dia, dei-me conta de que ele andava sumido. Perguntei aos meus pais o que tinha acontecido com ele.

Houve um longo silêncio. O rosto de mamãe e de papai assumiram uma expressão de horror, como se eu tivesse acabado de dizer algo terrível. Finalmente, minha mãe murmurou, apressada: "Ele morreu e foi para o céu", e então ambos se precipitaram para fora da sala.

Continuei a pressioná-los com perguntas e eles então me disseram: "As pessoas não vivem para sempre. Quando elas morrem, vão para o céu. Isso é tudo que você precisa saber. E agora não toque mais nesse assunto."

Não me lembro de ter pensado na morte nem de ter sentido medo dela até aquele instante; porém, as experiências daquele dia foram um grande choque para mim. Senti que toda a alegria era arrancada de dentro de mim. Acho que eu acreditava, até aquele momento, que meus pais, meus irmãos, Les e Art, e eu viveríamos para sempre. De algum modo mágico, eu acreditava que seria eternamente um menino e que todas as pessoas permaneceriam com a idade que tinham naquele momento. Nada nunca mudaria. Mas fui obrigado a pensar na idéia de que as pessoas envelhecem e acabam por morrer.

Aprendi, em casa, que seria recompensado por não falar sobre os meus sentimentos. Essa era a regra que você seguia se queria ser *um bom menino*. E assim eu cresci, acumulando dentro de mim uma montanha de sentimentos, escondendo as minhas emoções de mim mesmo e dos outros. Junto com tudo o mais, aprendi a suprimir do meu consciente o fato de que nenhum de nós vive para sempre. Meu medo da morte tornou-se tão profundamente internalizado que era quase invisível.

Meus esforços para controlar o medo da morte assumiram as mais extravagantes formas. Certa época, por exemplo, comecei a fantasiar que mandaria congelar o meu corpo quando morresse, para poder ser ressuscitado em algum tempo futuro, depois que alguém inventasse uma maneira de fazer os mortos voltarem à vida.

Ao crescer, fui percebendo que meus pais não acreditavam realmente naquela história de que vamos para o céu quando morremos. Eles acreditavam, isso sim, que, quando morremos, está tudo acabado; você morreu, está morto e não há mais nada.

Por nunca ter ido a um funeral até a adolescência, fiquei protegido dos pensamentos e perguntas sobre a morte. Mas isso só serviu para intensificar a minha crença de que a morte deveria ser alguma coisa horrível e me provou, portanto, que eu tinha de fazer todo o possível para controlá-la. Mas, quando eu estava no colegial, um grande amigo meu morreu num acidente de automóvel. Convenci-me de que, se existia um Deus, não seria um deus amoroso; seria um deus cruel, um deus que permitia que aqueles acidentes acontecessem.

No funeral do meu amigo, fui um dos que carregaram o caixão. Depois disso, a pouca fé que eu tinha em um Poder Superior desapareceu por completo e tornei-me um ateu militante.

Muitos dos meus medos com relação à morte e ao processo de morrer surgiram de uma íntima identificação com os medos da minha mãe. Ela tinha uma infinidade de medos. Na verdade, acho que ela foi uma das pessoas mais medrosas que já conheci. Um dos primeiros medos que me lembro de ter aprendido com ela foi o medo da água. E mais, ela tinha medo de que eu me afogasse. Como eu acreditava que esses medos eram reais, tomava infinitas precauções para manter o controle. Por exemplo, lembro que, nas aulas de natação, eu era o único que usava colete salva-vidas na piscina.

Minha mãe também tinha medo de lugares altos e de situações novas. Tinha medo de andar de automóvel. Ah, seus palpites nunca deixavam papai dirigir sossegado! Tinha uma gama completa de fobias que iam desde o medo de morrer num acidente de automóvel até o medo de morrer de câncer.

Eu poderia acrescentar que mamãe morreu pouco antes de completar 98 anos. Foi só nos seus cinco últimos anos de vida, à medida que ela se tornava mais flexível em suas opiniões, que o medo de morrer se dissolveu. Ela gostava que Diane e eu lhe contássemos histórias sobre o nosso trabalho com as crianças e adultos que se defrontavam com doenças fatais. Ela admirava as pessoas de quem falávamos; pessoas que tinham uma fé e uma confiança tão fortes em um Poder Superior.

Três anos antes de sua morte, ela nos surpreendeu ao fazer perguntas sobre reencarnação. Disse-nos achar que as crianças pequenas com talento para a música ou outras artes talvez estivessem manifestando alguma forma de reencarnação; que estavam, de alguma maneira, trazendo para a vida presente as capacidades que haviam desenvolvido em vidas passadas.

Já perto do fim da vida, minha mãe também disse que começara a ter sonhos confortadores com meu pai, Leo, que morrera poucos anos antes, aos 92 anos. Ela nos contou: "No meu sonho, Leo vinha a mim com os braços abertos, enquanto eu tentava atravessar a estrada para chegar até ele. Leo parecia envolto numa serena alegria. O sonho parecia tão real!" Ao compartilhar esse sonho conosco, seus olhos se encheram de lágrimas e ela, de repente, pareceu estar envolta na mesma alegria serena que nos descrevera. Ela teve muitos outros sonhos desse tipo, e sentimos que eles a ajudaram a preparar-se para sua própria transição.

Uma das maiores dádivas que mamãe me deu nos seus últimos dias foi morrer em paz durante o sono, foi desligar-se de seu corpo físico numa madrugada em que eu estava à sua cabeceira. Embora ela não estivesse em estado crítico naquele dia, eu tivera a premonição de que devia ir até ela e passar aquela noite a seu lado. Eu nunca antes recebera nenhuma orientação interior para passar a noite em seu quarto. E serei eternamente grato por ter escutado aquele chamado.

A Faculdade de Medicina

A Faculdade de Medicina reforçou tudo o que aprendi na infância quanto a reprimir meus sentimentos e a não demonstrar nenhuma emoção, especialmente as que se relacionavam com a morte. Naquela época, um estudante de Medicina aprendia que, para ser um bom médico, o indivíduo precisa ser objetivo o tempo todo; nunca pode se deixar levar pelas emoções.

Costumávamos intelectualizar e despersonalizar a experiência da morte, principalmente através da repressão dos nossos sentimentos. Não apenas bloqueávamos nossos sentimentos com relação aos pacientes como também os bloqueávamos em relação a nós mesmos.

Viver com plenitude ou viver como se estivesse meio morto

Quando eu (Jerry) relembro grande parte da minha vida, tenho a impressão de ter passado muito tempo andando a esmo, como se estivesse parcialmente morto. O que quero dizer com isso? Quero dizer que, quando nos sentimos meio mortos é porque estamos, consciente ou subconscientemente, preocupados com a morte e a separação. Ao julgar e censurar os outros, ao condenar a nós mesmos, estamos fortalecendo os nossos medos da separação. Tememos a rejeição, a doença e a perda. Tentamos controlar os outros num mundo que dia após dia nos parece mais insano e fora de controle.

Somos freqüentemente dominados por uma sensação de cansaço e exaustão e nunca nos sentimos realmente seguros. Apegamo-nos aos dolorosos sentimentos do passado e nos preocupamos com o futuro desconhecido. Achamos difícil, na verdade, confiar em alguém — pois sequer confiamos em nós mesmos.

Estamos meio mortos quando temos medo do amor e da intimidade. E estamos meio mortos quando andamos a esmo, procurando alguém ou alguma coisa fora de nós mesmos que nos dê felicidade e alegria duradouras. Estamos meio mortos quando, não importa o que tenhamos conseguido, isso nunca parece ser o suficiente. Estamos meio mortos quando não acreditamos no amor.

Para nós, viver com plenitude significa estar 100% no momento presente; ver que a única realidade está além do mundo da forma; estar repleto de amor e de espírito de doação; não ter medo da morte; não ter limites; estar totalmente ligado e unido a tudo o que existe; estar livre de julgamentos; vivenciar a alegria, a felicidade e a paz no momento presente; e não ter apegos ao corpo físico ou ao tempo.

A maioria das pessoas teve alguns momentos, pelo menos, nos quais perceberam a si mesmas vivendo com plenitude. Se você pensa como nós, o problema é organizar esses breves momentos em uma cadeia contínua. Esse pode ser um dos nossos maiores desafios na vida: escolher viver *um segundo de cada vez*, escolher amar em vez de ter medo, escolher viver plenamente em vez de estar meio morto.

Os sistemas de crença

Não acreditamos que alguém possa continuar a trabalhar no nosso Centro a menos que esteja trilhando algum caminho espiritual e que acredite que a identidade do ser humano é mais do que apenas o corpo físico. Se acreditássemos que a morte do corpo é o fim da linha, seria extremamente doloroso permanecer ao lado das crianças e de suas famílias no momento da morte.

Não estamos dizendo que nós, no Centro, não sofremos dor e pesar quando alguém morre. Sofremos, sim. E lamentamos a perda da presença física daqueles que morreram. Existe em nós, no entanto, uma disponibilidade para ver a vida e a morte de um modo diferente de como as víamos antes — enxergar a possibilidade de que a vida e o amor são eternos. Concentramo-nos no esforço de ver todos nós como seres espirituais que jamais se separam e que estão sempre unidos uns aos outros pelo amor.

Para a criança de dois ou três anos, é muito mais fácil acreditar que o momento presente é o único momento que existe e que aquilo que ela é naquele momento existirá para sempre, pois ela ainda não aprendeu os conceitos de tempo, tais como o "ontem" e o "amanhã". Para ela, portanto, é mais fácil pensar que o agora é para sempre. Talvez seja quando o nosso ego aprende a percepção do tempo que começamos a nos encerrar no medo da morte e na crença de que a morte é o fim.

Imaginemos uma realidade diferente

Você estaria disposto, por uns poucos minutos, a deixar sua imaginação correr solta? Imagine, então, como seria viver em um mundo onde a totalidade das pessoas compartilhasse a crença de que todas as percepções do tempo — particularmente o passado e o futuro — nada mais são que crenças, percepções inventadas por nós. Imagine a si mesmo vivendo num mundo onde o "aqui e agora" é eterno? Está disposto a imaginar uma realidade onde você vive sempre no presente, sem pensamentos em relação ao passado ou ao futuro, e onde o próprio amor, não o corpo físico, é a nossa verdadeira identidade?

À medida que a nossa imaginação nos leva a contemplar o mundo dessa maneira, começamos a ver que teríamos menos medo nesse outro tipo de mundo do que temos no mundo em que hoje vivemos. A crença de que existe separação e morte iria enfraquecer e desaparecer, porque se dissolveria a crença na percepção que o nosso ego tem da vida — a crença de que somos apenas corpos a mover-se através do espaço e do tempo linear.

Uma crença é um fato ou uma escolha?

Em certa época da História, a maioria das pessoas acreditava que o mundo era plano. Para elas, a percepção de um mundo plano era um fato, não uma crença. Foi só depois de surgirem exploradores como Cristóvão Colombo desafiando aquela noção, que elas começaram a ver que o "fato" da existência de um mundo plano era, na realidade, uma crença e, além disso, uma crença equivocada.

Até que ponto nossa mente é realmente aberta? Muitos de nós aceitam como fato o sistema de crença ensinado por nossa sociedade. Ora, os sistemas de crença são escolhas; e quase tudo aquilo que julgamos ser *crenças* — sobre o tempo, o nosso corpo físico, a morte — não é, na verdade, nada mais que isso: simples crenças. Talvez seja útil lembrarmos que *podemos realmente escolher* em que acreditar e o que pensar, e reconhecer que aquilo que escolhemos irá determinar o que vivenciamos.

Outras maneiras de ver a vida e a morte

Há muitas outras maneiras de ver a vida e a morte, diferentes das crenças que aprendemos em nossa cultura. Eu (Jerry) tive a oportunidade de assistir a um funeral maori, na Nova Zelândia, há alguns anos. O serviço fúnebre era realizado em um aposento espaçoso e havia mais de cem pessoas presentes, inclusive muitas crianças. Todos tinham um humor alegre e festivo. A um canto da sala, num caixão aberto, estava o corpo do morto, um homem idoso. As crianças brincavam em volta do caixão.

Não havia medo, pois não se temia a morte. O espírito do homem cujo corpo repousava no caixão estava sendo celebrado. Acreditava-se que o seu espírito viveria para sempre. Pensei naquele hora: se eu tivesse sido criado na cultura maori, teria crenças bem diferentes em relação à morte e não sentiria medo dela.

Durante aquela mesma visita à Nova Zelândia, conheci um padre católico, de 75 anos e já aposentado. Ele me contou que estava escrevendo um livro sobre os maoris. Achava que um dos maiores erros já cometidos foi tentar converter aquele povo ao cristianismo. Ele acreditava que, em vez de tentarmos mudar suas crenças, deveríamos ter aprendido com eles sobre as suas verdades espirituais.

As crenças maoris sobre a identidade espiritual propagavam-se para todas as áreas de suas vidas. Os maoris têm uma palavra para "amor": *awara*, que quer dizer "amor incondicional". Eles não acreditam, de modo algum, no conceito de separação. Se uma pessoa, de qualquer parte do mundo, for visitá-los, não será vista como um estranho, mas aceita como um membro da família. Não há limitações para o amor. Todos são amados igualmente.

As crianças são os nossos mestres

No Centro de Cura das Atitudes, ficamos impressionados com o fato de que muitas das crianças que conhecemos têm uma forte crença em um Poder Superior, mesmo as que receberam pouca ou nenhuma formação religiosa. Essas crianças freqüentemente demonstram uma sabedoria superior à sua idade cronológica, quando se trata de compreender a vida e a morte. Falam de caminhar para a luz, de se sentirem para sempre conectadas com um Poder Superior, e de não existir, nem mesmo na morte, qualquer separação.

Adoramos a história de um garoto que, aos dez anos, já estivera várias vezes às portas da morte. Um dia, ele nos disse:

"Eu acho que Deus tem uma biblioteca e os livros dela são as crianças. As crianças são emprestadas aos seus pais e cada uma delas tem um prazo de devolução. Igual aos livros de uma biblioteca, algumas têm prazo curto e outras têm prazo longo.

"Os livros sempre fazem parte do coração de Deus e, mesmo que sejam emprestados, nunca são realmente separados. É por isso que eu sempre me sinto unido a Deus e não me assusto com a morte. Mas eu acho que ainda tenho algum trabalho para fazer aqui."

Esse garoto disse-nos essas palavras há mais de uma década. Ele ainda vive, está bem e quer fazer algo na vida para ajudar os outros.

Lembramo-nos também de um menino de onze anos cujos pais, antes muito religiosos, se afastaram de Deus quando o câncer do filho se manifestou uma vez mais. Ele disse aos pais: "Vocês podem acreditar no que quiserem. Mas eu sinto realmente que Deus está comigo o tempo todo e só porque o meu câncer voltou não quer dizer que Deus foi embora."

No Centro, tivemos a oportunidade de conhecer muitas crianças que não manifestam crenças religiosas ou espirituais específicas e, no entanto, suas ações revelam uma maneira bem diferente de ver o mundo. Elas encontram um sentimento de paz interior, por poderem encontrar-se regularmente com outras crianças, compartilhando seus problemas mútuos e prestando ajuda umas às outras.

Ser útil aos outros durante a sua própria crise permite que as crianças tenham um senso de propósito e também vivenciem o fato de não estarem sozinhas. Muitas e muitas vezes, elas expressam a crença de que, se você enviar amor a uma pessoa que está num hospital a quilômetros de distância, de imediato ela irá receber esse amor. Elas acreditam que, por meio do amor em seu coração, podem comunicar-se com os outros sem que os corpos físicos tenham de estar no mesmo lugar. Elas sabem, em seu coração, que, quando estamos dando amor, não nos sentimos sozinhos nem separados.

Elsie Hines

Elsie Hines é um exemplo admirável de pessoa que não teve medo da morte. Sua filha, Linda Ryan, compartilhou conosco esta história sobre a mãe:

"Minha mãe teve um relacionamento muito íntimo com Deus durante toda a sua vida. Ela acreditava que nossa verdadeira identidade é a identidade espiritual, uma identidade eterna. Era católica e não só rezava a Deus diariamente como também tinha um relacionamento muito íntimo com a Virgem Maria. Era como se sua fé em Deus a tivesse, durante toda sua vida, preparado para a morte. Aos 70 anos, diagnosticaram leucemia.

"Seu médico queria fazer aplicações de quimioterapia, porém ela lhe pediu para esperar três dias por sua decisão. Como em qualquer outra situação de sua vida, minha mãe rezou e pediu a Deus que a ajudasse a se decidir. Três dias depois, disse ao médico que decidira não fazer quimioterapia e explicou que chegara a essa decisão através da prece. A família apoiou a decisão dela e o médico continuou a apoiá-la da melhor maneira possível."

A mãe de Linda começou então a falar sobre o tipo de funeral que desejava. Disse a Linda quais as roupas com que deveriam vesti-la e o modo exato como o cabeleireiro deveria penteá-la. Uma vez que seria um funeral com caixão aberto, explicou que sua cabeça deveria ser colocada numa posição que escondesse um carocinho que tinha no nariz e sempre detestara; chegou até a inclinar a cabeça para mostrar a posição exata que queria. Elsie tinha um senso de humor maravilhoso, que continuava tão apurado como sempre naqueles seus últimos meses de vida. Foi nessa época que Linda recebeu uma das maiores e mais abençoadas dádivas que poderia receber da mãe. Elsie lhe disse: "Linda, quando eu morrer, não pense que nunca fez o bastante por mim, porque você fez!" Linda sentiu que essa foi uma das dádivas mais libertadoras que um filho adulto pode receber dos pais.

Mais tarde, a mãe de Linda precisou ser hospitalizada devido a uma infecção generalizada e começou a sentir algumas dores. No entanto, decidiu voltar para casa e parar de receber transfusões de sangue e medicamentos contra a dor. Ao chegar em casa, sentou-se em sua cadeira favorita e tomou um prato de canja caseira que guardara no *freezer*. Nessa noite, ela rezou junto com a família, deu boa-noite a todos e quando a enfermeira que passava a noite a seu lado saiu do quarto, arrancou o tubo de oxigênio. Quando descobriu o que Elsie tinha feito, a enfermeira chamou a família, que acorreu à sua cabeceira para dar-lhe o último adeus. Elsie morrera à sua maneira. Não queria esperar mais para ir ao encontro do Senhor e de Sua abençoada Mãe.

Quando perguntamos a Linda se concordaria em compartilhar conosco o que aprendera com sua mãe sobre a morte, ela respondeu: "Minha mãe me ensinou que devo fazer o trabalho de todos os dias. Ensinou-me a trabalhar duro, a renunciar ao controle, a deixar que Deus tome as decisões por mim. Ela me ensinou a importância das orações diárias e a paz que surge quando você confia, tem fé e dedica sua vida a Deus."

A perda e o pesar: uma oportunidade de cura e de desenvolvimento

Teresa Spencer Plane, uma querida amiga nossa, vive na Austrália. Ela escreveu o texto que reproduzimos abaixo, intitulado "O pesar é para ser compartilhado: uma oportunidade de cura e de desenvolvimento", extraído de seu livro *Time to Come Home: A Guide for Families Living with Dying*.

Já que percebemos sua extrema utilidade também em outras situações, gostaríamos de compartilhar com você um pouco de sua profunda sabedoria. Estes trechos selecionados (editados por nós sem, esperamos, ter alterado seu sentido) condensam os pensamentos de Teresa:

O PESAR É PARA SER COMPARTILHADO

O que a pessoa enlutada precisa saber? O que ela tem de fazer para lidar com a dor e as emoções caóticas que acompanham a morte de um ente querido?

De início, precisamos saber que o pesar é uma resposta normal e natural à perda. Faz parte da experiência humana. O pesar representa nossa natureza humana, assim como nosso amor. A morte de um ente querido é uma experiência universal e sua ocorrência inicia um doloroso processo que vai do pesar à cura. É um processo instável, uma jornada solitária caracterizada por dúvidas sobre nós mesmos e por emoções fortes.

As primeiras semanas

Durante as primeiras semanas e meses, você talvez sinta que está vivendo a vida em câmera lenta. Pode sentir-se entorpecido, sem interesse pela vida, incapaz de se concentrar. A vida está transcorrendo para os outros, mas você sente que não faz parte dela. Parece que você perdeu um pedaço de si mesmo. Sente-se desorganizado e talvez chore bastante. A tristeza é esmagadora e você suspira com freqüência. Algumas pessoas podem sentir que precisam ser fortes e lutar contra as lágrimas. Outras sentem que, se começarem a chorar, talvez não parem nunca mais.

Você pode estar com muita raiva. Raiva de Deus. "Como foi que Deus deixou isso acontecer? Deus não existe." Raiva do mundo e daqueles que estão à sua volta. Raiva de você mesmo e até raiva da pessoa que morreu. "Como ela se atreveu a morrer e me deixar tão sozinho?" A solidão é um dos maiores problemas do pesar — você se sente abandonado e impotente.

A culpa irracional pode arrasar você. Algumas pessoas chegam a sentir uma responsabilidade pessoal pela morte.

Outras descobrem que o seu pesar é exaustivo. Sentem-se cansadas o tempo todo. É difícil dormir; ou não conseguem adormecer ou o sono é perturbado por sonhos nítidos e pesadelos. Embora possam ser dolorosos ou mesmo, em certas ocasiões, assustadores, esses sonhos desaparecerão com o tempo.

Você pode descobrir que está conversando com a pessoa que morreu como se ela estivesse presente. Ou chegar do supermercado e perceber que comprou um vidro do xampu que ela usava ou do seu suco de fruta preferido. Ou imaginar ter ouvido seus passos no corredor e sua voz dizendo: "Olá, estou aqui na cozinha!", e então perceber que não tem ninguém na cozinha e que aquela pessoa nunca mais chegará até a porta.

Se você reprimir o pesar, aquele proverbial "nó na garganta" só virá à tona mais tarde, sob a forma de sintomas físicos, como insônia, dor de cabeça e problemas gastrintestinais.

A solidão

Pode acontecer que alguns amigos, ou mesmo familiares, não venham visitar você depois do funeral. É possível que se sintam embaraçados com as suas lágrimas e emoções fortes e não saibam o que dizer. Outros, equivocadamente, acreditam que têm a obrigação de distraí-lo de sua dor.

Conversar sobre os sentimentos

A maioria das pessoas enlutadas tem necessidade de falar sobre os seus sentimentos de pesar, solidão, tristeza e depressão e "contar a sua história" para tornar a vida mais tolerável. Conversar sobre sua perda irá, na realidade, ajudar você a se curar e lidar com o processo do luto; assim, tente encontrar pessoas que o escutem e ajudem a sentir que é compreendido e que não está só.

Ao abordarmos o pesar, é importante para todos nós lembrar que acumulamos as nossas perdas. Todas as perdas que já enfrentamos e sofremos na vida, se não foram tratadas, ainda estão conosco. Ainda as carregamos.

O tempo, por si só, não cura

O que traz a cura é o que você faz com o seu pesar. É importante lembrar que não é sinal de fraqueza sentir a dor da perda por um tempo mais longo que outras pessoas; nesse ponto, cada pessoa é única.

Compreenda o seu pesar

A total percepção da perda de um ser amado nunca ocorre de uma só vez. Os aniversários, os aniversários de casamento e o primeiro aniversário da morte muitas vezes fazem você perceber quanto sua vida mudou por causa dessa perda. Você tem todo o direito de sentir solidão, tristeza, desespero e até mesmo culpa e raiva. E talvez se assuste com a intensidade dessas emoções.

Infelizmente, muitas pessoas à sua volta poderão tentar afastar você desses sentimentos, para "tirar essa perda da sua mente". Porém, a maior parte das pessoas que sofreu uma grande perda precisa falar sobre seus sentimentos, sobre o vazio, a tristeza e a depressão que estão sentindo.

Há muitos livros que são úteis para as pessoas que estão face a face com sua própria morte ou com a morte de um ente querido; muitos deles abordam os meios de se lidar com a perda e o pesar. No entanto, esses processos são altamente individualizados, intensamente únicos para cada um de nós. São processos que precisamos descobrir por nós mesmos.

Acreditamos que não há meios de se prescrever como morrer, como viver ou até mesmo como sofrer. Entretanto, é muito comum constatarmos que, para os que estão buscando seu próprio caminho, pode ser útil conhecer as experiências das pessoas que freqüentaram o Centro, guiadas pelo desejo de encontrar respostas para as mesmas perguntas.

No Centro de Cura das Atitudes, temos reuniões semanais sobre o tema "Perda e pesar", destinadas àqueles que querem trabalhar com os seus sentimentos. A cada mês, reservamos todo um dia para uma reunião sobre esse mesmo tema, proporcionando às pessoas um ambiente seguro no qual possam compartilhar as suas experiências individuais.

As pessoas que participam desses grupos procuram ouvir sem julgar as experiências dos outros e oferecer-lhes o seu apoio. Gostaríamos de compartilhar algumas das experiências que tivemos com pessoas que freqüentaram essas reuniões. Muitas delas estavam se defrontando com sua própria morte, enquanto outras lidavam com a perda e o pesar. E, claro, havia inúmeras que enfrentavam as duas situações ao mesmo tempo — tanto a sua própria morte quanto o sofrimento causado pela perda de algum amigo que haviam encontrado no Centro.

A dor e a agonia do luto

Muitas das pessoas que vêm ao nosso Centro foram incapazes de sentir todo o impacto do pesar na época em que seus entes queridos morreram. Muitas delas tomaram tranqüilizantes, receitados por seus médicos, a fim de amortecer o impacto da dor que sentiam.

Depois de participar das reuniões de "Perda e pesar", muitas delas acharam que teria sido melhor não terem tomado os medicamentos naquela ocasião. Reconheceram que as drogas as privaram da oportunidade de explorar e sentir o seu pesar. Depois de expressarem abertamente os seus sentimentos no ambiente seguro oferecido por essas reuniões, elas enfatizaram a importância de vivenciar os sentimentos relacionados à morte de um ente querido, em vez de encobrir esses sentimentos.

O que a maioria das pessoas descobre é que, independentemente do tranqüilizante ou outro remédio envolvido, os sentimentos de pesar, raiva, rancor, perda e profunda tristeza não desaparecem. Apenas permanecem algum tempo ocultos no subconsciente e mais tarde vêm à tona, confusamente misturados aos outros acontecimentos e problemas de sua vida.

Por isso, muitas pessoas disseram que teria sido da mais extraordinária utilidade para elas se tivessem vivido plenamente a dor e a agonia do processo de luto na época em que seus entes queridos morreram. Isso as teria ajudado a subir mais um degrau da escada do aprendizado, permitindo-lhes descobrir por si mesmas um pouco mais sobre o mistério da vida e da morte.

Muitas relataram a extrema importância de terem um espaço em que pudessem honrar os seus sentimentos humanos, sem sentir que alguém as julgava, as criticava, tentava convencê-las a se afastarem do que sentiam, tentava mudá-las ou as rotulava de loucas por agirem dessa ou daquela maneira. Grupos como os que descrevemos proporcionam esse espaço.

Uma mulher, por exemplo, cujo marido morrera de repente durante o sono, conservou os mesmos lençóis na cama por mais de um mês, antes de lavá-los. Ao compartilhar essa experiência com o grupo, sentiu-se reconfortada quando outra pessoa contou-lhe que fizera a mesma coisa. Para ela, foi bom saber que não há maneiras "certas" nem "erradas" de expressar o pesar.

As pessoas que participam dos grupos de apoio no Centro reconhecem o grande valor de serem capazes de compartilhar com outras que estão passando pelas mesmas situações — e aprender que não se está sozinho. Esse compartilhamento ajuda a afastar o medo.

Algumas pessoas identificaram-se tão fortemente com o seu pesar, que acham que esse pesar as define. Falar com os outros ajuda-as a enxergar a si mesmas de uma maneira diferente. Um ponto que precisa ser enfatizado é que o Centro oferece esperança às pessoas, no sentido de dar-lhes um outro modo de olhar a vida e um outro modo de olhar a morte, e lhes proporciona uma oportunidade de trabalhar com a sua própria dor, raiva e pesar, de modo a poderem, finalmente, aprender com as experiências e alcançar a cura.

Atualmente, há grupos de apoio como esses em muitas cidades dos Estados Unidos e também em outros países, todos oferecendo apoio durante o processo do pesar.

Deixar de ter medo da morte

Embora não tenhamos "receitas" prontas para ajudar as pessoas a se libertarem do medo da morte, observamos algumas coisas naqueles que deixaram de ter esse medo e gostaríamos de compartilhar algumas delas com você.

Uma coisa que todas essas pessoas parecem ter em comum é a disposição para questionar e reavaliar seus antigos sistemas de crença — ou seja, elas não consideram suas crenças como algo "fixo e imutável" nem fogem de novas experiências só porque estas não se encaixam perfeitamente na realidade em que acreditam. Achamos que a melhor maneira de narrar as agudas percepções que afloraram nos grupos de "Perda e pesar" seria entrevistar essas pessoas e pedir-lhes que contassem suas experiências com suas próprias palavras. Eis suas histórias:

Patsy Robinson

Patsy é uma das fundadoras do Centro e está associada a ele desde 1975. Sua história exemplifica a importância de lidarmos com os nossos medos da morte, dando a nós mesmos permissão para experimentar esses sentimentos de um modo mais completo. Patsy nos ensina que, quando nos damos essa permissão, abrimos as portas ao reconhecimento pleno de que nossa verdadeira identidade é a identidade espiritual; e essa percepção liberta-nos do medo da morte física.

Como Patsy trabalhara em todas as funções no Centro, desde voluntária até presidente do Conselho, achamos que ela seria uma excelente pessoa para ser entrevistada. Ela nos contou:

"Quando olho para o passado, percebo que antes de criarmos o Centro, eu usava a negação para lidar com o meu medo da morte. Foi só depois que comecei a ajudar os outros, em suas situações de perda e pesar, que vim a descobrir que, alguns anos antes, eu escondi de mim mesma a morte do meu pai... eu nunca tinha realmente lidado com aquela perda.

"Um dia, quando eu estava trabalhando como auxiliar numa reunião de 'Perda e pesar', comecei a chorar, um choro repentino e incontrolável. As pessoas... e eu pensava que elas tinham ido ali para que eu as ajudasse, bem, elas começaram a me ajudar. Acho que o que aconteceu comigo acontece com muitos outros. Quando você escuta aqueles que estão passando pela dor do pesar e pelo sentimento de perda, muitas vezes você descobre o seu próprio pesar."

Patsy nos disse que quem mais a impressionou desde que se ligara ao Centro foi Joe Bauer, que morrera de um tumor cerebral havia vários anos. "Eu me lembro da primeira noite que Joe veio à nossa reunião. Ele contou que tinha consultado um médico, pouco antes, e esse médico diagnosticou um tumor cerebral que não podia ser operado e lhe disse que ele teria mais uns dois meses de vida. Quando Joe ouviu isso, olha só o que ele contou para o grupo: 'Dispensei o homem. Eu nunca ia querer me tratar com um médico tão pessimista!'

"Joe viveu ainda três anos. Durante esse período, passou quase todo o seu tempo ajudando os outros e aprendendo a permanecer no momento presente. Ele realmente demonstrou aos outros, inclusive a mim mesma, que quando você se concentra em viver no presente, a qualidade da sua vida é a mais elevada. Ele nos ensinou o valor imenso de viver tão intensamente no presente que isso se torna a nossa única realidade. O medo que ele sentia quando veio pela primeira vez ao Centro desapareceu e ele desenvolveu uma paz maravilhosa e conseguia compartilhar generosamente essa paz com os outros.

"Parece que muitas vezes, quando uma pessoa tem uma doença fatal, isso lhe dá a oportunidade de olhar a sua vida, reavaliar o seu propósito e aquilo que ela acha que é o significado da vida. Para muitos de nós, isso parece um chamado de despertar para iniciarmos o nosso próprio caminho espiritual. E acho que deveríamos ser capazes de ouvir esse chamado de despertar sem que ele seja acionado por alguma doença fatal.

"É difícil colocar em palavras as muitas experiências maravilhosas que eu tive. Acho importante dizer que encontrei muitos mestres maravilhosos que se defrontavam com a sua próprio morte ou enfrentavam a morte de uma pessoa amada. Para mim, talvez a maior lição tenha sido a de que não há nada errado com a morte, e hoje em dia eu sei, no âmago do meu ser, que sou mais do que um simples corpo físico. Eu sei que o meu eu verdadeiro é o meu eu espiritual. As experiências no Centro me ajudaram a abandonar os meus velhos medos e sou eternamente grata por isso."

Cheryl Daniels Shohan

A história da Cheryl é importante para nós, pois é uma lição claríssima de como a transformação espiritual pode desabrochar até mesmo do mais profundo pesar, confirmando que a nossa verdadeira essência é o amor. Cheryl experimentou uma perda muito profunda e triste — mais profunda do que qualquer um de nós talvez jamais venha a sofrer. Sua história demonstra como podemos nos curar através da ajuda aos outros, da nossa total doação a eles, mesmo quando sofremos uma dor tão imensa quanto a dela.

Cheryl foi educada na fé judaica e lembra que, durante a adolescência, acreditava que a morte era o fim da vida. Ela conservou essa crença por muitos anos.

Cheryl casou-se com Paul e tiveram uma filha, a quem deram o nome de Kamala. Poucos anos depois, tiveram um filho, Tajin. Quando Kamala estava com nove anos, foi diagnosticado um câncer nos ossos. Depois de um tratamento com radiação e quimioterapia, ela melhorou. Três anos mais tarde, diagnosticou-se em Tajin um carcinoma aplástico. Em quatro meses estava morto.

Cheryl e Paul sofreram uma dor, um desespero e uma agonia que poucos de nós podemos imaginar. Depois da morte de Tajin, sentiram-se profundamente deprimidos e revoltados com Deus. Viram-se como vítimas, achando que todo o Universo conspirava contra eles. E, quando pensavam que não poderia haver dor maior, Kamala voltou a adoecer. Aos treze anos, quase exatamente um ano depois da morte de Tajin, Kamala também morreu.

Cheryl contou-nos que, depois da morte de Kamala, sentia que os dois filhos estavam presentes. Essa presença era tão forte que Cheryl tinha certeza de que não se tratava apenas de um produto da sua imaginação. Convenceu-se de que existe uma outra realidade, paralela à realidade física com a qual estamos mais familiarizados. E desde então ela acredita fortemente na realidade espiritual. Cheryl acha que é essa crença que a tem ajudado a suportar sua perda.

Desde a morte de Kamala, Cheryl trabalha no Centro como voluntária, auxiliar e em serviços administrativos. Atualmente, é diretora dos *Family Services and Home and Hospital Visitations*. Está intimamente envolvida com muitas e muitas pessoas — tanto crianças como adultos — que atravessam o processo de morrer.

Para os familiares e amigos dessas pessoas, Cheryl é um exemplo maravilhoso, pois sofreu o que talvez seja, para a maioria de nós, uma das mais dolorosas tragédias que se pode experimentar: a morte de ambos os filhos. As pessoas que ela ajuda podem olhá-la sabendo que estão diante de alguém que sofreu aquela dor e a superou, atuando plenamente, com paz e esperança em seu coração.

Quando perguntamos a Cheryl o que lhe era mais útil quando trabalhava com pessoas que estavam morrendo, ela nos disse:

"É saber que sou mais útil quando não tenho medo.

"É *estar* com a pessoa quando estou livre para compartilhar minha paz, meu amor incondicional e minha aceitação. É deixá-la saber que não existe um modo certo nem errado de morrer, e que o modo dela é perfeito porque todos nós podemos fazer isso do modo perfeito. É uma disponibilidade para estar com ela, para escutar, para ajudá-la a processar seus assuntos não concluídos. É saber que dar e receber são uma única coisa. E, o mais importante, é a disposição de ver a luz dessa pessoa, que, por sua vez, me faz lembrar de ver a minha própria luz."

Sharon Pair-Taylor

Sharon é a diretora dos *Adult Program Services* e tem sido um membro importante do nosso programa desde que se uniu ao Centro, poucos anos depois de sua criação. Trabalhando com adultos e crianças, Sharon sente que é importante estar completamente presente a fim de sintonizar-se com tudo o que possa pensar, dizer ou fazer para ser útil.

Ela nos disse: "Penso que a atitude mais útil que posso ter é não invadir a privacidade da outra pessoa. Há momentos em que a pessoa que você está acompanhando lhe pede que a ajude a explorar seus pensamentos íntimos e seus assuntos inacabados. Essa é a ocasião mais preciosa, quando você e ela podem vivenciar a unicidade e a união de um modo que está além das palavras."

Sharon enfatizou a importância de sermos totalmente honestos em todos os momentos e de nunca dissimularmos nossos pensamentos e sentimentos. Talvez o que mais nos impressionou tenha sido o seguinte: "Está claro para mim que nós não sabemos o que é melhor para a outra pessoa. Em nossas reuniões, tentamos fazer com que os participantes se lembrem de que não estamos ali para tentar moldar o modo como os outros devem morrer. Estamos ali para criar um ambiente de amor incondicional, onde exista liberdade para se falar sobre qualquer assunto... ou para não falar coisa alguma."

Ela prosseguiu contando: "As experiências por que passei têm uma riqueza que vai muito além das palavras. Com o meu trabalho no Centro, estou sempre aprendendo mais sobre o tema vida-e-morte e reconhecendo que todos nós somos mestres e discípulos uns dos outros. Minha própria jornada espiritual foi impulsionada pelo fato de testemunhar a transformação espiritual que ocorreu em tantas pessoas que cheguei a conhecer."

Meg Harmon

Meg Harmon é outro membro dedicado da equipe do Centro e, como diretora dos *Loss and Grief Services*, tem a oportunidade de acompanhar muitas pessoas que estão enfrentando a morte. Embora sua formação batista lhe tenha ensinado que a vida é eterna, Meg nunca havia sido totalmente capaz de aceitar essa crença.

As experiências de Meg, assim como as de muitos outros membros do Centro, mudaram suas idéias sobre o amor e o fim do corpo físico. A morte da mãe permitiu-lhe entrar mais plenamente em contato com aquela parte de si mesma que não é nem o corpo físico nem o ego. Sua história é importante por causa da maneira comovente como descreve o despontar dessa percepção em sua vida.

No fim da vida de sua mãe, Meg percebeu que a única coisa realmente importante para a mãe era o amor que tinha dado aos outros e deles recebido. Meg prossegue, dizendo: "O que eu percebi, de um modo muito profundo que nunca antes tinha sentido, foi que o amor é a mais importante força curadora no mundo. Isso mudou minha vida, porque percebi que a minha prioridade era curar a mim mesma através do amor que está no meu próprio coração.

"Comecei deixando de lado os julgamentos sobre mim mesma e fazendo da experiência de compartilhar o amor a coisa mais importante da minha vida."

O compromisso de Meg com um caminho espiritual tem-se aprofundado desde que ela se uniu ao Centro. Quando lhe pedimos para descrever alguma outra experiência significativa, Meg falou-nos sobre os momentos que passou ao lado de Paul Dearborn, seu amigo íntimo, que estava morrendo de AIDS. Passaram muitas horas juntos, enquanto Paul se aproximava da hora da morte. Ele não conseguia conversar e Meg ficou ao seu lado, em silêncio.

Meg nos contou: "Foi uma experiência que me permitiu enxergar além do corpo de Paul. Na minha mente, não havia nenhuma dúvida de que nós dois estávamos vendo as profundezas da alma um do outro, enquanto continuávamos a nos unir num nível muito profundo.

"O amor que experimentamos não tinha nada que ver com o corpo, e essa foi uma experiência que me fez lembrar, mais uma vez: já que o amor é eterno, o amor nunca morre. O corpo é apenas deixado para trás. Paul morreu em paz e eu tive a recompensa, com essa experiência, de continuar sentindo a presença dele em minha vida, de uma maneira muito real."

Dra. Elisabeth Kübler-Ross

Para muitas pessoas, são as experiências de quase-morte que lhes permitem descobrir, sem sombra de dúvida, que o ser humano é muito mais que um corpo físico. Nossos medos da morte podem ser muito fortes. Com efeito, às vezes o ego nos diz que não devemos pensar na morte nem nos permitir vivenciar coisa nenhuma que esteja relacionada com a morte. Uma das pessoas cujo trabalho é particularmente útil para guiar-nos além das falsas mensagens do ego é dra. Elisabeth Kübler-Ross. Sua contribuição tocou a vida de milhões de pessoas em todo o mundo, firmando sua posição de líder incontestada nesse campo.

Há muitos anos Elisabeth tem sido não só uma amiga querida como também o mais brilhante *raio de luz* para nós e para milhões de pessoas cujas vidas influenciou. Talvez ela tenha contribuído, mais do que qualquer outra pessoa da nossa geração, para trazer abertamente à luz do dia a questão da morte. Seu trabalho tornou possível, tanto para os profissionais de saúde como para o leigo em geral, compreender os seus próprios sentimentos em relação à morte. Elisabeth ajudou a criar um meio para que todos nós possamos pesquisar quem realmente somos.

Entrevistamos Elisabeth recentemente, para este livro. Ela nos contou que seu interesse pelos problemas relacionados com a morte começou aos seis anos de idade. "Eu tive pneumonia", disse-nos ela, "e dividia o quarto de hospital com outra menina. Ninguém vinha conversar conosco. Nós duas trocávamos algumas palavras, mas a maior parte da nossa conversa acontecia de uma maneira não verbal.

"Certa noite, antes de dormir, nenhuma de nós disse uma só palavra. Mas eu senti que uma comunicação estava ocorrendo entre a mente dela e a minha. Agora, relembrando, entendo que era uma comunicação telepática. Ela me dizia que ia morrer naquela noite. Quando acordei no dia seguinte, sua cama estava vazia. Ela tinha partido. Mais tarde, descobri que ela tinha realmente morrido naquela noite. Senti sua presença junto a mim e, a partir daquele dia, tive certeza de que somos mais do que corpos."

Os cursos de Elisabeth sobre a morte e o processo de morrer enfatizam a importância de vivenciarmos os nossos sentimentos. Ela relata que muitas pessoas que participam desses cursos sofreram todo tipo de abuso — emocional, físico e sexual. Muitas delas descobriram que o fato de poderem se expressar em um ambiente pleno de amor e apoio cura as feridas interiores que anos de análise intelectual foram incapazes de curar.

"Em nossos seminários", diz Elizabeth, "o importante é vivenciar verdadeiramente todas as emoções reprimidas. As pessoas podem então tomar a decisão de liberá-las, deixá-las ir embora e não mais se apegarem a elas. A luz no fim do túnel torna-se mais brilhante à medida que chegamos mais perto de descobrir quem realmente somos, o que realmente somos."

Quando lhe perguntamos se tinha algum "receituário" sobre o que mais ajuda as pessoas, ela respondeu: "Não acredito que haja algum *livro de receitas* que possa nos levar ao reconhecimento da nossa própria espiritualidade. Esse é um processo, um longo e difícil processo de aprofundamento interior, de descoberta de si mesmo."

Um sonho de travessia

São muitas as vezes em que a morte das pessoas que amamos nos ensina várias lições sobre a ligação entre todos nós. A maneira como lidamos com os vínculos entre nós pode ser a fonte de conflito e de dor, às vezes até resultando em doenças e sintomas físicos. No entanto, eu (Diane) aprendi com as minhas experiências que esses vínculos também podem nos levar àquela alegria que brota da compreensão mais profunda de nossas ligações espirituais.

Trabalho como auxiliar de um dos grupos de AIDS do Centro desde 1987. Embora alguns membros desse grupo tenham conseguido sobreviver por longo tempo, também perdemos muitos deles para a AIDS. É difícil para mim compreender que, depois de desenvolver um relacionamento tão íntimo com eles, tantos estejam mortos. A vida e a morte de cada uma daquelas pessoas teve um efeito único sobre mim, e nunca esquecerei a riqueza das lições que aprendi com elas.

Nunca é fácil assistir ao definhar de seus corpos. E, contudo, sua coragem e seu espírito sempre foram uma força inspiradora em minha vida. Nunca pensei que um dia estaria trabalhando com pessoas que enfrentam situações de vida-e-morte. O desafio de fazer face à morte de uma única pessoa já é bastante difícil, mas enfrentar a morte de tantos amigos parece quase incompreensível.

Recebi muito apoio de Jerry, da equipe do Centro e de muitas outras pessoas enquanto tentava vivenciar todos os aspectos do meu próprio processo de luto. Olhando para o passado, percebo que havia momentos em que eu deixava as minhas emoções fora de minha percepção consciente. Um exemplo: há pouco tempo, tive uma série de irritações na garganta, das quais não conseguia me livrar por completo. Vejo, agora, que talvez aquela sensação de nó na garganta representasse as lágrimas e o pesar que eu ainda não me permitira vivenciar e levar a cabo.

Certa noite, antes de dormir (foi na véspera do meu aniversário), lembro de ter pedido ao Universo para me ajudar a tratar aquelas emoções arraigadas que estavam me causando tanto mal-estar. Naquela noite tive um vívido sonho. Para mim, foi um "sonho de travessia", no qual fui capaz de ter a sensação reprimida da perda de tantos amigos queridos. Em certo instante daquele sonho tão vividamente detalhado, eu estava em um ambiente amplo, com muitas pessoas que também choravam a perda de seus entes queridos. Um homem levantou-se diante do grupo e leu um poema anônimo que exprimia o que todos nós estávamos sentindo. Eu sabia que eu era a autora daquele poema, mas não queria que os outros soubessem disso.

Quando acordei, consegui anotar o sonho em todos os seus nítidos pormenores e escrever aquele poema. Chamei-o "A Ponte". Tanto o sonho quanto o poema provaram ter um imenso poder de cura para mim, pois a sensação de nó na garganta passou e as irritações desapareceram. Reproduzo aqui esse poema, com a esperança de que talvez ele seja útil àqueles que também estão lidando com o processo de luto pela perda de uma pessoa amada.

A PONTE

Sozinhos... vivendo sob o olhar da máscara da morte. Há um tom cinzento no ar, na pele irreal, na mente que se enevoa, tornando-se, dia a dia, mais e mais vaga.

Jovens vidas brilhantes... resplandecentes de orgulho, com a alegre expressão de existir, aqui, neste momento, para Iluminar o caminho... ser uma ponte que une o vão entre a mente que ouve o Universo e a mente que ouve o ego.

Mergulhados no pesar... cercados pela morte. Os obituários, dia após dia, de amigos e amados, velhos conhecidos e... nós mesmos.

Parece às vezes que não sei ao certo quem morreu... se eu, se eles. Sei apenas que a coragem e a raiva deles, sua confusão e seu medo, suas lágrimas, sua resignação, tudo isso também faz parte de mim.

Era tão fácil recuar para o mundo do nada, de agora, ao deixá-los a cada semana, desatando os fios do meu coração que nos uniam uns aos outros.

Ah, mas nem todos os fios foram desatados... desligava-me, eu, na fortaleza de minha mente, mas intactos permaneciam os fios, mantendo-nos eternamente unidos.

Houve um tempo, um tempo indefinível, em que os fios se estendiam, pesados, carregados de perda e de desesperança. E eu acreditava que os fios eram feitos para sustentar a perda e a dor.

Hoje, hoje posso ver que os fios eram feitos por todos nós para nos manter eternamente ligados... uma estrada, uma ponte precária... sobre o vão mais forte que já existiu.

Ela se ergue, permanente, blocos de dor, de um mundo ao outro... da discriminação, do ódio, do medo... para um mundo de aceitação, de compaixão, de amor.

Eu me defrontarei alegremente com o meu fim... e sei que eles farão o mesmo, no outro mundo, no tempo eterno, um local de juvenil beleza expressa a partir do Eu Interior de todos nós.

Manteremos a estrutura de fios em seu lugar... não só para nos ligar, na memória, lembrando a existência viva de vocês, mas para garantir aos outros, que irão, um lugar de destino.

Eles agora podem seguir seguros... protegidos pela familiaridade de outros, idos antes deles... guiados pelo amor, pelo amor que existe no lado de cá, pelo amor que existe no outro lado. Unidos na experiência de que todos nós, intermitentemente, trilhamos juntos a estrada. Só o cenário é diferente.

Agradeço a vocês por mais um degrau na sólida estrutura. Concederam-me, com essa ponte, mais do que poderiam imaginar... talvez saibam disso agora. Conectaram-me ao meu próprio eu, ao meu próprio pesar, à minha própria perda, ao meu próprio amor.

A mais importante de todas as dádivas

Talvez a pergunta que ouvimos com mais freqüência seja: "O que posso fazer para ser útil a alguém que está morrendo?" Em geral, a pessoa que faz essa pergunta quer saber o que fazer e o que dizer. É possível que ela esteja com medo de dizer ou fazer algo errado.

Não é fácil responder a essa pergunta, porque nós realmente não achamos que nos seja possível saber o que é melhor para os outros. O melhor que podemos fazer é sugerir que as respostas surgem quando buscamos serenamente dentro de nós mesmos e então confiamos no que ouvimos. Através desse processo, iremos encontrar respostas que são um pouco diferentes para cada um de nós.

Quando nós (Diane e Jerry) nos voltamos para dentro de nós mesmos desse modo, muitas vezes somos lembrados de que o mais proveitoso é reconhecermos que a pessoa com quem estamos é o nosso mestre. Ela está ali para nos dar uma oportunidade não só de sermos úteis como também de ouvirmos o nosso próprio diálogo interior sobre a vida e a morte.

Descobrimos que a dádiva mais importante que podemos dar a uma outra pessoa é a nossa paz interior e o nosso amor e aceitação incondicionais. Pois achamos que estar plenamente presente, com o coração aberto, é muito mais importante do que preparar antecipadamente a "coisa certa" para dizer ou fazer.

O que parece ser fundamental é estarmos plenamente presentes junto à outra pessoa. E continuarmos a pedir orientação interior sobre o que pensar, dizer e fazer. Uma coisa que nos impressiona é a freqüência com que recebemos esta mensagem, em alto e bom som: "Apenas esteja presente. Não há nada que precise ser dito. Apenas esteja presente. E deixe ir embora o medo. Não há nada que você precise fazer. Apenas esteja presente."

O poder do amor — quando você se senta em silêncio, segurando a mão de um ser amado, um amigo ou um paciente que está morrendo — é ilimitado. Sentar ao lado de uma outra pessoa, vendo apenas a luz interior dela, pode dissolver todos os sentimentos de separação e de solidão, trazendo uma união infinita entre você e ela. Quando sentirmos dúvidas a respeito de nós mesmos, lembremo-nos de que todos nós já nascemos "diplomados" em amor.

Enxergar além do corpo

Quando alguém que faz parte da nossa vida está morrendo e seu corpo definhando, nem sempre é fácil enxergarmos além daquilo que pensamos ser a sua realidade física. Mas, se essa for a nossa escolha, podemos fazer isso independentemente do estado do corpo. Podemos sempre optar por ver a luz que brilha no próprio centro do ser daquela pessoa, em vez de nos concentrarmos no envoltório exterior do espírito, representado pelo corpo.

Quando acreditamos, no nosso coração, que não existe a separação e que, como seres espirituais, estamos sempre e eternamente unidos aos outros e à Fonte, o nosso apego ao corpo e ao medo começa a diminuir. Com fé e confiança, podemos então reconhecer que a nossa realidade não está limitada ao corpo, o qual continua a mudar. As coisas reais são imutáveis... e a única coisa imutável que conhecemos é o amor eterno que nos criou.

Afirmações

1. Existe uma outra maneira de vermos a morte, bem diferente da crença de que a morte é o fim da linha.
2. Quando estou sentindo pesar, enfrento a minha dor e não a nego.
3. Quando confio e tenho fé em que o amor é eterno e sempre unificador, não acredito em separação ou morte.
4. Quando resolvo acreditar que nossas mentes sempre se comunicam e que não precisamos do corpo para nos comunicar, sei que nunca estarei separado ou sozinho.
5. Nunca perderei a esperança, porque sempre posso confiar no amor.

CAPÍTULO 3

O poder das atitudes na saúde

Talvez a verdadeira cura tenha mais que ver com o fato de escutarmos com amor incondicional do que com a tentativa de consertarmos as pessoas.

As antigas perspectivas sobre a saúde

Existe, há séculos, uma tendência a pensarmos na saúde apenas em termos do nosso corpo físico. Tanto os médicos como os pacientes geralmente concentram a atenção no corpo e nos sintomas físicos. A medicina ocidental enfatiza o exame físico, e nele baseia o diagnóstico e o tratamento. Não se dá muita atenção aos sutis aspectos espirituais e psicológicos da doença do paciente.

Quando eu (Jerry) estava na Faculdade de Medicina, a comunidade médica relutava em encarar com seriedade a possibilidade de que as nossas atitudes — os pensamentos e sentimentos que guardamos na mente — pudessem desempenhar um papel importante na doença e na cura. Ao longo da última década, no entanto, fizeram-se muitas pesquisas, resultando em numerosos ensaios científicos. Há cada vez mais evidências de que não existe nenhuma doença conhecida pela ciência que não seja afetada pelos nossos pensamentos e sentimentos, e de que as nossas atitudes podem representar um papel significativo tanto na nossa capacidade de nos recuperarmos da doença como na de mantermos uma saúde perfeita.

Quase todos os médicos do passado aprendiam a buscar a causa das doenças em fatores tais como infecções, hereditariedade, traumas e toxinas. Porém, desde a década de 50, cresce o interesse em se pesquisar o modo como nosso estado mental e espiritual afeta nossa saúde, tanto ajudando-nos a estar bem como tornando-nos suscetíveis à doença.

É fascinante notar que os médicos, na clínica geral, têm relatado que mais de 50% de todos os pacientes examinados por eles não possuem quaisquer doenças orgânicas que possam ser tratadas pelas técnicas médicas tradicionais. Fizeram-se estudos mostrando que mais de 80% dos pacientes examinados por clínicos gerais teriam melhorado sem nenhuma forma de intervenção médica.

O centro médico Kaiser Permanente, na baía de San Francisco, Califórnia, reportou que a maior parte dos seus pacientes era o que eles chamavam de *worried well* ("ansiosos por saúde") — pessoas que não têm doenças orgânicas, mas que estão buscando tratamento para os sintomas que as afligem.

A suscetibilidade às doenças

Há, com toda certeza, doenças infecciosas que são claramente causadas por vírus e bactérias. Mas, pode haver algo mais infeccioso do que as emoções? E possível que nosso estado mental desempenhe um papel da maior importância no sentido de nos proteger ou de nos ajudar na recuperação de doenças desse tipo. O sistema imunológico do nosso corpo sabe como curar as infecções causadas pela maioria dos vírus e bactérias, e irá proceder a esta cura automaticamente.

Estamos percebendo agora como é íntimo o trabalho conjunto da nossa mente e do nosso sistema imunológico, unidos no processo de manter a saúde em estado ótimo. A maioria de nós já passou pela seguinte experiência: quando estamos de bem com nós mesmos e com o mundo à nossa volta e temos felicidade e paz interior, mesmo rodeados por pessoas portadoras de infecções não contraímos seus micróbios. Se você sofre de enxaquecas, de diabetes, de problemas cardíacos, de úlcera péptica, de colite ulcerativa ou de problemas de pele, apenas para citar alguns, é provável que já tenha observado que o seu estado mental tem muito que ver com o fato de você apresentar os sintomas dessas doenças ou de sentir-se perfeitamente bem.

O poder dos nossos pensamentos na situação de bem-estar

Certa vez, eu (Jerry) tratei de um fotógrafo bem-sucedido, a quem chamarei Keith. Sua história apresenta um importante ensinamento sobre o modo como nosso apego ao passado pode ter um efeito poderoso sobre o nosso corpo.

Keith tinha cerca de quarenta anos e sofria de prisão de ventre grave e crônica, que não reagira bem ao tratamento médico. Ao trabalharmos juntos, Keith disse-me que seu pai morrera havia vinte anos e que os dois tiveram um relacionamento difícil e ainda não cicatrizado. Keith estava nutrindo em si muita raiva, a qual era incapaz de expressar.

No enterro do pai, Keith ficara insensível e não chorara. Desde aquela época, vinha tendo não só prisão de ventre crônica como também depressões periódicas. Durante todos aqueles anos, seus sentimentos reprimidos de raiva e de pesar vinham afetando seu corpo.

Em nossas sessões, Keith começou a expressar-se e a lidar seriamente com os pensamentos de raiva que mantivera ocultos de si mesmo. Descobriu que esses sentimentos eram bastante humanos e que não precisava sentir-se culpado por causa deles. Numa sessão seguinte a essa descoberta, ele começou a chorar, lamentando, por mais de meia hora, a perda do pai. Durante quase vinte anos, ele negara essa dor, retendo-a dentro de si todo aquele tempo, até que finalmente encontrou segurança para liberá-la e vivenciá-la.

Keith começou a ver que tinha escolhas. Ele escolheu deixar de reter a raiva ou enterrá-la nos recessos da mente. Deixou de sentir que aquela raiva tinha alguma utilidade para ele, exceto mantê-lo dependente e interiormente infeliz. Eu estava fascinado por testemunhar, uma vez mais, a rapidez com que somos capazes de abandonar alguma coisa quando deixamos de achá-la valiosa. Keith começou a perdoar a si mesmo e a seu pai. E, claro, aquela prisão de ventre crônica e a depressão recorrente desapareceram. Com o passar do tempo, Keith começou a sentir uma ligação espiritual em sua vida e encontrou um novo propósito em ajudar os outros. Começou a prestar ajuda àqueles que há muito tempo vinham tendo dificuldade para chorar a perda de seus entes queridos.

A criatividade nas fotos de Keith desabrochou. Ele tornou-se uma pessoa muito alegre; uma pessoa que sentia que o significado da vida era ajudar os outros e compartilhar seu amor. Ele disse: "A gente ensina aquilo que quer aprender. Eu não sei quais as palavras que melhor poderiam descrever o que aconteceu comigo, mas acredito que passei por uma cura profunda e por uma transformação espiritual."

Libertar-nos da dor

Quando estamos sofrendo, em geral achamos que os pensamentos em nossa mente podem nos trazer alívio e conforto mesmo quando os medicamentos não tiveram êxito. Isso tem sido observado até mesmo por pessoas que passam por grandes provações, como os prisioneiros de guerra, que descobriram poder dissociar-se das circunstâncias dolorosas através da imaginação ativa. Concentrar-se em experiências felizes do passado permitiu-lhes dissociar a mente do corpo.

Quando eu (Jerry) estive em Atlanta, Geórgia, há muitos anos, lembro-me de ter visitado um garoto de oito anos chamado Billy, que estava com leucemia. Billy foi um grande mestre para mim, mostrando-me como podemos criar, na nossa mente, pensamentos que irão reduzir a dor física. Os analgésicos que o médico lhe receitara pareciam não estar surtindo efeito, e ele sentia muitas dores nas pernas.

Pedi a Billy para me contar algumas das suas experiências mais felizes, e ele me disse que o que mais gostava de fazer era esquiar e brincar na neve. Perguntei-lhe: "O que aconteceria se você cobrisse as pernas com neve?" Ele respondeu: "As minhas pernas iam ficar frias e depois amortecidas."

— Você tem uma boa imaginação, não é? — perguntei-lhe.

— Tenho sim — respondeu Billy.

E então pedi que ele fechasse os olhos. Dei-lhe algumas sugestões de *imaginação ativa*. Induzi Billy a imaginar a si mesmo brincando na neve e cobrindo com ela suas pernas para que ficassem dormentes e ele não sentisse mais nenhuma dor. Depois de uns cinco minutos, seu rostinho abriu-se num largo sorriso e Billy me disse que a dor cessara.

A imaginação ativa e a vida cotidiana

Embora possamos não perceber em um nível consciente, trazemos em nós imagens mentais de todos os momentos da nossa vida. Essas imagens tanto podem ser positivas como negativas. Quando não estamos em paz, é freqüente descobrirmos que as imagens que temos na mente são imagens negativas, baseadas em dolorosas experiências do passado. Quando estamos interiormente em paz, as imagens contidas na nossa mente são imagens positivas, baseadas nas experiências passadas em que fazíamos alguma coisa agradável, talvez quando sentimos amor por nós mesmos e pelo mundo à nossa volta.

Há muitos anos, eu (Jerry) fui chamado para atender um menino de sete anos, a quem chamarei de Dick. Dick acabou me ensinando uma valiosa lição sobre o poder das imagens que conservamos na nossa mente e o fato de podermos escolher essas imagens.

Dick sofria graves ataques de asma. Os ataques eram tão sérios que, várias vezes por semana, ele precisava ser atendido na sala de emergência do hospital local. Parecia não haver nenhum remédio que fosse eficaz para um tratamento contínuo. Quando conheci Dick, já fazia um ano que ele não conseguia freqüentar a escola mais de dois dias seguidos.

Falei com Dick, tanto em particular como acompanhado dos pais, para obter um quadro completo do histórico familiar. Descobri que havia uma terrível discórdia conjugal, com muitas brigas em altas vozes. Percebi que o menino descobrira que havia algo "mágico" em seus ataques de asma.

Dick aprendera a provocar um ataque de asma. Quando os pais tinham uma discussão passional e ameaçavam divorciar-se, Dick conseguia ter um ataque de asma. E adivinha o que acontecia! Os pais imediatamente paravam de discutir e de falar em divórcio. Era como se Dick tivesse se tornado muito poderoso, com a capacidade de fazer seus pais pararem de brigar.

Ninguém precisa ser um psiquiatra para perceber que aquele garoto de sete anos tinha muito a ganhar agarrando-se à sua doença. E tive a impressão de que ele não estava disposto a renunciar àquele poder nem deixar que alguém o tirasse dele. Dick ficava imobilizado pelo medo, mas, com a magia do pensamento, podia controlar os pais e fazer com que agissem do modo que ele queria.

Depois de meditar sobre o assunto, decidi-me por uma abordagem bastante heterodoxa. Não adotei a abordagem ortodoxa porque acreditava que Dick se sentia ameaçado por mim; eu era a pessoa que poderia eliminar seus ataques de asma. Disse-lhe que conhecia um método que lhe permitiria provocar extraordinários ataques de asma, se ele um dia quisesse assustar os pais e mantê-los sob controle.

Dick, é claro, ficou surpreso com isso, mas o certo é que prendi sua atenção. Entusiasmado, ele foi logo perguntando, "Como?" Ele estava ansioso para saber como poderia obter um controle ainda maior sobre seus pais.

Eu lhe disse que poderia conseguir isso usando a sua imaginação ativa. E que eu poderia ensiná-lo. Desenhei os seus pulmões e brônquios, e cheguei até mesmo a moldá-los em argila. Expliquei-lhe que, usando a sua imaginação, ele podia visualizar seus brônquios ficando cada vez menores até que um ataque de asma ocorresse.

Disse-lhe que, se quisesse, poderia fazer isso naquele mesmo instante e eu gravaria o seu ataque de asma no meu gravador. Ele aceitou na hora. Dick tinha uma imaginação fantástica e foi capaz de provocar um ataque quase instantaneamente.

Enquanto ele se regozijava com aquela proeza, continuei: "Sabe, Dick, um dia desses você pode querer ir a uma festa ou fazer alguma coisa gostosa, mas os seus pais não vão deixar por causa da sua asma. Quer que eu lhe ensine um jeito de se livrar de um ataque usando a sua imaginação?" Recebi outro "sim" entusiasmado.

Naquele dia, ensinei Dick a usar sua imaginação para aumentar o tamanho dos seus brônquios a fim de poder respirar com liberdade e facilidade sempre que quisesse. Ele achou aquilo o máximo!

E então começamos a falar sobre os medos de Dick. Expliquei-lhe que talvez houvesse uma outra maneira de lidar com os seus medos. Sugeri que ele devia falar com os pais toda vez que ficasse assustado. Disse-lhe que isso cabia a ele e que eu não estava lhe dizendo o que fazer. Tudo o que eu queria era fazê-lo compreender que sempre tinha opções.

Assegurei-lhe que eu não estava tentando eliminar a sua asma. Queria apenas que ele soubesse que muitas vezes tinha realmente a escolha entre estar bem ou estar doente.

Na minha vida profissional, fico impressionado com o fato de que, quando as pessoas realmente sabem que têm escolhas, em geral elas escolhem aquilo que é saudável.

Bem, foi exatamente isso que aconteceu com Dick. Como se fosse um novo brinquedo, ele passou umas duas semanas experimentando o novo mecanismo de controle. Aprendeu também que possuía a capacidade de controlar seus próprios pensamentos, de compartilhar seus sentimentos e de ser honesto e direto em vez de manipulador.

Depois dessas duas semanas, o número de idas ao hospital começou a diminuir. Um mês mais tarde, a professora de Dick telefonou-me para informar que ele estava indo às aulas todos os dias, pela primeira vez naquele ano letivo.

Harry

As crianças foram alguns dos meus mestres mais valiosos, em especial quanto ao uso da imaginação ativa. Um destes mestres foi Harry, garoto de quatro anos que foi encaminhado a mim porque ainda evacuava nas calças e não respondia ao treinamento de higiene. Na época em que iniciamos o tratamento, Harry acabava de se mudar para a Califórnia, vindo de Nova York, onde ele e a família faziam psicoterapia há mais de um ano.

Quando Harry tinha mais ou menos um ano de idade, nasceu sua irmãzinha. Sendo o bebê da casa, ela imediatamente começou a receber grande parte das atenções que antes eram dirigidas a Harry.

Acho que a maioria de nós já viveu situações nas quais, se fracassam nossos esforços para obter amor e atenção positiva, procuramos atenção negativa num esforço para que nos dêem algum tipo de atenção. Isso, é claro, geralmente ocorre em um nível subconsciente. Pareceu-me que era algo assim que estava acontecendo no caso de Harry.

Eu procurava algum meio de atrair a atenção de Harry, pois, como Dick, parecia que ele estava "usando" os seus sintomas. A primeira coisa que fiz foi perguntar a Harry o que mais lhe interessava. Sua resposta imediata foi: "Carro de bombeiro e nave espacial! Eu quero ser o primeiro menino a ir para a Lua."

Disse-lhe então: "Sabe que eu posso lhe ajudar a fazer com que isso aconteça usando a sua imaginação. Na sua imaginação, eu posso até fazer você ficar famoso. Você quer ser o primeiro menino a fazer cocô na Lua?" (Usei deliberadamente a expressão "fazer cocô" porque observei que era assim que ele e seus pais se referiam ao ato de defecar.)

Harry estava ficando bastante entusiasmado com toda a história e me perguntou como poderia fazer isso. Expliquei-lhe que poderíamos ir até o meu banheiro e imaginar que o banheiro era uma espaçonave. Lembrando de seu interesse por carros de bombeiros e naves espaciais, acrescentei: "Esta é uma nave espacial diferente das outras porque em cima dela tem um carro de bombeiros. E este carro de bombeiros é diferente dos outros porque lá dentro tem um banheiro."

Disse a Harry que, fechando os olhos, ele poderia imaginar que o meu banheiro ficava dentro do carro de bombeiros e que o carro de bombeiros estava sobre a nave espacial. E então ele poderia imaginar que, depois de descer na Lua, fazia cocô no banheiro e, no dia seguinte, em todos os jornais do mundo, as pessoas iam ler a manchete: HARRY — O PRIMEIRO MENINO A FAZER COCÔ NA LUA!

O que eu não esperava, nessa viagem à Lua, era que Harry se chamasse a si mesmo capitão e me promovesse a piloto. Em nossa viagem de dez minutos à Lua, ele me deu uma infinidade de ordens. Mas valeu a pena, porque cinco minutos depois de descermos na Lua ouvi Harry grunhir. Ao grunhido seguiu-se um ploc, ploc, ploc. Harry sorriu satisfeito e eu gritei, "Heureca!"

Depois da viagem à Lua, Harry e eu começamos a conversar sobre o seu medo de não ter amor suficiente e sobre a raiva que sentia da irmãzinha. Durante algumas semanas, ele continuou a evacuar nas calças, mas depois começou a ir ao banheiro de modo normal. Com a capacidade de expressar seus medos, ele gradualmente chegou a ver que sua irmã não era mais um inimigo.

Nos últimos anos, um número cada vez maior de pessoas tem escrito livros e ensaios científicos para nos ajudar a compreender as importantes ligações entre os nossos pensamentos e a nossa saúde. O que se segue é apenas uma amostra de alguns dos trabalhos que estão sendo feitos nessa área.

Pioneiros no poder curador das atitudes

Norman Cousins

Norman Cousins, que morreu em 1990, dedicou quase duas décadas de sua vida a divulgar a importante ligação entre nosso corpo e nossa mente. Durante muitos anos, foi o editor do *Saturday Review*. Mas, quando seu médico lhe disse que ele tinha uma doença rara e fatal, Norman interessou-se pelo modo como nossos pensamentos afetam nosso bem-estar físico. Estava próximo da morte e os médicos lhe disseram que nada mais poderiam fazer por ele.

Norman deixou o hospital determinado a melhorar. Encomendou um projetor e várias comédias dos Irmãos Marx, Charlie Chaplin, O Gordo e o Magro, e outros. Assistiu a esses filmes vezes sem conta, por horas e dias a fio. Acabou melhorando e, nesse processo, descobriu que realmente "rir é o melhor remédio".

Tantos foram os membros da comunidade médica a se impressionarem com a dramática recuperação de Norman, que sua história foi narrada no *New England Journal of Medicine.* Na ocasião, Norman Cousins declarou: "Temos aliados lá fora. Muitos médicos que, como nós, acreditam; mas eles precisam de encorajamento."

Depois disso, Cousins viveu ainda por muitos anos desfrutando uma saúde vibrante e proferindo palestras, no mundo todo, tanto para grupos de médicos como para o público leigo. Seus livros, *Anatomy of the Illness* e *Head First,* continuam a ser bastante úteis para um grande número de pessoas. Ele foi um querido amigo nosso e fez uma palestra para levantar fundos para o Centro poucos anos antes de sua morte.

Dr. Dean Ornish

O livro do dr. Dean Ornish, *Reversing Heart Disease,* baseia-se em casos verídicos de pessoas que se recuperaram de sérias doenças cardíacas. Nesse livro, ele descreve evidências científicas para o fato de que uma mudança nas atitudes e no estilo de vida, juntamente com um programa de dieta e exercícios — fatores que podemos escolher em nossa vida —, pode reverter a doença cardíaca e reduzir a necessidade de caras e complexas intervenções médicas, tais como a cirurgia de *by-pass.*

Dr. Richard H. Helfant

A medicina tradicional deu origem a muitos corajosos pioneiros das artes da cura. Um deles é o dr. Richard Helfant, ex-diretor de Cardiologia do *Cedars-Sinai Medical Center* em Los Angeles e autor de *Women Take Heart: The Hidden Epidemic* (Nova York: Putnam, 1992). Seu currículo de credenciais médicas e ensaios profissionais é quilométrico.

Depois de décadas diagnosticando e tratando enfermidades cardíacas, o dr. Helfant chegou à conclusão de que o tratamento médico, isolado, estava lidando de modo simplista com os sintomas das doenças do coração. Na maior parte dos casos, a medicina falhava em atentar plenamente às causas relacionadas com as atitudes do paciente e à redução dos riscos da doença.

Ele promoveu uma dramática mudança em sua própria vida, escolhendo renunciar à sua posição prestigiada, no ápice da carreira, para buscar aquele que acreditava ser o caminho para tratar e finalmente reduzir o risco da doença cardíaca.

O dr. Helfant dedicou seu tempo, seu talento e sua energia à criação de um centro para pacientes cardíacos. Esse centro irá oferecer um ambiente de retiro. O programa incluirá a Cura das Atitudes, conceitos espirituais e estilo de vida espiritual, juntamente com dieta e exercícios, bem como a incorporação dos tratamentos médicos mais tradicionais. O dr. Helfant está convencido de que a mudança das nossas atitudes pode desempenhar um papel importantíssimo na redução do risco da doença cardíaca.

Médico e paciente

Achamos que, no passado, o relacionamento entre pacientes e médicos era um relacionamento vertical. O médico era uma autoridade que dirigia todos os aspectos do tratamento. Num certo sentido, o paciente freqüentemente acabava sendo o receptor passivo e submisso de tudo aquilo que o médico prescrevia. Num sistema assim, para ser um bom paciente, a pessoa deve ser obediente, deve cumprir todas as ordens do médico e não pode fazer muitas perguntas, pois sempre há muitos outros pacientes na sala de espera.

Num sistema assim, o médico poderia muito bem compartilhar suas conclusões sobre a saúde do paciente com outros médicos, mas talvez não compartilhasse as mesmas informações com você, o paciente.

Uma grande transição está ocorrendo tanto na mente dos médicos como na dos pacientes; e essa mudança está sendo feita pelos próprios pacientes. Um número cada vez maior de pessoas está desenvolvendo uma atitude que envolve querer assumir uma responsabilidade maior pela sua própria saúde.

Os pacientes querem que seus médicos ajam como consultores e amigos, não como um general ou como Deus. Estes pacientes querem conhecer todos os fatos, querem ter acesso aos seus próprios registros e desejam participar conjuntamente nas decisões que afetam sua própria saúde. Querem ter uma comunicação horizontal com seus médicos. Conhecemos muitos pacientes que não continuam a se tratar com um médico a menos que haja o compromisso de se relacionarem desta maneira. Assim, em muitos casos, a atitude dos pacientes está mudando a maneira como o médico e o paciente se comunicam. Isso freqüentemente resulta na redução da ansiedade e do medo do paciente, bem como do médico; e, assim, os pacientes são capacitados a assumir um papel mais ativo no processo de cura.

A Cura das Atitudes na psicoterapia

Nota-se, nos últimos tempos, um interesse cada vez maior pelas dimensões espirituais da psicoterapia. A rotina comum nos anos 60 era a de encaminhar a conselheiros pastorais os pacientes que queriam abordar algum assunto que tivesse conotações religiosas ou espirituais.

Em anos mais recentes, muitos terapeutas e seus pacientes começaram a se interessar pelo tratamento de temas tais como o "vazio espiritual" sentido por tantas pessoas. Muitas vezes, os pacientes tentam realmente encontrar terapeutas que incluem questões espirituais em sua psicoterapia. Há um interesse cada vez maior pelo movimento da *psicologia transpessoal*, na qual se enfatizam conceitos de apoio espiritual, mental e físico.

Dra. Frances Vaughan

A dra. Frances Vaughan é uma velha e querida amiga. Ela é psicóloga clínica, ex-presidente da Association for Transpersonal Psychology (Associação de Psicologia Transpessoal) e autora de numerosos artigos e livros, inclusive *The Inward Arc**, *Awakening Intuition* e, em conjunto com o dr. Roger Walsh, *Accept this Gift.*

Quando perguntamos a Frances como havia incorporado os princípios espirituais em sua prática profissional, ela respondeu: "Durante toda a minha vida, interessei-me pela religião, em especial pelo modo como os princípios espirituais e psicológicos podem unir-se.

"Medito todos os dias e fui influenciada pelo livro *Um Curso de Milagres*, pelos princípios budistas e muitos outros ensinamentos espirituais. Não pertenço a nenhuma organização religiosa e me considero eclética em meu caminho espiritual. Todos os meus clientes são meus mestres e aprendo com cada um deles.

"Não é incomum que palavras como 'Deus' ou 'Poder Superior' sejam usadas em sessões de terapia. Acho que os princípios do perdão são muito importantes na minha prática profissional. Quando estamos atolados na culpa e na raiva, precisamos aprender a deixar que elas passem e aprender a não dar valor à censura e à condenação.

"Acredito que a psicoterapia é o processo de deixar que o medo passe e de aumentar a capacidade de dar e de receber amor. A psicoterapia envolve a cura das feridas do passado, para que possamos aprender a ter relacionamentos significativos no presente. Ela implica o aprendizado de falarmos a verdade a respeito das nossas experiências.

"Na psicoterapia que eu pratico, os pacientes aprendem a confiar em si mesmos e a se sintonizar com sua própria orientação interior. Desde que incorporei os princípios espirituais na minha própria vida e também na minha

---

**Novas Dimensões da Cura Espiritual*, publicado pela Editora Cultrix, São Paulo 1992.

prática profissional, muitos dos meus pacientes fizeram sua própria escolha e já estão no caminho de desejarem explorar as dimensões espirituais das suas vidas."

Perguntamos a Frances qual o conselho que ela daria aos psicólogos recém-formados que estão para iniciar sua prática profissional. Ela respondeu: "Eu lhes diria para se lembrarem de buscar a própria orientação interior, manterem o coração aberto e se conservarem sempre abertos ao aprendizado."

Dr. Seymour Boorstein

O dr. Seymour Boorstein é professor adjunto de psiquiatria no Centro Médico da Universidade da Califórnia, em São Francisco. É também psicanalista e clinica há mais de trinta anos. Em seu próprio caminho espiritual, envolveu-se com a meditação budista e também com o livro *Um Curso de Milagres.*

Quando lhe perguntamos como utiliza os princípios espirituais em sua prática profissional, o dr. Boorstein respondeu: "Antes de mais nada, uso esses princípios em mim mesmo. Isso me ajuda a ver meus pacientes como meus mestres e ajuda a evitar o esgotamento. Estou muito mais otimista e mais feliz enquanto pessoa. E, no fim do dia, não estou exausto."

Ele contou-me que descobriu que o processo do perdão é muito importante na psicoterapia. Citou o exemplo do que aconteceu a um paciente de quem tratava há trinta anos, diagnosticado como esquizofrênico, quando este começou a estudar *Um Curso de Milagres.* Embora a doença não tenha desaparecido por completo, ocorreu uma melhora acentuada em seu humor e adaptação à vida.

Alguns dos colegas de Seymour acham que a inclusão de princípios espirituais na psicoterapia pode interferir com o processo de transferência. Essa, no entanto, não tem sido a experiência de Seymour.

Dr. Roger Walsh

O dr. Roger Walsh é professor de psiquiatria na Universidade da Califórnia, em Irvine. Além de suas responsabilidades letivas, Roger tem seu próprio consultório e é um escritor prolífico. É extremamente respeitado por seus colegas, foi eleito pelos residentes de psiquiatria como um de seus mais importantes professores. Seus livros, tais como *Staying Alive: The Psychology of*

Human Survival, The Spirit of Shamanism e *A Gift of Healing*, com a dra. Frances Vaughan, têm sido imensamente úteis para milhares de pessoas.

Roger está em sua busca espiritual há muitos anos e estuda *Um Curso de Milagres* desde que esse livro foi publicado pela primeira vez. Ele disse que, na sua opinião, *Um Curso de Milagres* talvez seja o melhor livro que leu sobre os aspectos psicológicos e espirituais da psicoterapia. Declarou que às vezes usa os princípios do *Curso* em sua própria terapia. Perguntamos a Roger como ele utilizava os princípios espirituais em sua prática profissional.

Respondeu-nos: "Não falo sobre princípios espirituais com todos os meus pacientes. Isso depende de eu sentir que é apropriado e que o paciente está verdadeiramente preparado. Sinto que a minha própria jornada espiritual me permitiu ter uma sensibilidade maior sobre aquilo que está se passando, a cada momento, com os meus pacientes. Procuro ver se os pacientes estão criando sofrimento por não enfrentarem seus próprios problemas existenciais.

"Quando é apropriado, conversamos sobre o valor negativo da raiva e da agressão em suas vidas. Em comparação com o meu modo de ser anterior, hoje eu aprecio a grande eficácia do perdão como um instrumento de cura. Dou valor aos benefícios do meu próprio processo meditativo. Talvez a maior diferença para mim seja o fato de que hoje eu sou uma pessoa mais feliz, tanto no consultório como fora dele, e isso é de grande ajuda na situação terapêutica."

Culpa e medo

A culpa e o medo não só devastam a nossa vida emocional, como também o nosso corpo. Muitos de nós, pelo apego à culpa e ao medo, acabam fazendo inconscientemente coisas que agridem o nosso próprio corpo.

Por exemplo, eu (Jerry) era incrivelmente propenso a ser vítima de acidentes. Nunca pensei muito a respeito, exceto que eu parecia ter muito azar. Essa explicação encaixava-se perfeitamente na minha crença de ser uma vítima neste mundo.

Quando mudei meu sistema de crenças e comecei a buscar um outro modo de olhar o mundo, deixei de ser propenso a acidentes. Eu tomara a decisão de nunca mais ver a mim mesmo como uma vítima. Comecei a reconhecer, quase de imediato, que eu estivera desempenhando um papel ativo na criação dos meus vários "acidentes". Eles não eram, de modo algum, produtos do meu azar, como pensava antes.

Quando deixei de dar valor ao sentimento de culpa pelo meu comportamento e pelos pensamentos do passado, nunca mais senti nenhuma necessidade de autopunição. Acredito realmente que existe uma parte dentro de cada um de nós que, quando estamos sentindo culpa, nos diz: "Castigue a si mesmo ou procure uma pessoa que seja alvo da sua ira e a quem possa castigar." Era assim que eu, no passado, costumava despender um tempo enorme punindo a mim mesmo pela culpa que sentia ou punindo os outros com o meu comportamento provocador ou agressivo.

O poder do coração e da mente

Quando nosso coração e nossa mente estão unidos através de pensamentos amorosos e nada mais, experimentamos a mais poderosa força de cura conhecida pela humanidade — o poder de cura do amor. Estamos apenas começando a descobrir o poder ilimitado da mente e do coração. Com muita freqüência, contraímos nosso coração, resguardando-o do medo de sermos feridos ou frustrados. Com muita freqüência, interrompemos a ligação entre a mente e o coração, preenchendo nossa mente com pensamentos agressivos que nos fazem negar os numerosos traumas e medos do passado.

Muitos de nós têm uma mente bastante indisciplinada. Mais parece que temos milhares de pensamentos dando voltas em nossa cabeça e nos solicitando de diversas maneiras. É como se não tivéssemos nenhum controle sobre estes pensamentos. O nosso ego nos faz acreditar que a mente é vítima dos acontecimentos que ocorrem à nossa volta.

Podemos aprender que somos apenas nós mesmos que criamos e direcionamos nossos pensamentos. A meditação e a prece podem ser meios muito eficazes para aprendermos isso, pois elas nos ensinam que podemos realmente assumir a responsabilidade pelos pensamentos que colocamos em nossa mente, criando paz e tranqüilidade. *Não* são as circunstâncias exteriores a nós que controlam o que pensamos e sentimos, embora possa ser imensamente difícil acreditarmos nisso quando a mente está assoberbada e confusa.

Curar a mente e o coração é um trabalho interior; é a chave para criarmos uma verdadeira saúde no transcorrer da nossa vida.

Afirmações

1. Hoje eu me lembrarei de que saúde é paz interior, e curar é deixar que o medo passe.
2. Posso sempre escolher sentir a paz interior independentemente do estado do meu corpo.
3. Hoje, quero sentir a alegria, e farei isso deixando de lado todas as minhas queixas.
4. Por não condenar a mim mesmo, hoje eu encontrei a paz.
5. Hoje, deixarei que se vão todos os meus pensamentos implacáveis e, assim fazendo, deixarei o sofrimento passar.

CAPÍTULO 4

Curar as atitudes nos nossos relacionamentos

Quando verdadeiramente queremos ter relacionamentos pacíficos, paramos de dizer aos outros o que devem fazer e praticamos o amor e o perdão.

O propósito dos relacionamentos

Talvez a razão para termos tantos problemas de relacionamento seja porque não compreendemos plenamente o seu propósito. A solução desses problemas torna-se mais clara para nós quando percebemos que o verdadeiro propósito dos relacionamentos é a união. Como veremos mais adiante neste livro, é muito freqüente tentarmos usar os relacionamentos para nos julgarmos mutuamente, e criando a ilusão de que somos separados uns dos outros.

Poderá haver no mundo algo mais importante do que nosso relacionamento com as outras pessoas? A maioria de nós há de concordar que não. No entanto, à medida que vamos vivendo o dia-a-dia, achamos muito mais fácil concentrar nossa atenção em *qualquer coisa, menos* na maneira como nos relacionamos uns com os outros.

O mundo é um lugar tão agitado que muitos de nós são apanhados nas malhas de toda essa agitação. Passamos cada dia correndo em alta velocidade, tentando realizar tudo aquilo que sentimos necessidade de realizar para sobreviver. E, no final do dia, exaustos e tensos, é difícil acreditar que aquilo que estamos sentindo esteja diretamente relacionado com os julgamentos e condenações que fizemos dos outros e de nós mesmos.

Ver além dos olhos do ego

Somos freqüentemente tentados a buscar nos nossos relacionamentos uma oportunidade para sentir a "raiva justificada" e até mesmo o ódio, para censurar os outros e apontar em sua direção um dedo acusador. O objetivo dos relacionamentos passa a ser, então, buscar um inimigo e encarar as outras pessoas como projeções dos nossos próprios sentimentos. Em breve, estaremos usando os relacionamentos para ocultar da nossa consciência os nossos próprios sentimentos, em vez de vermos, nos relacionamentos, uma oportunidade para vivenciar o amor. O que descrevemos acima são as percepções do sistema de pensamentos do ego.

Quando nos sentimos sobrecarregados, exaustos e tensos, é fácil acreditar em tudo aquilo que o ego nos diz e cooperar com ele para criar uma realidade de separação, de radicalismo e até mesmo de guerra total. É muito freqüente usarmos os relacionamentos para projetar os nossos sentimentos sobre as outras pessoas, fazendo com que elas pareçam ser as causadoras de todas as coisas terríveis que estamos vivendo. Assim, a verdadeira fonte dos nossos sentimentos fica oculta de nossa consciência e passamos a acreditar nas ilusões que nós mesmos criamos — ou seja, aquilo que pensamos e aquilo que sentimos é causado por pessoas e acontecimentos externos a nós; nós somos vítimas indefesas.

Todos nós sabemos como podem ser convincentes os pensamentos do nosso ego, fazendo parecer que aquilo que estamos vendo e sentindo é a única maneira de olhar o mundo. Nessas ocasiões, devemos lembrar que somos nós mesmos que criamos esses pensamentos. Eles são apenas um aspecto isolado de nós, um aspecto ligado apenas ao corpo físico. Talvez vejamos essas percepções como sendo a única e verdadeira realidade que existe — convencendo-nos de que devemos sempre estar em guarda para nos proteger do mundo exterior. Se o medo é o cartão de visita do ego, então a culpa, a censura e o radicalismo são as suas armas; as armas que ele irá empunhar e usar para agredir os outros toda vez que houver uma oportunidade.

Para nos lembrarmos de que há outras maneiras de encarar os relacionamentos além dessas apresentadas pelo nosso ego, tudo o que temos a fazer é considerá-las como reflexos do nosso próprio medo. Se estamos atravessando a rua e, de repente, um enorme caminhão avança sobre nós a toda velocidade, nossos sinais internos de alerta nos fazem dar um salto e nos protegermos na calçada. Um episódio como este pode ser bastante convincente, em especial quando o ego afirma que é o responsável pelo sinal de alerta. Então o ego se aferra a esse incidente como prova de que sempre está com a razão, de que o mundo é um lugar muito perigoso e de que precisamos sempre tomar cuidado com as pessoas que podem nos ferir e fazer de nós suas vítimas. Se nos apegamos aos momentos em que fomos feridos ou estivemos em perigo, podemos facilmente esquecer que a fórmula do ego exige o abandono da nossa identidade espiritual.

O sistema de pensamentos a que chamamos "ego" não só pode ser bastante convincente como também muito ruidoso e insistente. Podemos acalmá-lo momentaneamente com algumas palavras corteses: "Por favor, fique quieto por um instante." Nosso ego geralmente nos concede esse instante, porém não muito mais. Esse precioso instante pode ser a oportunidade de ouro para nos lembrarmos de que existe um outro modo de olhar o mundo. Podemos escolher olhar para as mensagens do nosso amedrontado ego e descobrir nosso próprio pedido de ajuda e amor e nossa própria identidade espiritual.

Pelos olhos do amor, encontramos apenas a união e o perdão. Pelos olhos do ego, podemos facilmente encontrar os pensamentos, as emoções, as palavras e as ações que criam separação em todos os nossos relacionamentos.

O uso das palavras para unir ou separar

Eu (Diane) sou há tempos uma defensora dos direitos da mulher, particularmente no que se refere às desigualdades que cercam nossa vida familiar e profissional. O fato de que mais de 70% do trabalho no mundo é feito por mulheres e apenas 1% das riquezas está nas mãos delas, simplesmente expõe a realidade da séria desigualdade que continua a existir no mundo todo.

Ao longo dos anos, descobri que não é a causa que defendo e, sim, a maneira que escolho para expressá-la que cria um abismo, em vez de uma ponte, entre eu e as outras pessoas. Quando falo sobre as questões da mulher diante de grupos ou em conversas pessoais, recebo de volta uma vasta gama de reações: entusiasmo por uma nova conscientização, solidariedade, atitude de defesa, raiva e agressividade. É evidente que, se eu deixo transparecer raiva, censura e agressão naquilo que digo, essas mesmas reações afloram imediatamente nas pessoas à minha volta. No entanto, quando exponho os fatos e ao mesmo tempo crio um ambiente seguro e propício a um diálogo que conduza a soluções positivas, os relacionamentos que se formam são bem diferentes.

Eles se tornam entusiásticos e criativos, levando a níveis mais elevados de consciência.

Nos relacionamentos, é muito freqüente o nosso ego encontrar oportunidades para provar ao mundo que "eu estou certo e você está errado". Para este objetivo, nosso ego pode utilizar todo e qualquer conhecimento de que dispomos, buscando argumentos no campo da filosofia, religião, cultura, psicologia, questões sexuais ou qualquer outro, para "provar" que somos melhores que os outros. São infinitas as reservas de munição que encontramos para criar separação entre as pessoas.

O nosso ego vê os relacionamentos como objetos a serem usados. Um homem, por exemplo, disse-nos que para ele os relacionamentos eram como os carros: "Você vai à revendedora e compra um novo, desfruta-o por algum tempo e então, quando ele começa a funcionar mal, você simplesmente volta à revendedora e o substitui por outro novo."

Concordamos com ele que esta, sem dúvida, é uma maneira de se encarar os relacionamentos. Mas também lhe sugerimos que se uma pessoa fica quebrando um carro após o outro, talvez quem precise de conserto seja o motorista e não os carros.

O comentário desse homem talvez não seja tão incomum na nossa sociedade. No mundo consumista em que vivemos, onde somos sempre incentivados a comprar uma coisa nova em vez de consertar uma velha, não causa espanto tratarmos desse mesmo modo as pessoas que encontramos em nossa vida.

Uma perspectiva espiritual

Nosso ser espiritual vê os relacionamentos como oportunidades para promover a união e a aceitação, opostas à separação e ao julgamento. Através desta visão espiritual, os relacionamentos são vistos como oportunidades para nos vermos como espelhos e prolongamentos uns dos outros.

Do ponto de vista espiritual, os relacionamentos podem ser vistos como laboratórios da vida, nos quais descobrimos o que realmente é o amor incondicional. O propósito dos relacionamentos é visto como uma oportunidade de aprendermos a curar a ilusão de separação e vivenciarmos todos os corações e mentes como uma unidade. Nesse laboratório da vida, descobrimos como transformar o medo, a culpa e a censura em amor.

Por que alguns relacionamentos parecem não funcionar?

O medo

Em poucas palavras, a principal razão para o fracasso ou dificuldade dos relacionamentos é o nosso apego ao medo. O medo, a censura e a culpa desempenham um importante papel quanto a acabar com quaisquer esperanças que tenhamos de sentir amor ou intimidade, pois bloqueiam a percepção que temos da presença do amor — do mesmo modo que a construção de um muro imenso bloquearia a vista de uma bela paisagem. Cada um deles, a seu modo, cria uma barreira, e, embora a forma possa ser ligeiramente diferente em cada caso, o resultado final é sempre o mesmo.

Quer se trate de medo, censura ou culpa, cada um deles emana da crença profunda de que não somos realmente dignos de ser felizes. Portanto, não podemos nos permitir ter relacionamentos íntimos, confiáveis e enriquecedores pois eles talvez nos trouxessem a felicidade. Embora uma parte de nós saiba que o amor é o nosso verdadeiro estado, é freqüente permanecermos no estado de medo, assegurando que sempre procuraremos mas nunca encontraremos o que buscamos.

A seguir, apresentamos uma lista das razões mais comuns, baseadas no medo, pelas quais nos parece impossível ter relacionamentos harmoniosos, estimulantes e amorosos:

- Não podemos confiar no amor.
- Não podemos confiar nas pessoas.
- Sempre seremos as vítimas.
- Nossas dolorosas experiências passadas sempre se repetirão.
- Sempre seremos abandonados.
- Os outros se recusarão a fazer aquilo que queremos que eles façam.
- Estaremos dando aos outros, incluindo nossos pais, o poder de decidir se somos dignos de amor ou não.
- Nossos entes queridos morrerão e nos deixarão sozinhos e abandonados, provando que nada, especialmente o amor, é duradouro.
- As pessoas farão coisas imperdoáveis.
- Quando nos relacionamos, estamos permitindo que os outros nos firam.

O medo da intimidade

Para algumas pessoas, a palavra *intimidade* [*intimacy*] pode ser assustadora. Lembre-se de que [em inglês] um outro modo de soletrar esta palavra é *IN-TO-ME-SEE* [olhar para dentro de mim]. É quase impossível ter bons relacionamentos com membros da família, com amigos ou com outras pessoas quando receamos não só o amor como também a intimidade. Queremos ser capazes de compartilhar nosso eu mais profundo e íntimo com os outros, porém nos guardamos contra essa possibilidade, acreditando ser necessário proteger nossa vulnerabilidade.

O papel do passado e do futuro

Nossos apegos ao passado e ao futuro mantêm vivos o medo da intimidade e do amor. Mesmo que nossos relacionamentos passados tenham sido bastante desagradáveis, nós os usamos para predizer o que irá acontecer no futuro.

Mesmo que sejamos capazes de olhar em volta e de ver que é realmente possível ter relacionamentos mais amorosos, continuamos a nos agarrar ao passado como se ele fosse o único caminho. Por quê? Porque sentimos que, agindo assim, podemos controlar o que irá nos acontecer e acreditamos que essa ilusão de controle nos dará segurança.

As lembranças desagradáveis de relacionamentos malsucedidos no passado nos desencorajam a aceitar o presente, com suas possibilidades imprevisíveis e aparentemente incontroláveis. Com medo de que a história se repita no futuro, recriamos o passado e fazemos com que nos seja impossível viver plenamente no presente.

Não sou feliz por culpa sua

Muitos de nós passam pela vida acreditando que seriam mais felizes e que as coisas seriam bem melhores se a outra pessoa envolvida no relacionamento mudasse ou desaparecesse. Então, tudo seria diferente. A lei do mundo afirma: "Quando alguma coisa sai errada, encontre alguém a quem culpar." Você conhece essa lei? E alguém teria realmente ficado mais feliz vivendo por ela?

Quando nos sentimos infelizes ou em dificuldades, começamos a seguir essa lei quase que como se a nossa própria vida dependesse dela. Começamos a procurar fora de nós mesmos, além das nossas próprias fronteiras, por alguém ou por alguma coisa que seria a "causa" das nossas desgraças e, ao fazê-lo, talvez nos convençamos de que a nossa infelicidade é o "efeito" dos atos das outras pessoas. Passamos a nos sentir vítimas do mundo ou, pelo menos, das pessoas com quem nos relacionamos no presente ou no passado.

Para curar nossos relacionamentos, precisamos explorar as experiências desagradáveis e dolorosas que tivemos no passado, a fim de determinar onde estamos sofrendo, de que e por quê. Ao olhar para o passado, é importante não entrar no atoleiro que são as perguntas do tipo quem fez o quê a quem, pois ele leva apenas ao atalho da censura e não à estrada do amor.

Para nos elevarmos acima do atoleiro que é o sentimento de ser vítima daquilo que os outros nos fizeram no passado, precisamos parar de censurar ou de culpar a nós mesmos ou aos outros. Isso não significa, no entanto, negar que nós mesmos ou os outros tenhamos feito coisas pouco amorosas, pois tais coisas certamente aconteceram.

É importante ter plena consciência daquilo que ocorreu ou deixou de ocorrer no passado. (Há muitos métodos positivos de terapia e inúmeros terapeutas treinados para, se necessário, ajudar nessa experiência.) Precisamos primeiro encontrar dentro de nós mesmos a vontade de perdoar o passado, de não mais buscar nas ações dos outros uma justificativa para a nossa dor. É então que poderemos nos encaminhar para novos relacionamentos, vivendo plenamente no presente. Se continuarmos a fazer o papel de vítimas, não seremos capazes de abandonar o atalho da impotência para tomarmos a estrada da potencialização pessoal.

Quando paramos de tentar justificar o sofrimento que sentimos buscando outras pessoas ou situações a quem censurar, desprendemo-nos dos amarros do passado doloroso. Começamos a ver que é possível assumir a responsabilidade pelos pensamentos e sentimentos que colocamos em nossa mente. E começamos a experimentar a nós mesmos de uma nova maneira, não como vítimas impotentes, mas sim como pessoas na estrada da potencialização pessoal.

Nunca nos perturbamos pelas razões que imaginamos[1]

Há alguns anos, eu (Diane) conheci um homem — vamos chamá-lo de Richard — muito bem-sucedido na vida, bastante instruído e realizado. Era também extremamente chauvinista e dominador.

Embora Jerry e eu reconhecêssemos que Richard expressava essas atitudes, nossas reações a ele eram bem diferentes. Quando nos encontrávamos, eu me tornava muito combativa; no momento em que nos separávamos, eu já estava pronta para agredi-lo. Jerry, no entanto, via Richard como uma pessoa amedrontada e defensiva, que lhe respondia como se estivesse suplicando amor. Jerry sempre foi muito honesto, amoroso e compassivo em relação a Richard.

Depois de passarmos várias vezes pela mesma situação, eu senti que precisava realmente descobrir as raízes do meu dilema. No nível intelectual, eu estava consciente da importância de responder ao comportamento de Richard de uma maneira compassiva e amorosa. Porém, por mais que tentasse, eu mal e mal conseguia murmurar umas poucas palavras de tolerância — e quando digo poucas, é poucas mesmo! *Perturbação, raiva* e até *violência* são palavras que descreveriam melhor meus verdadeiros sentimentos em relação a ele.

Foi somente ao lançar um outro olhar ao passado a fim de curar o presente que consegui me libertar e encontrar uma outra maneira de ver meu relacionamento com Richard.

A projeção de meu pai sobre os outros

À medida que fui observando honestamente os meus sentimentos, tornou-se cada vez mais claro que aquele comportamento dominador era uma lembrança dolorosa do relacionamento com o meu pai.

Embora eu tivesse passado por muito trabalho interior para curar meu relacionamento com papai, nunca antes me permiti sentir plenamente a raiva e a perturbação que sentia por ele como resposta à sua personalidade dominadora. Quando o fiz, fiquei chocada ao descobrir o que aflorou. A imagem que eu tinha de mim mesma como "boa menina", como uma criatura sempre doce e gentil, foi subitamente encoberta por violentos sentimentos de raiva que eu nunca havia liberado. Uma vez mais ouvi aquela voz interior me lembrando que "quando o discípulo está pronto, o mestre aparece". E quem apareceu na minha vida? Nada mais nada menos que o mestre perfeito, aquele cujas atitudes me ofereciam um catalisador para consumir a raiva que eu ainda guardava dentro de mim.

A violenta reação a esse "mestre" tinha suas raízes na minha própria mente, que projetava sobre ele as concepções que eu tinha de meu pai como uma pessoa dominadora e controladora. Com a disponibilidade e vontade profundamente enraizada de curar o passado, criei um novo relacionamento no qual havia a oportunidade de concluir meus assuntos inacabados com papai.

Embora ainda sentisse raiva de meu pai, eu podia ver que na verdade estava era com raiva de mim mesma, por ter permitido que ele me dominasse e controlasse quando criança. Como nunca o enfrentara — nem em criança nem na juventude —, eu agora tinha mais consciência dessa nova oportunidade de enfrentar Richard.

Finalmente, vi o caminho que precisava tomar para deixar que passassem minhas percepções sobre o meu pai e as formas que eu escolhera para responder a ele no passado. Eu era capaz de experimentar a mim mesma de uma nova maneira, perdoando e deixando passar as lembranças dolorosas que haviam sido criadas tanto por minhas próprias reações como pelas ações de meu pai. Deixei de lado a censura, não mais julgando nenhum de nós dois, e comecei a perceber um outro modo de olhar os relacionamentos nos quais os temas do chauvinismo e do controle eram expressos. Descobri, então, que eu tinha muitas outras escolhas e que as únicas limitações eram aquelas que eu impunha a mim mesma.

Meu relacionamento com Richard mudou instantaneamente, e fui capaz de ver, pela primeira vez, o pedido de ajuda no seu comportamento. Minha própria resposta a ele ficou clara, cuidadosa e até compassiva.

Eu não me sentia mais uma vítima. Eu era capaz de separar minhas experiências anteriores daquelas que agora estava tendo com Richard. Um aspecto muito interessante é que, quando percebi isso, minha experiência com Richard assumiu um caráter totalmente novo. Eu agora me sentia extremamente grata a ele por ter-me proporcionado o catalisador que me permitiu concluir as questões pendentes que eu tinha com meu pai.

Na verdade, o processo de curar os relacionamentos é como o desabrochar de uma flor de lótus: ela abre camada após camada e gradualmente revela toda a sua beleza interior.

Todo encontro é um relacionamento

Todo contato, com todas as pessoas que encontramos, seja por um momento fugaz ou por um período de tempo mais longo, é um relacionamento. Quer se trate de um membro da família ou de um encontro casual na rua, de alguém que está nos prestando um serviço, de alguém que está empregando nossos serviços, de um velho amigo, de um conhecimento profissional, de um balconista de loja ou de uma telefonista — cada encontro é uma oportunidade para escolhermos, uma vez mais, como vamos nos relacionar com os outros.

A vida nos oferece um fluxo constante de oportunidades para descobrirmos e trabalharmos as áreas de desenvolvimento necessárias à nossa transformação e evolução.

Podemos segmentar e compartimentar nossa vida, separando os modos de relacionamento de acordo com as atividades: negócios, assuntos familiares, esportes, educação ou fazer compras numa loja. Mas, seja qual for a atividade que nos une ao outro, afetamo-nos mutuamente de acordo com a maneira que escolhemos nos relacionar.

Temos relacionamentos em cada aspecto da nossa vida, até quando estamos sós, pois é então que precisamos nos relacionar com nós mesmos e com o ambiente que nos cerca.

Relacionamentos com o meio ambiente e com os animais

Ao discorrer sobre o tema "relacionamento", é fácil esquecer que o importante não são apenas os nossos relacionamentos com os outros seres humanos, mas também com as outras criaturas e com a própria Terra. Recentemente, por todo o mundo houve um convite ao despertar, primeiramente por meio de uma fraca voz, depois, por meio de uma voz cada vez mais forte.

É como se a maioria de nós estivesse dormindo e, durante o nosso sono, destruísse o meio ambiente. As florestas tropicais e a camada de ozônio estão desaparecendo. De muitas maneiras, estivemos nos relacionando com a Terra sem demonstrar amor. Não tivemos a responsabilidade, quer enquanto indivíduos ou como empresas, de proteger o planeta e todas as formas de vida que fazem dele um lugar tão maravilhoso. Poluímos a água e o ar. E os especialistas nos dizem que se não fizermos algo de imediato, poderá ser tarde demais.

Ainda está para ser encontrada a pessoa que estraga o seu ambiente sem também estragar os seus relacionamentos. Quando percebermos que é nossa responsabilidade amar a totalidade da vida, tudo que é vivo, então começaremos a agir de outro modo e a expressar nosso amor a todos os animais, árvores e toda a natureza que forma o nosso meio ambiente.

Torna-se importante ver o mundo como nosso amigo e não como nosso inimigo. Amando este planeta, podemos então começar a contribuir para a limpeza e a manutenção de seu estado natural, saudável e belo. Há mais de 150 anos, o Chefe Seattle dirigiu-se ao Congresso com uma mensagem que julgamos ser igualmente importante nos dias de hoje:

> Sabemos que a Terra não pertence ao homem; o homem pertence à Terra. Todas as coisas estão ligadas, como o sangue que une uma família. Tudo o que acontecer à Terra acontecerá aos filhos da Terra. O homem não teceu a teia da vida; é apenas um de seus fios. O que ele fizer à teia da vida, estará fazendo a si mesmo.

Os mesmos princípios que nos ensinam a ser mais amorosos em nossos relacionamentos com as outras pessoas são igualmente valiosos para curar nossos relacionamentos com a Terra e com todas as suas criaturas. O que nos vem à mente neste momento é uma história que nossos amigos Trenje e Paul Horn compartilharam conosco quando fizemos uma palestra em Victoria, Distrito de Colúmbia, Canadá.

Cerca de um ano antes da nossa visita, alguém levara a Trenje um carneirinho que estava à morte. O carneirinho era cego e surdo e não andava porque não percebia que podia fazê-lo. Bem, Trenje é uma Mãe Terra que ama a Terra e tudo o que nela vive. Ela ama cuidar especialmente dos animais velhos e doentes da fazenda, aqueles que ninguém quer. Seu remédio mágico, claro, é o amor.

Trenje e Paul levaram o carneirinho para dentro de casa e o alimentaram com mamadeira, tornando-o um membro da família. Eles cuidaram desse carneirinho com o mesmo afeto que dariam a um bebê humano. Chegaram até mesmo a deitá-lo em sua cama, a fim de mantê-lo aquecido. Ensinaram-no a andar, embora ele ainda fosse cego e surdo. E longe de ser a pobre criatura indefesa que se podia esperar, ele tornou-se bastante forte e saudável.

Esse carneirinho tão amado demonstrou o poder e o milagre do amor. Veja: até mesmo a cegueira e a surdez acabaram por desaparecer.

Espelhando a nós mesmos

Um dos aspectos mais perturbadores dos relacionamentos é o constrangimento que sentimos quando estamos na presença de determinadas pessoas. Não importa o que elas digam ou façam, existe algo nelas que evoca em nós uma resposta fortemente matizada com repugnância, combatividade, raiva — tudo, menos aceitação ou amor.

Por que algumas pessoas nos afetam desse modo, enquanto que com a maioria das outras que encontramos na vida sentimo-nos capazes de ficar à vontade, amorosos e abertos? Por que respondemos tão negativamente à presença de algumas pessoas? O problema é com elas? É conosco? Ou um pouco de ambos? Talvez uma das realidades mais difíceis que qualquer um de nós precise enfrentar seja o fato de que *aquilo que detestamos ou não toleramos nos outros é o traço de personalidade com o qual ainda não chegamos a um acordo na nossa própria vida.* Aquilo que me incomoda na outra pessoa está espelhando algo que não perdoei em mim mesmo ou em alguém do meu passado. Minha intolerância no relacionamento atual é, em último análise, uma intolerância por mim mesmo ou por alguém do meu passado. Digamos, por exemplo, que você fica irritado com uma pessoa que tem uma atitude dominadora no seu local de trabalho. Embora esteja irritado, parece que você não é capaz de mudar esse sentimento quando está perto dela. E então, certo dia, você percebe que essa pessoa lhe faz lembrar seu pai, cujas atitudes dominadoras o assustavam quando criança.

Como isso é possível? Isso ocorre porque armazenamos todas as nossas experiências passadas — tanto as amorosas como as dolorosas — nos recessos da nossa mente. A maior parte do tempo mal temos consciência de que as lembranças dessas experiências estão ali, e é difícil acreditar que o nosso passado pode realmente afetar o modo como vemos o mundo no presente.

Quando outra pessoa dá uma opinião, expressa um pensamento ou reflete um sentimento semelhante às experiências armazenadas no nosso banco de dados mental, o passado pode ser chamado e vir à tona, estimulando nossas antigas queixas, autocondenações ou sentimentos de impotência. Nossas reações reflexas a pessoas ou situações atuais são, portanto, reações ao nosso passado.

Nossos relacionamentos mais difíceis freqüentemente colocam um espelho diante de nós, refletindo para nós assuntos pendentes do passado. Só quando somos capazes de fazer uma pausa, mergulhar no nosso âmago e então reviver essas experiências, é que podemos começar a perdoar a nós mesmos ou aos outros. Para termos relacionamentos íntegros e equilibrados no presente, é necessário curar os antigos e doentios relacionamentos que no passado mantivemos com nós mesmos e com os outros.

O conflito

Como podemos encontrar paz mental quando alguém está fazendo ou dizendo algo contrário aos nossos desejos? Na busca de uma existência pacífica, devemos nos comportar como uma ameba passiva e abrir mão dos valores em que acreditamos a fim de evitar conflitos? Claro que não! Este talvez seja o mais difundido equívoco a respeito de escolher a paz e não o conflito, escolher o amor e não o medo. O equívoco de que a escolha da paz é um sinal de fraqueza, enquanto a escolha do conflito é um sinal de força.

Com um profundo reconhecimento, lembramos as lições do Mahatma Gandhi. Quando lhe pediram para enfrentar as opressivas leis coloniais com uma demonstração de força e violência contra um grupo de oficiais britânicos, sua resposta foi escolher a paz em vez do conflito, mas fazê-lo como uma demonstração de força e convicção dos seus ideais. Ele afirmou que havia causas pelas quais estava pronto a morrer, e aquela, com efeito, era uma delas. Mas que não havia causa alguma pela qual estivesse pronto a tirar a vida de outra pessoa. Ele demonstrou para o mundo todo que sua maior força não era física, não estava em seus músculos ou em seus argumentos, mas simplesmente nas atitudes que tomava a respeito de suas crenças.

Gandhi acreditava que a força de suas mais profundas convicções poderia ser melhor expressa através da ação não-violenta. Ao nos expressarmos pacificamente, não só comunicamos nossas mais profundas convicções como também elevamos os valores supremos da dignidade humana. Ele acreditava que desse modo podemos desarmar até mesmo os golpes mais agressivos da coerção física e mostrar que a força é ineficaz, ultrapassada e pateticamente vergonhosa. Gandhi foi o vencedor, como mostra a História.

Sou responsável pelos meus pensamentos

A Cura das Atitudes lembra-nos que, em última análise, não são as outras pessoas ou os acontecimentos do mundo que nos perturbam. Ao contrário, são os nossos pensamentos, atitudes e julgamentos a respeito dessas pessoas ou acontecimentos, bem como a maneira pela qual eles acionam nossos próprios pensamentos do passado, que causam nossa perturbação no presente.

Começamos a ver, com isso, que não são as outras pessoas ou acontecimentos que precisam mudar para que nos tornemos felizes. Em vez disso, podemos direcionar a nossa vida e deixar de ser vítimas, através do reconhecimento de que temos alternativas quanto ao modo como abordamos nossos problemas. Podemos escolher aquilo que colocamos em nossa mente, o modo como interpretamos o mundo e o modo como respondemos a ele.

Podemos reconhecer que cada relacionamento que temos na vida, independentemente de sua forma, pode ser saudável e íntegro por dentro se abrirmos mão da nossa idéia de como ele deveria se parecer por fora. Literalmente, é preciso rasgar os roteiros mentais que escrevemos para os outros e que mostram o modo como achamos que eles deveriam ser para encontrarem a felicidade. Na realidade, nossos roteiros para os outros foram escritos apenas para nos fazer sentir seguros.

Esta é a percepção de que cada um de nós, sem exceção, precisamente através dos nossos relacionamentos, até mesmo aqueles que parecem ser negativos, age como um poderoso mestre para o outro.

Aprender com nossos inimigos

Há poucos anos, no *campus* da Universidade da Califórnia em Santa Bárbara, tivemos a maravilhosa experiência de trabalhar em um documentário sobre Sua Santidade, o Dalai Lama. Em uma passagem do filme, ele era entrevistado por um grupo de jovens de seis a dezesseis anos.

Uma jovem de quinze anos pediu ao Dalai Lama para lhes falar sobre seu maior mestre. Ele voltou-se para nós (Diane e Jerry) e disse, com um sorriso, "Isso talvez surpreenda vocês dois." E então, dirigindo-se aos jovens, disse: "Embora eu tenha tido muitas influências brilhantes e inspiradoras na minha vida, devo dizer que meu mestre mais forte foi, sem dúvida, o camarada Mao Tsé Tung. Devido aos nossos pontos de vista opostos sobre o futuro do Tibete, tivemos muitas dificuldades durante vários anos. Se não fosse por Mao, eu não teria tido a oportunidade de aprender realmente a tolerância e o perdão." Para nós, esse foi um verdadeiro exemplo de uma atitude sã.

Mas, se você parar realmente para pensar no assunto, será que não concordaria que foi através das mais duras experiências e das pessoas mais difíceis em sua vida que você aprendeu mais? É penoso admitirmos que as circunstâncias da vida que pareciam mais adversas com freqüência nos proporcionaram as mais profundas experiências de aprendizado.

É quando *acolhemos* plenamente essas situações difíceis que começamos a perceber sua ligação com as mudanças positivas que nos ajudaram de fato a tornar nossa vida mais significativa. A aceitação e gratidão por essas lições acabam por nos trazer a liberdade, tornando-se a fonte do completo perdão que nos liberta de todas as nossas queixas passadas.

Em nossa vida, e na vida de muitas pessoas que tivemos o grande privilégio de conhecer, ficou demonstrado vezes sem conta que alcançar esse patamar literalmente muda o rumo da vida. Algumas das circunstâncias mais adversas e relacionamentos mais desafiadores tornaram-se pontos centrais a partir dos quais descobrimos novas forças, qualidades e inspirações. Podemos dizer com honestidade e sinceridade que nossas vidas menos que perfeitas, cheias de relacionamentos longe de serem perfeitos, tornaram-se na realidade *absolutamente perfeitas* porque esses relacionamentos agiram como catalisadores, dando-nos a oportunidade de aprender as mais importantes lições.

À medida que começamos a ver os relacionamentos sob essa nova luz, sentimo-nos elevar acima do atoleiro da confusão. Começamos a ver nossa vida não em fragmentos, mas como um todo. Com este senso de totalidade, vem a perspectiva de que cada pessoa e experiência da nossa vida, sem exceção, é afinal uma oportunidade positiva, oferecendo-nos um lição enriquecedora.

A cura é uma escolha unilateral

Em última análise, curar nossos relacionamentos é a nossa própria escolha, já que na verdade não são os outros que estamos perdoando realmente. São apenas as nossas próprias atitudes e julgamentos a respeito deles que precisam ser perdoados.

São os nossos pensamentos e julgamentos hoje, e não mais a outra pessoa, que nos causam dor no presente. E já que estes pensamentos e julgamentos são nossos, apenas nossos, somos nós que precisamos nos empenhar em perdoar, em mudar nossa mente e nos libertar das queixas passadas. Enfim, é o nosso relacionamento com nós mesmos que precisa ser curado, e apenas nós podemos fazer isso, se esta for a nossa escolha.

É possível curar todos os nossos relacionamentos?

Sim! É possível curar não apenas alguns mas todos os nossos relacionamentos. Podemos fazê-lo desistindo de qualquer forma preconcebida, ou dos roteiros mentais que tenhamos escrito sobre os outros. Podemos fazer isso nos dispondo a acabar com todas as queixas e pensamentos de agressividade. E podemos fazer isso por meio do processo do perdão. Podemos fazer isso:

- Reconhecendo que *não somos vítimas* dos nossos relacionamentos e, sim, *participantes* deles.

- Assumindo a responsabilidade pelos nossos pensamentos, pelas nossas escolhas e emoções, e *não censurando* a outra pessoa por aquilo que aconteceu no relacionamento.
- Optando por *ver* os outros como seres que nos *amam* ou, caso os percebamos como nossos agressores, optando por vê-los como seres *cheios de medo* que clamam por amor.
- Lembrando que *aquilo que percebemos* nos outros e no mundo exterior é uma *projeção* dos pensamentos — quer positivos quer negativos — contidos na nossa mente.
- Aprendendo a amar a nós mesmos e aos outros, perdoando em vez de julgar.
- Tornando-nos "*buscadores de amor*" em vez de "buscadores de defeitos".
- Direcionando a nós mesmos e escolhendo ser interiormente *pacíficos*, não importa o que esteja acontecendo fora de nós.

Essas idéias podem afetar literalmente todos os aspectos da nossa vida. Podemos começar a lançar um novo olhar sobre o mundo e sobre todos os nossos relacionamentos. Podemos começar a reconhecer que a cura dos nossos relacionamentos está diretamente ligada à Cura das Atitudes que estamos conservando em nossa mente a respeito desses relacionamentos.

Afirmações

1. Escolho curar meu relacionamento *comigo mesmo* deixando que o hábito de julgar a mim mesmo se vá.
2. Escolho unir-me aos outros, em vez de me separar deles, abandonando meus julgamentos sobre eles.
3. Escolho rasgar todos os roteiros que escrevi para o modo como acho que as pessoas deveriam ser em minha vida.
4. Escolho lembrar que o que realmente conta em meus relacionamentos não é *quanto* eu faço ou digo, mas sim *com quanto amor* eu faço ou digo.
5. As palavras que eu escolho em minhas comunicações sempre determinam se minha intenção é unir ou separar.

6. Será por meio dos meus relacionamentos que eu vivenciarei o amor incondicional.
7. Hoje, eu escolho lembrar-me de que realmente mereço o direito de ser feliz.
8. Hoje, eu escolho desistir de me sentir uma vítima dos meus relacionamentos e assumirei a responsabilidade por minha vida.
9. Sempre que ficar preso no passado ou no futuro, escolherei lembrar-me de que o amor só pode ser vivenciado no presente.
10. Posso optar pelo amor em vez do medo, em todos os meus relacionamentos.

II PARTE

MUDE A SUA VIDA

CAPÍTULO 5

Ensine apenas o amor — a regra de ouro dos pais

As crianças recém-nascidas são magníficos mestres do amor incondicional, pois não fazem julgamentos sobre seus pais, aceitando-os perfeitamente como eles são.

Os recém-nascidos como mestres do amor

No Centro, muitas das nossas maiores lições vieram das crianças. Fomos lembrados disso uma vez mais quando fazíamos uma palestra em New Jersey e ouvimos esta história verídica, que tocou diretamente nossos corações. Um jovem casal acabara de levar para casa seu bebê recém-nascido. Era uma tarde de domingo e sua filhinha de três anos insistiu em entrar sozinha no quarto do bebê.

Os pais ficaram um pouco chocados com o pedido da garotinha. Sentiram algo premente e vital no pedido, algo que vinha do fundo dela. De início, suspeitaram que certa rivalidade fraterna fosse a motivação da menina e, sentindo-se um tanto protetores, preocuparam-se pensando que ela pudesse machucar o bebê. Os pais discutiram o assunto e decidiram que, como havia um sistema de intercomunicação entre o quarto deles e o do bebê, ficariam ouvindo para ter certeza de que tudo corria bem.

A garotinha entrou no quarto do bebê na ponta dos pés, sozinha, enquanto os pais ficavam à escuta. Eles ouviram a filha fechar a porta, ouviram seus passos se aproximando do berço. Houve um momento de silêncio e então eles ouviram a voz da filha murmurar docemente para o bebê: "Bebê, me lembre como é Deus. Eu estou começando a esquecer."

Talvez um dos maiores desafios que todos temos é lembrar de Deus. Nós acreditamos que temos muito a aprender com os recém-nascidos sobre o poder do amor incondicional e que esta é uma das coisas que eles estão aqui para nos ensinar, se tivermos a disponibilidade de aprender com criaturas tão jovens. Podemos aprender que todos os seres são nossos mestres, independente de suas idades.

Vimos pessoas em profunda depressão, outras com grande dor física e mesmo aquelas que se preocupavam com a morte mudar completamente de ânimo quando seguravam nos braços um bebê. É muito difícil não sorrir nem sentir alegria com essa experiência muito especial de segurar um recém-nascido. Toda a nossa atenção se concentra de imediato nesse milagre de amor que estamos segurando. Durante um breve instante, a atenção ao nosso próprio corpo parece desaparecer e experimentamos algo que parece ir além de nós mesmos.

Certa vez, quando estávamos na Itália com Madre Teresa, ela nos falou sobre uma mulher extraordinária a quem muito admirava. A mulher, que vivia na América do Sul, registrou seu filho recém-nascido com o nome de Professor do Amor. Esse nome era um delicado lembrete para que, sempre que estivesse com o filho ou mesmo quando pensasse nele, ela recordasse que ele estava ali para lher ensinar o amor incondicional. Nunca esqueceremos esta história, porque ela nos diz muito sobre a criação dos filhos.

Gostamos de pensar que estes são alguns dos ensinamentos sobre o amor incondicional que as crianças recém-nascidas dão aos pais:

- Elas não se importam se você é alto ou baixo, magro ou gordo; elas não ligam para a cor da sua pele, para sua religião nem mesmo para o fato de você ter ou não uma religião. Elas o amam incondicionalmente.
- O poder do amor incondicional está na inocência delas.
- Elas não conhecem o ontem nem o amanhã, nem sabem que horas são, mas acreditam que este instante é o único tempo que existe; este instante é um momento para amar.
- Uma parte delas reconhece que elas são seres espirituais — elas iluminam o ambiente, onde quer que estejam, com a luz muito especial do amor que as compõem. Elas sabem que são a luz do mundo.

- Elas não precisam de palavras para se comunicar porque uma parte delas sabe que a forma mais elevada de comunicação neste mundo é a comunicação do amor de coração a coração, a qual sempre ocorre sem palavras.
- Elas ensinam aos pais a ter uma paciência que eles não sabiam que tinham, e essa infinita paciência é parte integrante do amor incondicional.
- Elas ensinam aos pais o poder da gentileza e da ternura.
- Elas ensinam aos pais que nossas mentes estão sempre unidas e que podemos sentir o que está se passando com cada um dos outros sem sequer estar na mesma sala.
- Elas sabem, no fundo do coração, que quando enviamos amor, ele é sempre recebido, e que dar é receber.

Na qualidade de pais e mães, podemos aprender a ver o reflexo de nós mesmos em nossos filhos. Acreditamos que quase todas as pessoas que seguraram um recém-nascido nos braços vivenciaram um poder do amor que está além do entendimento intelectual.

Quer o descrevamos como o mistério da vida ou o milagre do amor, não importa. O que importa é vermos as crianças como nossos mais preciosos mestres do amor e mestres da paz. Ao refletirmos e espelharmos o amor incondicional delas, podemos aprender a transcender as frustrações cotidianas que ocorrem para cada um de nós durante a nossa jornada de pais e mães.

Ensine apenas o amor

Dois dos pais mais felizes e heróicos que já encontramos, Margie e Ed, foram os guardiães legais de vinte crianças, quatorze delas vivendo em sua casa numa mesma época; seis eram filhas de Margie e Ed.

Você talvez imagine que essa seria a casa mais caótica do mundo, um pesadelo em termos de disciplina, mas era o contrário. Essa casa é certamente um dos lares mais felizes e mais bem administrados que já visitamos. Cada membro da família funciona não só como pessoa independente mas também para o bem de todos.

Nós os entrevistamos para este livro porque queríamos lhes perguntar sobre as dificuldades e tribulações de criar uma família tão numerosa. Queríamos ouvir alguns conselhos que eles talvez tivessem a oferecer aos outros pais e mães. Margie e Ed sentem que a paternidade/maternidade feliz começa com ambos, pai e mãe, tomando conta de si mesmos enquanto indivíduos, à parte de suas identidades enquanto pai ou mãe, e também cuidando de seu relacionamento mútuo enquanto casal.

Um tempo longe dos filhos, mesmo que seja umas poucas horas por semana, assegura o funcionamento saudável e independente dos pais dentro da unidade familiar. Desse modo, eles oferecem modelos aos filhos, dando-lhes não apenas um ninho onde podem se sentir seguros mas também uma visão de si mesmos abrindo as asas algum dia, assim como seus pais, e deixando esse ninho.

Margie compartilhou uma história que a ajudou a ver a si mesma de um modo novo. Certo dia, durante uma grande reunião de amigos e parentes em sua casa, ela percebeu que um dos filhos, Mark, não parava de mexer nas coisas. Chamou-o de lado e lhe disse: "Mark, parece que toda vez que eu me viro, você está mexendo em alguma coisa. O que é que há?" Sem sequer pestanejar, ele respondeu: "Bem, mamãe, talvez você esteja se virando demais!" Nesse instante Margie foi lembrada da importância de se olhar a totalidade da vida, não apenas os fragmentos que constituem as nossas estreitas percepções.

Pedimos a Margie, atualmente senadora pelo Estado da Pensilvânia, para nos falar sobre seus objetivos na condição de mãe. Ela respondeu: "Comprometemo-nos a dar às crianças, algumas das quais vêm do Vietnã e da Coréia, a melhor dádiva que conhecemos. Esta é a dávida do AMOR PRÓPRIO. Estamos constantemente deixando que elas saibam como são maravilhosas.

"Quando o comportamento delas precisa ser corrigido, de imediato as deixamos saber que pensamos que elas são maravilhosas, mas suas ações não! O resultado invariável é elas escolherem elevar seu comportamento ao nível da estima que nós consistentemente lhes estendemos, o qual é 'maravilhoso'."

Margie e Ed acreditam que, como pais, devemos deixar as crianças saber que nós próprios não somos perfeitos. Sentimos dor, depressão, frustração e raiva, assim como elas. Eles encorajam todos nós a não ter medo de admitir para nossos filhos que às vezes estamos errados e pedir desculpas. É bem mais fácil para os membros mais jovens se sentirem parte da família quando sabem que os membros mais velhos também são humanos.

Ensinar apenas amor é o caminho de vida para Ed e Margie. Eles nos lembram, uma vez mais, a sermos tão convincentes quanto possível quando demonstramos e ensinamos confiança, honestidade, transparência, tolerância, gentileza, alegria, paz, generosidade, paciência, fé e compreensão. Eles nos lembram que devemos buscar harmonia naquilo que pensamos, dizemos e fazemos, tanto em nossa própria vida quanto na criação dos filhos, e ouvir, ouvir realmente, com nossa plena atenção.

O exemplo de Margie e Ed lembra-nos de como é importante, na paternidade/maternidade, não esconder quaisquer segredos de nós mesmos ou dos outros e nos permitirmos ser vulneráveis. A boa paternidade/maternidade é tornar o perdão e o amor tão importantes quanto a respiração. É uma disponibilidade para ver, um no outro, apenas a luz do amor. É aceitar nossa própria falta de perfeição e honrar nossa própria humanidade. É não ter medo de amar ou de ser ferido. É saber que dar amor é a coisa mais importante que podemos fazer. E é, como disse Madre Teresa: "Quando oferecemos a dádiva do amor, o tamanho não conta. Todas as dádivas de amor são iguais."

Ensinamos o amor ou o medo?

Há muito medo no mundo à nossa volta e ficamos expostos a esse medo desde tenra idade. Vivemos num mundo onde há muito conflito, agressão, injustiça, desigualdade e crueldade. É um mundo onde a mensagem costuma ser "Agarre tudo o que puder. Cuide de si mesmo primeiro, porque esta é a sociedade do eu em primeiro lugar. Acima de tudo, aprenda a *fazer aos outros antes que eles façam a você*, ou vai acabar sendo um perdedor".

Freqüentemente, recebemos a mensagem, tanto dos nossos políticos como de outras celebridades, de que "ser desonesto não é pecado, pecado é ser pego com a boca na botija". Todos nós podemos indicar as injustiças do nosso mundo, casos em que o indivíduo que tem bastante dinheiro, um bom advogado e a origem racial certa pode se livrar sem cumprir pena de prisão ou, se chegar a ser apanhado, pagando apenas uma leve multa.

Muitas vezes, sem que estejamos conscientes do fato, transferimos grande parte do nosso medo e raiva projetando-os sobre nossos filhos. Ficamos impacientes ou mentimos e enganamos. Só recentemente descobrimos como é intensa a presença do abuso emocional, físico, social e sexual na nossa sociedade.

A Cura das Atitudes nos ensina que podemos escolher os pensamentos que colocamos na nossa mente e que cada um de nós pode aprender a fazer uma pausa, ir ao nosso âmago e entrar em contato com o amor que existe em todos nós. Este é um amor que pode ser renovado em nosso coração e em nossa mente por meio das lições que nossos filhos nos ensinam desde o momento em que entram em nossa vida.

A sala de aula dos pais

Não existe outra sala de aula igual à dos pais. Ela nos permite — às vezes voluntariamente, às vezes involuntariamente — superar altos e baixos, e terrenos tão escarpados quanto a própria cadeia das Montanhas Rochosas. Nosso papel de pais e mães nos obriga a explorar áreas da nossa vida que são realmente desconhecidas e confrontá-las de maneira decisiva e responsável. Nosso querido amigo Robert Young (ator das séries de televisão *Papai Sabe-Tudo* e *Marcus Welby*) e sua esposa, Betty, disseram um dia à sua jovem filha: "Você não entrou em nossa vida trazendo um manual de instruções — e estamos fazendo o melhor que sabemos fazer."

Embora haja muitos livros sobre o assunto, nós, como Robert e Betty Young, ainda precisamos ler um livro que diga tudo sobre a paternidade/maternidade. Para a maioria de nós, os únicos professores que já tivemos foram os nossos próprios pais quando éramos crianças. E muitos de nós tivemos experiências desagradáveis com os nossos pais e talvez tenhamos desejado que, num aspecto ou noutro, nossos pais fossem diferentes.

Às vezes, é útil perguntar, "Onde nosso pais desenvolveram suas capacidades paternas e maternas?" Ora, com os pais deles, é claro. Se fôssemos capazes de voltar no tempo e viver a infância dos nossos pais através dos olhos deles, poderíamos reconhecer mais facilmente a fonte de suas capacidades paternas e maternas, ou a falta delas. Seríamos também mais generosos quanto a perdoá-los por erros que cometeram na nossa criação. Pode-se dizer que a maioria de nós faz realmente o melhor possível para criar os filhos, sentindo que o melhor é geralmente o que aprendemos, ou deixamos de aprender, quando nós próprios éramos crianças.

Infelizmente, quando não curamos os relacionamentos com nossos pais, tendemos a repetir com nossos filhos as mesmas coisas às quais fazíamos objeção quando éramos crianças. Encontre uma pessoa que espanca seus filhos e você provavelmente descobrirá que ele foi espancado pelos pais quando criança. A Cura das Atitudes nos ensina que temos uma escolha quanto a deter este círculo vicioso.

Para o círculo vicioso da disfunção entre as gerações

Muitos de nós que fomos criados em ambientes imperfeitos, declaramos um dia: "Eu nunca tratarei meus filhos do jeito que meus pais me tratavam!"

E então dá-se a dor de perceber que estamos fazendo exatamente isso: tratando nossos próprios filhos de um modo que juramos nunca fazer.

Podemos também nos identificar com a dor de perceber, às vezes, que estamos fazendo aos nossos próprios filhos exatamente aquilo que odiávamos que nosso pais fizessem conosco. Existe, nesses momentos, uma ponta de insanidade espreitando sob a superfície, deixando-nos confusos, abatidos e frustrados, e nos sentimos impotentes e solitários quando perguntamos a nós mesmos, "Se amo tanto os meus filhos, como posso me comportar assim com eles? Eu, mais que qualquer outra pessoa, deveria saber das coisas!"

Mas, é suficiente saber das coisas? É possível que a nossa necessidade de criar um relacionamento melhor com nossos filhos esteja relacionada com a nossa necessidade de curar o nosso relacionamento com os nossos pais?

Nossa patologia nos nossos relacionamentos parentais geralmente é ditada pelo nosso desejo e necessidade dolorosamente profunda de nos ligar a eles, não importa qual a forma externa que possa assumir esse relacionamento.

Por exemplo, um homem que sabemos que tem discernimento e que é bastante gentil, compassivo e bondoso com quase todos os seus conhecidos, tinha problemas específicos com o filho desde a infância até o final de sua adolescência. Acreditando na não-violência, esse pai costumava debater os problemas com o filho, mas era muito freqüente que seu temperamento se inflamasse e a discussão terminasse em violento confronto. Muitas vezes, embora horrorizado com o que fazia, ele acabava por empurrar o filho ou até por agredi-lo.

Depois disso, esse pai se sentia extremamente infeliz. Mas sempre achava um meio de justificar suas ações dizendo que seu próprio pai o criara do mesmo modo, que essa era a maneira de seu pai lhe demonstrar amor. Logo, suas ações atuais estavam mostrando ao filho que era amado e protegido.

Mesmo quando estamos absolutamente certos de que as ações dos nossos pais contra nós foram inadequadas, nossa mente irá encontrar meios de provar que, de um modo ou de outro, eles estavam "certos" a fim de descobrir uma maneira de nos ligar a eles. Queremos tanto a aprovação e o amor dos nossos pais que, para consegui-los, estamos prontos a nos unir a eles na sua insanidade.

Passos para romper as cadeias entre as gerações

Há seis passos importantes que podemos dar para romper os padrões de comportamento doentio que são passados de geração em geração. São os seguintes:

1. *Descoberta*. Aprender a reconhecer no nosso comportamento com nossos filhos os padrões que espelham o comportamento que vivemos na infância.
2. *Exploração*. Buscar compreender as motivações que estão por trás desses padrões — quer estejamos criando separação ou união.
3. *Fazer aflorar antigas emoções*. Permitir-nos mais uma vez relembrar e reviver emoções tais como a dor, a raiva e o medo que prevaleceram em nossa própria infância.
4. *Expressão*. Comunicar aquilo que estamos sentindo, em um ambiente que seja seguro para nós e também para os outros.
5. *Reconhecer as novas escolhas*. Perceber que, como adultos, podemos agora curar a criança interior que vivenciou aquela dor, raiva e medo.
6. *Escolher de novo*. Pôr em prática as escolhas que realmente refletem o que somos hoje em vez de ecoar os sentimentos e o comportamento dos nossos pais.

O maior obstáculo à boa paternidade

Em cinco palavras, o maior obstáculo para sermos bons pais e mães é: *não amar a nós mesmos*. Aprender a amar a si mesmo não é apenas uma questão de ter força de vontade ou de ficar repetindo afirmações para si mesmo, embora ambas as coisas possam desempenhar papéis importantes. Aprendemos realmente a amar a nós mesmos tratando das questões não-resolvidas com os nossos pais. A realização desse trabalho pessoal pode assumir diferentes formas e é baseada na mais absoluta honestidade com nós mesmos sobre o modo como nos sentimos em relação a eles enquanto pais. À medida que trabalhamos com os nossos próprios padrões de comportamento, podemos começar a sentir vontade de perdoá-los. Isso também significa ter vontade de perdoar a nós mesmos pelas percepções que temos deles, bem como por nossos próprios erros. Precisamos "desmitologizar nossos pais", como diz John Bradshaw, a fim de podermos lidar com eles a um nível humano.

Se esperamos curar as atitudes que temos sobre a criação dos nosso filhos, precisamos examinar os julgamentos e crenças que ainda conservamos a respeito do modo como nossos pais nos criaram. É útil olharmos dentro do nosso coração e sermos honestos sobre aquilo que estamos sentindo por nossos pais — o modo como eles nos criaram e nossos sentimentos por eles.

É imperativo que honremos nossa natureza humana e vivenciemos a raiva e o ressentimento, se isso é o que descobrimos dentro de nós. Precisamos encontrar um modo seguro e terapêutico de descobrir o que está realmente ocorrendo no subconsciente, a fim de conscientemente fazermos novas escolhas que removam os bloqueios à experiência da paz e do amor em nossa vida.

Se sentimos que não recebíamos aprovação ou amor, precisamos saber que não foi por sermos indignos de amor. Quando meus filhos eram pequenos, eu (Jerry) não tinha resolvido sentimentos que nutria por meus pais. Meus pais sempre esperaram que eu fosse um bom aluno, o que, por causa da minha dislexia, eu definitivamente não era. Como resultado, eu sentia muito ressentimento contra eles por me pressionarem na escola. E, em conseqüência, pressionei meus dois filhos no sentido de realizarem conquistas escolares. Eu lhes enviava mensagens baseadas no amor condicional: "Eu o amarei mais se vir boas notas no seu boletim escolar, se você mantiver o quarto arrumado e fizer as coisas que fui incapaz de fazer quando tinha a sua idade."

O medo facilmente cria um círculo vicioso, e existe então uma grande tentação de repetir os mesmos erros. Por causa de nossos próprios conflitos não-resolvidos, freqüentemente acabamos ensinando e demonstrando medo aos nossos filhos, em vez de amor.

Cada vez que expressamos amor condicional aos outros, ou toda vez que eles o expressam a nós, estamos transmitindo a mensagem de que eles, assim como são agora, não merecem nosso amor. Nós os amaríamos mais se eles aprendessem a fazer as coisas do modo que acreditamos ser o certo.

Estou agradecido, quase além das palavras, por meus filhos, que hoje são adultos e têm seus próprios filhos, terem me perdoado. E estou agradecido por ter perdoado a mim mesmo e aos meus pais.

A maior lição que qualquer um de nós pode ensinar aos outros, e isso é especialmente verdadeiro nos relacionamentos com nossos filhos e nossos próprios pais, é ensinar apenas o amor. Mas só podemos ensiná-lo quando somos capazes de aceitar e amar a nós mesmos. Você não consegue realmente dar amor a menos que o tenha sentido dentro de si mesmo.

Faça o que eu digo, não o que eu faço!

Existirá dentre nós alguém que não tenha convivido na infância com uma figura parental ou de autoridade que o obrigava a agir de modo determinado, enquanto ela própria agia de modo exatamente oposto? "O álcool e as drogas são maus para você", adverte o pai, enquanto toma sua cerveja e traga seu cigarro. Ou então ouvimos nossos pais falando do modo mais amoroso e compassivo com um conhecido e, logo depois, os encontramos fofocando com alguém sobre aquele mesmo conhecido, de uma maneira bastante degradante.

Grande parte da confusão da nossa vida, e grande parte da confusão que passamos para nossos filhos, é resultado das mensagens confusas que lhes transmitimos. Como podemos esperar que nossos filhos sejam honestos quando nós mesmos sonegamos impostos e dizemos "mentirinhas inofensivas" para manipular e controlar os outros? Como podemos esperar que nossos filhos nos ouçam se não ouvimos realmente o que eles estão tentando nos dizer? Que tipo de mensagens passamos aos nossos filhos quando lhes pedimos para fazer como dizemos e não como fazemos? Só podemos ensinar honestidade demonstrando honestidade e integridade de modo consistente em todas as nossas ações.

Ao contrário do carteiro, cuja única responsabilidade é garantir que a mensagem chegue ao endereço certo, precisamos realmente entregar, aceitar e viver a mensagem de amor na nossa vida cotidiana para podermos partilhá-la com os nossos filhos. Precisamos permanecer presentes, oferecendo aos filhos o nosso próprio exemplo da escuta e recepção, e não apenas da entrega.

A paternidade/maternidade ocorre em muitos níveis, já que envolve nossos relacionamentos com os filhos, com nossos pais e, em última análise, com nós mesmos. Para poder curar as atitudes que estamos ensinando aos nossos filhos, ou as atitudes que nossos pais nos ensinaram, precisamos primeiro curar nossos relacionamentos com nós mesmos. Isso é feito perdoando todas as idéias equivocadas que temos sobre quem somos e sobre os motivos pelos quais fazemos as coisas.

A cura da mente dividida: aprender a ser coerente em pensamentos, palavras e ações

A coerência ao ensinar apenas amor aos nossos filhos geralmente é difícil, porque a maioria de nós não acredita no fundo do coração que somos seres amorosos ou que somos merecedores do amor dos outros. Projetamos sobre nossos filhos esses sentimentos a respeito de nós mesmos. E então talvez experimentemos nossos relacionamentos com eles como não-amorosos.

À medida que refletimos sobre os relacionamentos com nossos pais e nossos filhos, e o modo como são tão entrelaçados, vem-nos à mente um conceito específico da Cura das Atitudes: a idéia de que criamos nossa realidade a partir dos pensamentos e sentimentos que guardamos em nossa mente. Talvez em nenhuma outra área da vida este conceito tenha tanto impacto quanto em relação aos nossos filhos.

Aprendemos vezes sem conta que a chave para criar relacionamentos amorosos é encontrada na cura do relacionamento com nós mesmos; que este é realmente o principal ingrediente da boa paternidade. E então, como podemos aprender a amar a nós mesmos de um modo coerente? Podemos começar reconhecendo que não estamos aprendendo nada de novo. Ao contrário, tudo que precisamos fazer é desaprender as atitudes que hoje bloqueiam nossa percepção da nossa verdadeira essência, que é o amor.

Desaprender as antigas lições e, assim, curar as atitudes que bloqueiam a percepção que temos da presença do amor na nossa vida, não é tão difícil como pode parecer. Começamos a fazê-lo perguntando a nós mesmos, nos momentos em que sentimos angústia e pressão: Meus pensamentos, sentimentos, palavras e ações estão neste momento em harmonia uns com os outros? Ou estou sentindo uma coisa, pensando outra, dizendo outra e fazendo outra? É exatamente essa desarmonia interior que nos causa dor, medo e angústia, e dissemina a confusão nos nossos filhos à medida que eles nos observam e aprendem com as nossas ações.

Quando existe harmonia entre o que sentimos, pensamos, dizemos e fazemos, não sentimos nenhum conflito interior. Nossos relacionamentos com nós mesmos e com os outros, em especial com nossos filhos, tornam-se abertos, amorosos e tranqüilos. O amor que expressamos se expande, estendendo-se para o mundo.

As perguntas positivas a seguir nos ajudam a curar a mente dividida. Pode ser útil nos lembrarmos delas sempre que estivermos sentindo desarmonia interior:

- *Reconheço que minha mente está dividida neste momento?* Esta frase nos faz tomar consciência de que nossa mente está, ao mesmo tempo, presa a dois pontos de vista opostos sobre o mesmo assunto, o que é demonstrado pelo nosso comportamento errático.
- *Estou disposto a mudar meus pensamentos?* Começamos a criar harmonia e congruência na nossa mente quando paramos de valorizar o apoio às atitudes que estão nos causando conflito. Ao fazê-lo, é útil lembrar que nossos pensamentos e sentimentos não são criados pelas pessoas ou eventos fora de nós, mas sim que nós próprios os criamos.

- *Em que aspecto eu não estou em harmonia?* e *Eu estou pensando uma coisa e dizendo ou fazendo outra?* Estas perguntas nos permitem localizar onde e como nossa mente dividida está se manifestando.
- *Estou disposto a perdoar?* Sempre que sentimos os sintomas de uma mente dividida, podemos estar certos de que estamos julgando ou condenando a nós mesmos ou aos outros.

É importante notar aqui que sempre temos uma escolha quanto ao modo de responder a essas perguntas e quanto a querermos optar pela paz de espírito em vez de optar pelo conflito ou optar por amor em vez de optar pelo medo. Quando mudamos nossas atitudes para um sincero desejo de viver nossa vida mais honestamente em tudo o que pensamos, dizemos ou fazemos, sentimos harmonia e congruência dentro da nossa mente e nos libertamos da pressão ou da angústia que estamos sentindo.

Os pais culpados

É bastante freqüente jogarmos para cima de nossos filhos a culpa que estamos sentindo dentro de nós mesmos. Pôr a culpa em nossos filhos e em nós mesmos priva-nos da experiência do amor e é um dos meios pelos quais criamos desarmonia dentro de nossas mentes. Quando nossos filhos não são aquilo que queremos que sejam ou quando, no nosso entender, deixam de corresponder às nossas expectativas, sentimos que seguramente somos um fracasso. Qualquer outra pessoa, dizemos a nós mesmos, certamente os teria criado melhor. A culpa que sentimos nesses momentos é uma mensagem dolorosa. Em nossa frustração, podemos deturpar as coisas e usar esta culpa para manipular nossos filhos e modificar seu comportamento, o que só piora a situação pois estaremos então misturando nossos problemas com os deles.

Muitas vezes nos comparamos aos modelos de família que vemos na televisão ou que lemos nos livros ou que conhecemos superficialmente na nossa vida diária. Esquecemos que aquilo que estamos vendo talvez seja apenas um diminuto fragmento do quadro completo. Contudo, agarramo-nos à nossa culpa e dizemos a nós mesmos que, se fôssemos um pouquinho mais parecidos com as outras pessoas, talvez não nos sentíssemos tão mal a nosso próprio respeito. Comparar deste modo nossa família com a família dos outros só confirma a profundidade daquilo que percebemos como nossa própria incompetência no assunto.

Há uma outra história deliciosa que nos foi contada por Robert Young, o Papai Sabe-Tudo. Certo dia, uma de suas filhas queixou-se, "Como é que você é tão esperto na televisão e resolve todos aqueles problemas difíceis da família em apenas meia hora, e em casa é tão obtuso?" Robert respondeu em cima: "Ah, é que na televisão eu tenho bons roteiristas!"

Nosso jovens sofrem uma pressão constante para se adaptarem. Eles a recebem de nós, seus pais. Também a recebem de seus pares etários e da subcultura juvenil da qual participam, em algum nível, todos os dias. Estão sempre diante de escolhas sob pressão que os afastam dos caminhos que escolheríamos para eles. Mas, em última análise, as escolhas cabem a cada um de nós.

Nossos filhos

Ensinar apenas amor aos nossos filhos significa mimá-los, estragá-los ou ser extremamente indulgentes com eles? Significa que só deveríamos falar com eles num certo tom de voz ou que nunca deveríamos corrigi-los por medo de dar a impressão de que não os amamos? Significa que deveríamos fazer o possível para jamais aborrecê-los, por medo de perder a aprovação deles ou de outras pessoas? A resposta é não, porque ensinar amor também significa aprender a dizer não. "Ensinar apenas amor" nunca deveria ser confundido com permissividade.

A essência de ensinar é oferecer, por palavras ou atos, uma parcela de conhecimento nova ou alternativa. Se desejamos ensinar amor, nós o fazemos estendendo o amor de dentro de nós para o mundo, percebendo que a essência do nosso ser é amor. Nós o fazemos percebendo que quando comunicamos o conteúdo do nosso coração e da nossa mente aos nossos filhos, estamos lhes ensinando que a essência do ser deles também é amor.

Os avós

Tornar-se avô ou avó é como entrar num campo inteiramente novo. De certo modo, é como entrar numa galeria de espelhos onde tudo se reflete de volta para nós a partir de perspectivas totalmente novas.

Há pouco tempo, eu (Diane) ouvi de uma amiga íntima que só depois de ter netos é que ela compreendeu o que seus próprios pais devem ter passado quando tiveram netos. Junto com a chegada das duas netinhas, minha amiga ganhou uma compaixão e apreciação mais profundas por seus próprios pais.

É muito mais difícil observar a nós mesmos objetivamente enquanto criamos nossos próprios filhos do que quando passamos algum tempo com nossos netos. A geração intermediária nos fornece uma perspectiva. Podemos ver que a paternidade/maternidade nunca é um trabalho perfeito. Cada um de nós faz o melhor que pode em cada momento.

Minha mãe, Phyllis Girard, oferece uma visão interessante sobre a experiência de ser avó. Ela diz que seu sentimento de culpa enquanto mãe acabou por se dissolver quanto viu os filhos crescidos, e depois os netos e bisnetos, e percebeu que realmente fez o melhor que podia. Em meio às tristes realidades do crescimento, ela também nos mostrou a beleza. Em meio às oportunidades para ver escassez, ela nos mostrou a abundância no modo como podemos escolher ver o mundo.

Minha mãe vive a mensagem que transmitiu aos seus netos e bisnetos — que nossa atitude com relação à vida e ao que a vida oferece é um dos nossos bens mais preciosos. Quando esta atitude envolve gratidão por todas as experiências com as quais podemos aprender, então somos a pessoa mais rica e bem-sucedida do mundo.

A capacidade de ser compreensivo

Ao pensar na palavra "responsabilidade",[1] a maioria de nós faz associações com conceitos tais como "dever" e "obrigação". Gostaríamos de sugerir um novo modo de pensar nesta palavra: uma capacidade de ser compreensivo, de ser aberto e permitir o fluxo natural da vida, sem nenhuma tentativa de bloqueá-lo.

Se queremos que nossos filhos cresçam e se tornem adultos responsáveis, solícitos e amorosos, precisamos primeiro ser compreensivos em nossos próprios pensamentos e ações. Precisamos nos interessar por nossos filhos de uma maneira que reflita a harmonia coerente entre o que pensamos, dizemos e fazemos. E, acima de tudo, precisamos ensinar apenas amor, pois é isso o que nós somos e é isso o que eles também são.

Enquanto pais, quando estamos confusos sobre o que fazer, podemos sempre escolher aquietar nossa mente por um instante e serenar. Com o poder do nosso amor, podemos buscar auxílio e orientação interiores do guia que sempre reside em nosso coração. Quando fazemos a escolha de reagir positivamente a essa voz interior e aprendemos a confiar nela, as soluções, mesmo para os maiores desafios da paternidade/maternidade, virão até nós com rapidez e clareza.

Afirmações

1. Que eu sempre me lembre de que as crianças são os mestres do amor e da paciência.
2. Que eu nunca pense que tenho o direito de ferir, de um modo ou outro, qualquer criança.
3. Que eu me lembre de amar e deixar ir meus filhos, em todos os momentos de suas vidas.
4. Que eu me lembre de demonstrar honestidade em todas as minhas atividades, como meio de ensinar honestidade aos meus filhos.
5. Amarei meus filhos incondicionalmente e não basearei meu amor no desempenho deles.
6. Já que eu sei que culpa e amor não podem coexistir, resistirei a todas as tentações de controlar meus filhos através da culpa.
7. Estou pronto a compartilhar meus erros com meus filhos, e eu estou pronto a perdoar a eles e a mim mesmo por todos os erros que nós cometemos.
8. Não alimentarei ressentimentos contra meus filhos.
9. Sempre me lembrarei de que meus filhos não são "posses" minhas.
10. Farei tudo que posso para permitir o crescimento, a auto-estima e a independência dos meus filhos.

CAPÍTULO 6

A educação — ensinamos aquilo que queremos aprender

Lembre-se sempre de que aquilo em que você acredita é o que você irá ensinar.

Educação — ensinamos aquilo que queremos aprender

Para a maioria de nós, a educação dura toda a vida. Quer sejamos pais ensinando aos filhos as lições mais rudimentares da vida; gerentes supervisionando os operários numa nova rotina de trabalho; profissionais instruindo pacientes ou clientes; um amigo ajudando outro a se preparar para o exame de motorista; voluntários trabalhando numa escola; ou mesmo quando estamos estudando sozinhos, encontramo-nos no papel de educadores. Do mesmo modo, como alunos na sala de aula, no trabalho ou em qualquer outro lugar onde haja ensino, as nossas atitudes podem contribuir para criar um ambiente onde alunos e professores sintam-se seguros e inspirados.

Se pararmos para pensar no assunto, veremos que estamos sempre nos envolvendo com situações que implicam ensinar alguém de alguma forma, pois o mundo é a nossa sala de aula e cada um de nós é tanto um professor como um aluno em quase todos os momentos que passamos acordados. Assim, os princípios mais inspiradores da educação não são apenas um problema dos professores, mas de todos nós. Um olhar atento às mais intensas experiências de ensino irá revelar modos específicos pelos quais todos nós poderemos pôr em prática os princípios da Cura das Atitudes sempre que nos defrontarmos com a oportunidade de ensinar e de aprender.

A elaboração de um novo currículo

Embora a tendência da nossa sociedade seja medir a maioria das coisas, tal como a capacidade de desempenho na leitura, na escrita e na aritmética, talvez um dos pontos mais importantes que podemos ensinar aos nossos filhos seja como comunicar-se com os outros, como amar uns aos outros, como apreciar as diferenças que existem entre nós e como apresentar-lhes a questão "Qual é o propósito da vida?"

Talvez o propósito mais elevado da vida não seja desempenhar nossas funções, mas sim aprender a ouvir, a cuidar, a ajudar e a amar os outros, e a perdoar a eles e a nós mesmos. Talvez a maior de todas as capacidades que podemos aprender no nosso processo educacional seja como viver uns com os outros pacificamente, sem lutas nem guerras.

Dra. Janice E. Laine

A dra. Janice E. Laine tem mais de trinta anos de experiência como educadora. Ela seguiu o seu próprio caminho espiritual durante todos esses anos, e sua experiência nisto pode ser uma luz orientadora para todos nós. Entre as muitas funções que ela ocupa, está a diretoria da California State School for the Neurologically Handicapped [Escola Estadual da Califórnia para os Neurologicamente Deficientes].

Eu (Jerry) fui consultor nessa escola e, tão logo entrei no prédio, senti uma atmosfera de paz e de amor incondicional realmente extraordinária. Descobri que o mesmo acontecia com os alunos e com o corpo de auxiliares. Senti uma maravilhosa sensação de harmonia e soube, de imediato, que se tratava de uma escola dedicada ao ensino do amor.

Recentemente, tivemos a oportunidade de entrevistar Janice, que hoje dá consultoria a escolas de primeiro e segundo grau sobre mudança cultural e reestruturamento escolar. Ela nos disse: "Trabalhamos muito para ensinar os professores a desenvolver novas visões e ver a si mesmos como membros de uma equipe. Isso significa que eles aprendem a ver o valor de se desapegarem do passado quando têm um relacionamento difícil com outro professor ou com um administrador. Eu acho que o nosso trabalho de consultoria é ajudar os educadores a criar ambientes tranqüilos e amorosos, não só para os alunos como também para eles mesmos."

Janice prosseguiu: "Também tentamos ajudar os professores a identificar os diálogos *sem possibilidades* — quer dizer, os diálogos que não levam a um novo futuro. Trata-se das comunicações que são agressivas e defensivas, e que nos mantêm imobilizados nos mesmos círculos viciosos. Ajudamos os professores a criar situações nas quais todos vencem e realizam suas visões. Claro que faço o possível para aplicar estes mesmos princípios à minha vida pessoal. Estou sempre lembrando a mim mesma que posso escolher a paz em vez do conflito e o amor em vez do medo. Também é útil relembrar que, quando as crianças se comportam mal, é por causa do medo. É importante não as colocarmos em categorias negativas. Não há um único dia em que o perdão não desempenhe um papel primordial na sala de aula."

O Colégio da Comunidade de Palm Beach

Há muitos exemplos de professores que levam suas próprias crenças espirituais para a sala de aula a fim de criar um ambiente de amor e zelo, onde as pessoas são encorajadas a aprender e a crescer. Há também modelos, a serem seguidos, de pessoas que estão ensinando valores espirituais de modo mais direto.

Uma das instituições educacionais onde a Cura das Atitudes tornou-se bastante popular é o Palm Beach Community College, em Lake Worth, Flórida. A Cura das Atitudes é ensinada num curso noturno por Kathleen McManus, cujos alunos têm idades variando dos dezoito aos setenta anos. A classe está aprendendo a aplicar os princípios da Cura das Atitudes em suas vidas pessoais e profissionais. Estão aprendendo como ver o mundo de modo diferente, como mudar suas percepções e como assumir a responsabilidade por suas emoções e por aquilo que vivenciam. A maior parte da ênfase fundamental está no fato de que o perdão é a chave para a felicidade. Como manual, a classe usa o *Love is Letting Go of Fear* e também fitas de áudio do mesmo livro.

Amor e cooperação

Podemos aprender sobre o poder do amor e da cooperação adotando um sistema educacional no qual os próprios professores são os modelos destas duas características. É possível que o núcleo do nosso sistema educacional torne-se algo onde as crianças aprendem a viver umas com as outras de modo cooperativo e harmonioso. Poderão todas as capacidades de desempenho que ensinamos ser realmente significativas se não ensinarmos como viver em paz, cooperando uns com os outros?

É possível criar ambientes onde as crianças podem aprender a confiar em si mesmas e acreditar que são dignas de amor não devido ao seu desempenho, mas devido àquilo que elas próprias são. Já há muitas luzes radiantes nas nossas escolas, professores que estão demonstrando estes conceitos a cada dia de suas vidas.

Os conceitos da Cura das Atitudes estão provando que são bastante práticos no ambiente educacional. A possibilidade de transformar o medo em amor está sendo demonstrada em diversas escolas. Essas escolas estão ajudando a enfatizar a importância de acabar com os bloqueios ao sentimento da unidade humana — independentemente das nossas diferenças de sexo, raça, nível econômico ou opções religiosas. Elas estão ajudando a fazer surgir um objetivo de união, em vez de um objetivo de separação.

Nas salas de aula onde se enfatiza o amor e a cooperação, a competição está sendo substituída pela cooperação e pela colaboração. Há cada vez mais espaço para a comunicação voltada para nossas semelhanças em vez de para nossas diferenças. A atenção concentra-se cada vez mais numa genuína apreciação das diferenças individuais, sem nenhuma necessidade de categorizações negativas ou desumanas.

Aplicações práticas

Tivemos a experiência altamente gratificante de conversar com professores, alunos e administradores de várias escolas em diferentes regiões. Como em qualquer outra área da vida onde pessoas com árduos desafios tentam trabalhar em estreito contato umas com as outras, os problemas de relacionamentos vêm à tona. Juntamente com aqueles que nos pediram para ajudá-los a buscar um outro modo de ver o ambiente educacional, aprendemos muito sobre os problemas de comunicação entre professores e professores, professores e diretores, diretores e superintendentes, e entre estes e conselhos de educação. Aprendemos muito enquanto trabalhávamos com professores e alunos sobre as dificuldades de relacionamento em todos os níveis de sua vida.

Muitos dos problemas que surgem parecem nascer da tendência de categorizar as pessoas — um dos hábitos que todos nós somos tentados a seguir quando buscamos um meio de simplificar o funcionamento interno de instituições complexas. Quando tem problemas de comportamento, uma criança pode logo ser rotulada de "mau menino" ou "desordeiro". Quando um pai parece estar negligenciando os filhos, surge a tentação de rotulá-lo como "nãocooperativo" e talvez descartar a criança como "um caso perdido". Isso não apenas causa muita separação na nossa sociedade, como também dificulta qualquer mudança para a pessoa que foi rotulada, mesmo quando ela quer mudar. Como disse um aluno, "É difícil, muito difícil, a gente se livrar de todos esses rótulos, porque eles existem na mente dos outros, não na nossa. Depois de um tempo, a coisa fica de um tal modo que você tem a impressão de que os outros estão fazendo de tudo para impedir que você mude. E aí você só quer mesmo é desistir".

É possível evitar os rótulos antes que eles sejam criados, assim como é possível remover os rótulos que já foram colocados. Nas escolas das regiões que visitamos, um dos princípios mais úteis era a idéia de que existe realmente um outro modo de ver os tipos de comportamento que costumam receber os rótulos negativos. Em vez de ver as crianças como más, os professores estão aprendendo a percebê-las como amedrontadas. Isso se baseia naquele conceito da Cura das Atitudes de que, na verdade, há apenas duas emoções a serem consideradas em todas as nossas comunicações: o amor e o medo — ou amamos ou tememos; e estar amedrontado significa, com efeito, estar lançando um pedido de ajuda e amor.

As pessoas sentem ou amor ou medo, e fazem um apelo de amor

As escolas descobriram que este conceito é extremamente útil. É difícil ser compassivo quando se usa rótulos negativos com as pessoas. Na verdade, usar rótulos negativos é uma forma de agressão.

Cremos que é possível treinar de novo a nossa mente para acreditarmos que há apenas duas emoções: o amor e o medo. Isso significa que todos os pensamentos que temos em nossa mente advêm do amor ou do medo. Aquilo que vemos no mundo é determinado pelas nossas crenças e pelos nossos pensamentos.

Em vez de interpretar o comportamento das pessoas e classificá-las na categoria de merecedoras do nosso amor ou da nossa raiva, podemos escolher resistir à tentação de julgá-las com base em nossas interpretações. Podemos escolher ver todas as pessoas, sejam adultos ou crianças, como cheias de amor ou como pedindo ajuda e amor.

Os professores estão descobrindo que, ao reconhecer que um certo comportamento de uma criança se origina no medo, eles podem ser compassivos e aproximar-se dela de um modo bem diferente do que faziam antes. E, é claro, a mesma idéia pode ser aplicada à comunicação com os pais.

Nosso amigo Hal Bennett, que nos ajudou na revisão deste livro, conta uma experiência que viveu no seu primeiro emprego como assistente de ensino. Essa experiência contém uma valiosa lição sobre o que podemos fazer para responder ao medo de uma criança, e talvez ajudar a curá-lo, mesmo quando ele é expresso de modo destrutivo e intolerável.

A escola se localizava num bairro pobre e violento, e muitas das crianças vinham de ambientes onde havia muito mais medo do que amor. Havia uma garotinha, chamada Trina, que particularmente sentia muito medo. Tinha dez anos de idade e, dia após dia, chegava à escola cheia de raiva. Bastava uma criança lançar-lhe um "olhar atravessado" para ela partir para a briga.

Certo dia, Trina fez sangrar o nariz do pequeno Hal, mais novo que ela. Uma das professoras veteranas, Mrs. Robbins, disse a Hal: "Cuide desse nariz sangrando que eu cuido da Trina." Enquanto Hal observava, Mrs. Robbins envolveu amorosamente as mãos de Trina nas suas e perguntou: "Você está bem?"

Mrs. Robbins olhou o rosto de Trina com amor e zelo, e o que aconteceu no instante seguinte mais parecia um milagre. A expressão de Trina suavizou-se de súbito e as lágrimas começaram a rolar por suas faces. Mais um segundo e Trina lançou os braços em volta de Mrs. Robbins e apertou-a contra si.

Ao longo das semanas e meses seguintes, o comportamento de Trina começou a mudar. Seu comportamento amedrontado começava a desaparecer. Antes subjugada por sentimentos de ataque e defesa, ela agora se tornava uma pacificadora, ajudando as outras crianças a se comunicarem de um modo mais amoroso.

Mrs. Robbins disse a Hal Bennett que sabia que a raiva de Trina era proveniente de uma dor profunda no seu coração. Uma das mais valiosas lições que essa professora aprendera durante todos os seus anos de ensino foi que o amor, e não a raiva e o medo, ajudava as crianças a se curarem e começarem a perceber um outro modo de olhar o mundo.

Não estar na defensiva é a minha segurança

Outro conceito que freqüentemente descobrimos que é útil nas escolas, e em qualquer outro lugar, é o valor de aprendermos a ser não-defensivos. Há muitas situações em que os pais vêm até a escola e, segundo todos os indícios, aparentam estar revoltados e agressivos. Quando percebemos a outra pessoa como agressora, nosso ego quer tomar as rédeas e contra-atacar; a comunicação eficaz é desperdiçada.

Mas é preciso que não sejamos limitados pelas mensagens do ego sobre o modo de responder à raiva ou à agressão. Podemos preferir mudar a nossa percepção e ver essa pessoa, como na história de Trina, como um ser amedrontado que está pedindo ajuda. Gostaríamos de repetir: podemos optar por ser compassivos, amorosos, compreensivos e úteis.

Quando decidimos ver a outra pessoa como alguém que tem medo e não como um agressor, e nos tornamos não-defensivos, nosso coração se abre abarcando essa pessoa e encontra algo que permite a nossa união com ela. Se persistimos em vê-la apenas como um agressor, iremos nos defender e contra-atacar. Isso perpetua o ciclo de separação.

O compromisso de servir aos outros

Nos dias de hoje, podemos encontrar um grande número de programas que se destinam a criar um sentimento de união e de auto-estima por meio da ajuda aos outros. Esses programas são de grande ajuda para transmitir a idéia do que sejam cooperação e colaboração; eles não comportam a competição, pois existe um objetivo conjunto e todos cumprem partes iguais.

Com o passar do tempo, talvez sejamos capazes de ver que o amor, a cooperação e a colaboração são princípios de ensino muito mais eficazes do que o medo e a competição. É quando descobrimos como somos semelhantes, ao invés de sermos diferentes; e é quando começamos a ficar mais atentos à apreciação e avaliação de todos os nossos variados níveis de realização, bem como das nossas diferenças individuais.

Na Escola Waldorf de Santa Cruz, Califórnia, tivemos a oportunidade de conhecer programas educacionais que incorporaram plenamente o serviço comunitário ao currículo educacional de todos os graus. As lições aprendidas têm muito a oferecer, a todos nós, sobre o valor de servir aos outros.

Na Waldorf, professores e alunos trabalham juntos para oferecer refeições nutritivas aos idosos. Ajudam os sem-teto a encontrar alimento e abrigo, bem como assistência médica e empregos. Pintam cercas, levam os cachorros a passear e fazem as tarefas domésticas para os idosos ou outras pessoas que não conseguem fazer essas coisas por si mesmas.

O objetivo desses programas é fazer surgir um sentido de união dentro da sala de aula e dentro da comunidade. O objetivo é prestar serviço e ajudar uns aos outros, e à comunidade em geral, de uma maneira criativa. Sentimento de amor-próprio e elevação da auto-estima são vivenciados por todos os que se envolvem com o programa.

Não há graus nem competição nesse projeto. É um projeto motivado a partir do coração, pelo amor. Quase como se fosse um valor agregado, os alunos aprendem as mais práticas aplicações para as três bases fundamentais da educação (leitura, escrita e aritmética; os "três erres" da língua inglesa: *Reading, wRiting & aRitmethics*) — calculando as quantidades de alimento, encomendando materiais, escrevendo cartas aos membros das comunidades ou instituições com as quais desejam cooperar e organizando grupos de trabalho.

Gostamos de imaginar o que aconteceria no mundo todo se as escolas começassem a implementar programas como estes, comprometendo-se a servir as comunidades à sua volta. Recentemente, implementou-se em Maryland um programa de âmbito estadual para um serviço comunitário voluntário como requisito básico para a graduação tanto nas escolas primárias como secundárias. Uma maneira maravilhosa de elevar o potencial de auto-estima e de experimentar a si mesmo como alguém que oferece ao mundo uma contribuição boa e significativa.

Crianças ensinam crianças

Há mais de vinte anos, o dr. Keith Berry, eu (Jerry) e outras pessoas fundamos o Child Center, em Kentfield, Califórnia, dedicado a ajudar as crianças com problemas de aprendizado. Eu estava particularmente interessado em me envolver nesse programa por causa das minhas próprias dificuldades de aprendizado no passado.

No Centro da Criança, descobrimos que a maioria das crianças com sérios problemas de leitura também tinham uma imagem negativa de si mesmas e baixa auto-estima, em conseqüência de repetidos fracassos num sistema educacional altamente competitivo. Ocorreu-nos que seria extremamente útil se todas as crianças com problemas de aprendizado pudessem ter uma oportunidade de ajudar outras crianças a ler. Demos início a um programa no qual alunos da terceira série ajudavam alunos da primeira série em seus estudos. Os primeiranistas gostaram de se exercitar em leitura com crianças que eram mais velhas que eles mas tinham muitas das suas próprias dificuldades. E os terceiranistas foram capazes de ver a si mesmos não como "burros" ou "inaptos", mas como seres que tinham conhecimentos e certo senso de responsabilidade que lhes permitiam dar uma contribuição positiva para a vida de outras crianças.

No Centro da Criança enfatizávamos constantemente o reforço positivo, tal como sempre buscar exemplos nos quais a criança estivesse sendo bem-sucedida ou se saindo bem, em vez de salientarmos a retroalimentação negativa de apenas apontar os aspectos nos quais ela fracassava. Era particularmente gratificante para nós ver que, à medida que a auto-estima das crianças aumentava, elas também começavam a ter cada vez mais sucesso em seus aprendizados. E também mostravam cada vez mais apreço pelas suas próprias diferenças e as dos outros.

Todas as crianças do Centro da Criança estavam aprendendo desde cedo na vida que, ao aprendermos a ajudar os outros, também aprendemos a ajudar a nós mesmos; este é o princípio da Cura das Atitudes que afirma que dar e receber são, na verdade, a mesma coisa.

Crianças ajudam crianças a lidar com o pesar

Já há muitos anos, costumamos enviar um membro do Centro de Cura das Atitudes a escolas onde tenha morrido um aluno ou professor. Muitas vezes, a morte de uma pessoa conhecida por todos na escola pode trazer à tona emoções com as quais a maioria de nós acha extremamente difícil lidar. Contudo, lidar com essas emoções pode ser de extrema importância para os jovens que, pela primeira vez na vida, perderam um colega de escola ou um amigo íntimo e talvez tenham pouca ou nenhuma experiência sobre o pesar. Certo dia, ocorreu-nos que talvez fosse mais útil aos alunos dessas escolas enviarmos, não um membro adulto do Centro, mas uma das nossas crianças que tivesse perdido um irmão ou irmã.

Este programa deu mostras de ser um sucesso. As crianças do nosso Centro falavam a mesma linguagem das crianças daquelas escolas e, além disso, falavam sobre o assunto com a autoridade de quem acabou de passar pelo processo da perda de um parente ou ente querido.

Hoje, no Centro, este é um programa permanente. Nossas crianças tornaram-se importantes professores que ajudam os alunos de muitas escolas e essa experiência continua a fortalecer o processo de cura delas mesmas. Elas se tornaram mestres para os outros, não só ajudando a lidar com as emoções que as crianças sentem em relação ao tema da morte, mas também a respeito de outros assuntos. Por exemplo, em certa escola havia um garotinho cuja perna estava para ser amputada devido ao câncer. Um menino do nosso Centro já havia passado pela mesma operação. Ele foi àquela escola e encontrou-se com as crianças. Nem temos palavras para descrever como ele foi útil àqueles alunos e a seus professores, respondendo a todas as perguntas possíveis sobre a sua operação e posterior restabelecimento.

O ensino do medo

Ao aproximar-se o final deste século, às vezes parece que os velhos sistemas e instituições estão desmoronando tão depressa que é difícil nos adaptarmos. Modos de vida que considerávamos seguros e duradouros desaparecem num instante. Continuamos a passar por importantes mudanças na nossa vida diária, desde "provocações moderadas" até o "completo e absoluto caos".

Um sistema educacional geralmente reflete a sociedade a que serve. Na nossa sociedade atual, vemos cada vez mais o uso de drogas, os estupros, o incesto, a violência emocional, física e sexual, tanto de crianças como de adultos, os assassinatos, as guerras e os conflitos entre diferentes facções da sociedade. Não podemos deixar de perguntar, "O que o mundo está ensinando às nossas crianças?" Todas as evidências parecem sugerir que o mundo está ensinando o medo, não o amor.

Os filmes e os programas de televisão geralmente estão cheios de violência e de destruição. Políticos e empresários, em número bem maior do que antes, parecem estar indo parar na cadeia por causa de suas atividades ilegais. Nossas verbas para engenhos de guerra são bilhões de dólares maiores que as quantias despendidas em educação ou esforços humanitários. Será que causa espanto que todos nós estejamos confusos a respeito dos objetivos e valores de nossa vida?

Quando você pára e pensa no assunto, causa espanto que tantos pais, professores, administradores de escolas e estudantes se sintam na defensiva, com raiva e sofrendo de uma baixa auto-estima? Estamos vivendo num meio ambiente cheio de medo. Este medo se infiltra em todos os caminhos da vida e vem à tona, com toda força, em nossos ambientes educacionais.

Apesar dos muitos desafios, alguns dos quais parecem às vezes esmagadores, a educação continua a atrair homens e mulheres na flor da idade, corajosos e dedicados, que estão convencidos de poderem dar sua contribuição.

Eles se interessam, se envolvem, sentem que suas crenças e sua determinação podem levá-los, a eles próprios e aos seus alunos, na longa jornada até o outro lado do medo.

As mudanças

Sempre que nos defrontamos com grandes mudanças na vida, fortes emoções afloram. Para alguns de nós, essas emoções incluem muito medo, a preocupação pelo fato de que deixaremos de controlar aquelas áreas da vida que antes nos pareciam familiares e seguras. Esta experiência geralmente é seguida pela depressão. Para outras pessoas, contudo, as mudanças trazem muita animação, criatividade e otimismo, ao contemplarem as águas desconhecidas que se estendem à sua frente.

A educação em si passou por muitas mudanças. Houve mudanças nos métodos de ensino das diferentes matérias. Houve mudanças nos padrões dos quadros de pessoal, nos benefícios aos professores, no número de alunos por sala de aula, e uma crescente manutenção de registros que veio somar-se ao já pesado fardo de responsabilidades dos professores.

Em muitos casos, pais, professores e administradores vêm trabalhando em conjunto para enfrentar decididamente os desafios da nossa sociedade e para orquestrar as mudanças que se tornam necessárias nas escolas. Ainda assim, a confusão e o desgaste continuam a afligir os professores, lançando uma sombra escura sobre as intenções originais que os levaram a essa profissão.

O desgaste

Descobrimos que o campo da educação é um microcosmo do macrocosmo da vida, oferecendo-nos oportunidades para explorarmos novos e criativos meios de comunicação. É muito freqüente aprendermos a pensar a educação como uma rua de mão única: o professor dá a informação, o aluno a absorve. Contudo, os Princípios da Cura das Atitudes nos ensinam que só saída sem nenhuma entrada conduz a um desgaste prematuro, não apenas para o professor como também para o aluno.

Percebemos que, nas classes onde professores e alunos sentem igual estímulo por estarem juntos dia após dia, existe a crença de que o aprendizado é uma rua de mão dupla. Há um sentimento de união, e a classe torna-se um ambiente estimulante e criativo para todos. Quando os professores entram numa sala de aula com a crença de que a contribuição dos alunos é importante para a experiência do aprendizado, os jovens se sentem valorizados e são encorajados a se desenvolver, não apenas individualmente, mas também coletivamente. A cooperação e a unidade substituem a competição e a separação.

Quando o professor entra numa sala de aula com a crença de que ele é o único que tem algo de valor a transmitir, os alunos tendem a se tornarem passivos, não contribuintes. Isso causa grande tensão no professor, baixo desempenho de aprendizado por parte dos alunos e um desgaste prematuro.

Nas salas de aula onde o professor acredita que é a única pessoa que contribui, ocorre um círculo vicioso. O professor começa o período letivo tendo em mente objetivos claros e definidos; ele só considerará que estes objetivos foram "alcançados" se os alunos forem capazes de reproduzir com exatidão as informações que lhes foram ensinadas. Quando os alunos fracassam, o professor pode sentir-se compelido a se esforçar ainda mais.

Parece que quanto mais nos esforçamos para tentar controlar aquilo que está sendo ensinado na sala de aula, mais se aprofundam os sentimentos de separação, de isolamento, de ingratidão e de desamparo. Quando isso ocorre, o aprendizado se torna mínimo, e os problemas de disciplina ficam cada vez maiores. É difícil reverter esse padrão, porque o professor ainda acredita que a solução está em fazer os alunos "reproduzirem" exatamente aquilo que os livros ou os instrutores afirmam que eles deveriam aprender.

Nesse tipo de sala de aula malograda, o professor geralmente começa a se sentir enraivecido, embora seu ego talvez mantenha isso escondido de sua mente consciente. Seu ego começa a lhe dizer que a razão para o seu fracasso é a recusa dos alunos em cooperar. Os alunos tornam-se adversários do professor, ou mesmo seus "inimigos" declarados, pois parecem ser o motivo pelo qual o professor não alcança seus objetivos.

E, então, qual é a solução quando isso acontece? O professor não deveria se esforçar tanto? O professor ou professora deveria renunciar a seus objetivos acadêmicos para os alunos? O professor deveria baixar de nível? Não. Na realidade, o oposto é que é verdade. O melhor meio de explicar este ponto é dando um exemplo. Esta história sobre Alison e Marilyn pode ser útil.

Alison e Marilyn

Alison e Marilyn começaram a dar aulas na mesma escola quase ao mesmo tempo, cerca de dez anos antes de ouvirmos falar delas. Suas narrativas têm muito a nos ensinar sobre o modo como as atitudes podem contribuir seja para o desgaste seja para o incessante amor e estímulo pela carreira escolhida. Alison e Marilyn eram igualmente dedicadas, talentosas e experientes. Quando começaram, sentiam o mesmo entusiasmo pela profissão. No entanto, uma década mais tarde, Alison ainda se sente estimulada pelo ensino e explora ativamente novos currículos e novos meios de ensinar. Marilyn, por sua vez, simplesmente desistiu, sentindo-se deprimida, ressentida e dolorosamente desgastada.

O que é, pois, que faz a diferença? Eis duas pessoas que começaram suas carreiras em caminhos paralelos e, no entanto, seus destinos finais mostraram que eram bem diferentes. Claro está que a sobrecarga diária de política escolar e burocracia administrativa cobra o seu preço. Mas as duas foram obrigadas a enfrentar essas dificuldades. Como foi que Alison não só sobreviveu mas ainda continua a ter uma experiência positiva e gratificante, enquanto sua colega se desgastou e abandonou tudo?

Não eram os acontecimentos do mundo exterior que fizeram a diferença para essas duas jovens professoras; era o que acontecia dentro delas. Suas atitudes e seus objetivos diferiam muito e foi isso que fez toda a diferença.

Marilyn, que acabou por se desgastar, tinha em mente uma imagem bem clara e detalhada do que deveria ocorrer na sala de aula para que ela se realizasse como professora. Sua idéia era que os alunos deveriam respeitá-la e amá-la, assim como ela respeitara e amara seus professores quando criança. Queria que seus alunos absorvessem todas as informações que ela lhes transmitia e as reproduzissem em ensaios e provas, exatamente como ela imaginava. Tinha um plano semelhante para a administração e seus colegas de trabalho. Quando algum desses ideais não era atingido pelos alunos ou pelos colegas, Marilyn, consciente e subconscientemente, começava a procurar alguém ou alguma coisa para culpar: os alunos, os administradores, os outros professores, os pais, a sociedade ou ela própria.

Alison, no entanto, tinha uma série bem diferente de objetivos em seu trabalho. Sua meta sempre era possível de ser alcançada, pois nunca deixava de estar na área sob o seu controle. Ela optou por fazer de sua própria paz de espírito o seu único objetivo. Todos os outros esforços eram expressões de suas intenções, que às vezes funcionavam e às vezes não. Ela parecia ter uma energia ilimitada para apenas estar presente junto aos alunos e sentir-se unida a eles; algo bem diferente do papel de adversário. Já que não se apegava a resultados imediatos, ela raramente drenava sua própria energia.

Alison aprendera um importante princípio da Cura das Atitudes. Aprendeu que podemos escolher não basear nossa felicidade no desempenho de uma outra pessoa. Isso não deve ser confundido com desinteresse. Pelo contrário, Alison escolheu não sacrificar sua energia pelos alunos, colegas, pais ou administradores da escola em que lecionava. Ao não adotar a posição de que professor e alunos são "inimigos" mútuos, ela era capaz de motivar, orientar e educar seus alunos, ao mesmo tempo que aceitava as escolhas que eles faziam para si mesmos. Ao aceitar as escolhas individuais dos alunos, na verdade, Alison estava "ensinando aquilo que queria aprender" — no caso, amor incondicional, a capacidade de apoiar e de amar os outros sem impor condições que eles devem cumprir. Por certo que Alison estabelecia diretrizes para seus alunos, mas não ameaçava deixar de dar-lhes amor ou atenção se eles não as cumprissem.

Alison descobriu que podia aprender e praticar o amor incondicional na sala de aula, de um modo que seria benéfico para todos. Ter amor incondicional pelos alunos não queria dizer dar apoio à insanidade deles. Queria dizer, isso sim, que ela deixou de julgar e criticar os outros. Isso feito, ela se recolhia, buscando conselho interior e perguntando o que deveria pensar, dizer e fazer em cada nova situação. Com muita freqüência, surgiam diretrizes claras e definitivas. Eram respostas novas e criativas que vinham de um espaço interior de amor incondicional, sem o atropelo de quaisquer sentimentos negativos de raiva, desapontamento ou roteiros predeterminados que ela tivesse escrito para os outros.

Uma única meta

À medida que mudamos o foco da nossa vida, escolhendo a paz mental como nossa única meta, somos capazes de abandonar nosso eventuais objetivos inatingíveis de mudar os outros ou "o mundo lá fora". A lição que aprendemos ao ensinar, como em todos os relacionamentos da vida, é a de que o máximo que podemos fazer com a nossa vontade de mudar os outros é manipulá-los para agirem conforme nossos desejos durante certo tempo. A verdadeira mudança, em última análise, vem da inspiração e do amor, nunca da pressão ou do medo.

É muito fácil para um professor sentir-se desencorajado ao perceber que tem tratado um aluno com amor e zelo e, no entanto, esse aluno continua a manifestar sérias dificuldades de comportamento. É importante lembrar que o cerne do amor é a paciência. Diversos professores nos relataram que, depois de muitos anos, seus alunos mais difíceis os visitaram para dizer que "o senhor foi o professor que fez a diferença para mim". Na época escolar, por certo que o comportamento daqueles alunos nunca daria a entender tal atitude.

À medida que aprendemos a amar, a dedicar nosso talento a nós mesmos sem apego aos nossos julgamentos e pensamentos negativos, descobrimos que temos inspiração e energia ilimitadas, que estamos plenamente capacitados a criar e agir no mundo. Vemo-nos dando e recebendo de um modo que é estimulante para todos os envolvidos — aluno, professor, e estendendo-se para abranger o círculo dos pais, dos outros professores, dos administradores e a comunidade em geral. Ao aprender a compartilhar o nosso ser com os outros, começaremos a vivenciar o papel de professor e de aluno em constante intercâmbio e transformação, pois estaremos ensinando aquilo que queremos aprender.

Afirmações

1. Escolho lembrar-me de que ensino aquilo que quero aprender.
2. As pessoas que encontro todos os dias, ou estão plenas de amor ou cheias de medo, e fazem um apelo de amor.
3. Todos somos igualmente professores e alunos uns dos outros.
4. Aquilo que eu vejo, ensino e aprendo neste mundo é determinado pelas minhas crenças e pensamentos.
5. Posso escolher entre ensinar o amor ou ensinar o medo.

CAPÍTULO 7

As atitudes corporais

O corpo é ameaçado pela mente que fere a si mesma.

O corpo

Hoje em dia, um número cada vez maior de pessoas desfruta os inúmeros benefícios de ter um sentido de harmonia entre a mente, o corpo e o espírito. Tornou-se amplamente aceita a percepção de que nossas atitudes em relação a nós mesmos têm algo que ver com o modo como tratamos nosso corpo. Estamos vendo, sem a menor sombra de dúvida, que nossos pensamentos e crenças sobre quem somos e o que somos afetam o nosso corpo.

Corpo *versus* espírito

Não é muito freqüente perguntarmos: "O que é o corpo?" E, no entanto, grande parte dos nossos pensamentos e comportamentos dependem do modo como respondemos a essa pergunta. Existem pessoas que responderiam que o corpo é apenas uma bolha de protoplasma, uma forma em contínua mudança até finalmente desaparecer. Outras diriam que o corpo nada mais é que a morada temporária do nosso ser espiritual, o qual continua a existir para todo o sempre.

A pergunta mais importante é: "Como queremos interpretar o corpo?" Resolvemos interpretar o corpo e o mundo apenas através de seus olhos ou através dos olhos do espírito? Vemos a ilusão de separação quando nos agarramos à crença de que o corpo é tudo o que existe e que, quando ele morre, chega-se ao fim da linha.

Quando acreditamos que somos seres espirituais, podemos então considerar o corpo como um veículo temporário para realizar a união, através da expansão do amor. Quando olhamos o mundo através da visão espiritual, sabemos que existe uma duradoura união de corpo, mente, espírito e amor.

Quando visitam um museu e admiram os quadros, algumas pessoas talvez se concentrem mais nas molduras do que nas próprias pinturas. Do mesmo modo, na vida, muitos de nós se concentram na moldura — o corpo — em vez de se concentrarem no quadro: o amor e o espírito que estão dentro do corpo, mas não se limitam a ele. O modo como vivemos nossa vida depende de focalizarmos a moldura ou o quadro dentro da moldura.

Como nos relacionamos com o nosso corpo

Os relacionamentos que temos com o nosso corpo são reflexos diretos do modo como respondemos a perguntas tais como: "Qual é o propósito do meu corpo?" "Como eu vejo meu corpo e para que ele deve ser usado?" "Quem está no comando?", "Eu sou o meu corpo e o meu corpo é eu... ou eu sou muito mais do que apenas o meu corpo?" e "É a minha mente que controla o meu corpo, ou vice-versa?"

É muito freqüente cairmos no erro de acreditar que a nossa mente está no nosso corpo e que o nosso corpo nos controla. Encontramo-nos muitas vezes num estado de confusão, pensando, "O meu corpo está fazendo isto" ou "O corpo daquela pessoa está fazendo aquilo". Portanto, vemos o corpo como um veículo para a agressão e a separação, em vez de vê-lo como um veículo para o amor e a união. Do mesmo modo, sempre que equiparamos a nós mesmos ou aos outros com o corpo, acabamos nos sentindo deprimidos porque achamos muito difícil controlar as outras pessoas e seus corpos.

O corpo como um ídolo positivo ou negativo

Nossa mente geralmente está em conflito, acreditando que nossa paz interior sempre é determinada pelo estado do corpo. Estamos em um estado de confusão, acreditando que o nosso corpo é realmente capaz de tomar decisões e nos dizer como nos sentimos. Não queremos acreditar que, na verdade, nossa mente controla o nosso corpo e nos dá todos os comandos conscientes e inconscientes.

Podemos imaginar o nosso corpo como um ídolo negativo — algo que odiamos — ou como um ídolo positivo — algo sobre o qual nos fixamos e adoramos. Qualquer que seja o modo, estaremos usando o nosso corpo para nos fazer sentir isolados, abandonados e vulneráveis ao ataque de outros corpos.

À medida que nos desapegamos do falso sentimento de identidade que associamos à forma física, nosso corpo torna-se nosso amigo. Eu (Diane) lembro vividamente uma viagem recente que fizemos ao Havaí, depois de muito tempo longe da luz solar.

Certa tarde, eu caminhava pela praia da costa de Maui e comecei a observar outros banhistas à minha volta. Se você quiser se sentir confuso sobre a sua própria realidade, basta visitar uma praia havaiana onde o desenvolvimento do corpo foi elevado a uma forma de arte. Nesse dia, caminhando pela areia, comecei distraidamente a elaborar uma longa lista de todos os inacreditáveis atributos físicos exibidos pelas outras mulheres que eu via. Observei tudo, desde as coxas esbeltas, os quadris estreitos, a barriga lisa, as nádegas firmes, até a pele macia e lindamente bronzeada. Ao mesmo tempo, comecei a listar todos os meus defeitos e a perceber que eu simplesmente não estava à altura.

O que começara como um passeio agradável e tranqüilo transformou-se num vulcão de depressão e corri em busca do meu amplo parcô para ocultar minhas imperfeições. Minha auto-imagem foi aniquilada enquanto minha mente focalizava apenas o meu corpo, limitando minha identidade ao meu corpo envelhecido, flácido e com excesso de peso.

Ainda aborrecida comigo mesma, comecei também a me sentir fascinada pelos truques que minha mente dividida era capaz de me pregar. No mesmo instante em que agredia meu corpo com a lista de seus defeitos óbvios, eu também estava transformando em meus inimigos todas as pessoas com um corpo bonito, reduzindo-as a corpos e nada mais.

Que lição aprendi esse dia! Ao reconhecer minha insanidade, fiz uma escolha muito consciente para começar a "me recuperar" com amor. Dei outra caminhada pela praia e, a cada passo, eu concentrava minha mente numa região diferente do meu corpo, envolvendo-a em luz enquanto a reintegrava em um espaço de amor em meu coração e em minha mente.

Nesse dia, ao caminhar pela praia, também envolvi com amor todas as pessoas que via, lembrando a mim mesma que não somos apenas o nosso corpo e que as comparações são nocivas e fazem nossa alma adoecer. Dessa vez, caminhando pela areia quente, comecei a me sentir mais e mais em paz, mais e mais unida a todos e a tudo o que me rodeava. Este foi um dos mais liberadores, eficazes e duradouros exercícios que já experimentei.

Nossos pensamentos de culpa podem agredir o nosso corpo

Negligenciar o corpo, deixar de nutri-lo com exercícios diários, alimentos saudáveis, repouso e relaxamento, geralmente ocorre porque temos pensamentos negativos a respeito de nós mesmos. Esses pensamentos negativos geralmente envolvem culpa e censura. Há momentos em que, por causa da nossa culpa, acabamos realmente nos aprisionando dentro do nosso corpo. Agarrar-se à culpa pode nos fazer sentir que precisamos nos punir a nós mesmos. Em geral, nós o fazemos sem pensar, agredindo a nós mesmos como se nosso corpo tivesse se tornado um inimigo, o que irá resultar em dor e doença.

Todos temos em nossa mente imagens mentais de nós mesmos. Às vezes, são imagens positivas, mas, muitas vezes, são negativas. Quando essas imagens mentais são negativas, emolduradas por pensamentos implacáveis, tanto o corpo como a mente sofrem. Um dos efeitos que vemos com mais freqüência quando estas imagens negativas se mantêm por um longo período de tempo é a dor nas costas.

Os problemas das costas

Durante muitos anos antes de nos conhecermos, cada um de nós carregou pesados fardos de culpa e depressão, resultando em problemas nas costas, que às vezes nos forçavam a ficar completamente inativos por vários dias seguidos. O que aprendemos sobre nós mesmos foi que, sempre que sentíamos dores nas costas, era porque, consciente ou inconscientemente, estávamos fazendo julgamentos negativos sobre nós mesmos ou sobre as outras pessoas. As costas e o pescoço são os nossos "elos fracos", dando-nos um sinal para prestarmos mais atenção àquilo que estamos pensando e sentindo.

Depois que aprendemos isso, começamos a prestar atenção nas nossas dores desde o início. À primeira "pontada" de qualquer dor, paramos nossas atividades, sentamos num lugar tranqüilo e nos aquietamos. E então começamos a examinar quaisquer pensamentos agressivos que possamos estar tendo, seja contra nós mesmos ou contra as outras pessoas. E descobrimos que, em geral, conseguimos identificar e depois vivenciar a raiva que estamos sentindo por uma pessoa ou uma situação. E então nos pomos a trabalhar, imbuídos de uma vontade de perdoar aquela pessoa e a nós mesmos. Nem sempre funciona, mas o que realmente nos impressiona é a rapidez e a freqüência com que a dor desaparece, juntamente com o tumulto interior que estávamos sentindo.

A dor no pescoço

"Dor no pescoço" não é apenas uma dor comum a todos nós; é também uma expressão bastante comum (em língua inglesa) ligada a tensão, a atrito e a raiva reprimida. Talvez uma das razões para que ela seja tão comum é que muitos de nós alimentamos em nossa mente, ao longo do dia, pensamentos negativos e de julgamento sobre os outros. Sentimo-nos culpados por esses pensamentos hostis e implacáveis, mesmo se nossa culpa estiver apenas no subconsciente.

A autopunição que nasce dessa culpa pode terminar sob a forma de uma real dor no pescoço. Contudo, no nosso estado mental inconsciente, parece que a outra pessoa é que é a verdadeira "dor no pescoço".

Acreditamos que a dor é o resultado de coisas que acontecem exteriormente a nós e, ao optar por acreditar nessa visão da vida, permanecemos na posição de vítimas, incapazes de fazer qualquer coisa para mudar a nossa vida. A raiva, a censura e os pensamentos implacáveis que guardamos na mente e no corpo irão, em última análise, causar dor apenas em nós mesmos.

Há alguns anos, fazíamos um seminário na Austrália. Uma mãe operária levantou a mão e pediu-nos ajuda para a intensa dor na nuca que sentia já há umas três semanas. A lição que ela ensinou a todos nós foi que qualquer pessoa com dores crônicas pode ser capaz de descobrir a fonte de maior bem-estar.

Mesmo através do salão, podíamos ver que ela estava tensa e desconfortável. Perguntamos a ela se estava disposta a explorar o que aconteceu em sua vida quando sentiu aquela dor pela primeira vez. De início, ela não conseguiu lembrar. Depois, de súbito, disse: "Ah, sim, agora eu me lembro." E contou-nos esta história:

"Minha filha adolescente estava me causando problemas. Ela ficou na rua até tarde e eu a pus de castigo. Ela gritou comigo, mal-humorada, relutante. Perdi a paciência e lhe disse que ela, quando estava naquela situação, era realmente uma 'dor no pescoço'."

E continuou no mesmo ritmo, apresentando uma longa lista de outras dificuldades que tinha no relacionamento com a filha. Deixamos que ela falasse e, então, com muita delicadeza, lhe perguntamos: "A senhora ouviu a si mesma dizendo à sua filha que ela às vezes era uma 'dor no pescoço'?"

Ela respondeu depressa: "Não, eu não me ouvi dizendo isso." E parou por um instante, pensou, e então acrescentou: "Ai, meu Deus! Foi exatamente isso o que eu disse!"

Enquanto essa mãe compartilhava sua história com o grupo, outros participantes do seminário se manifestaram, oferecendo-lhe apoio e amor. Uma pessoa garantiu-lhe que era normal ter sentimentos de frustração a respeito dos filhos adolescentes. Outra declarou que não era pecado pensar ocasionalmente que os filhos são uma "dor no pescoço" ou qualquer outra dor. Enquanto observávamos, a tensão pareceu desaparecer do rosto daquela mulher.

No fim do dia, ela se aproximou de nós sorrindo. A dor em seu pescoço desaparecera quando ela deixou passar os profundos sentimentos de culpa que reprimira dentro de si mesma por ter sentido raiva da filha. O mais surpreendente é que a raiva se dissipou junto com a culpa, e ela de súbito estava aberta para explorar outras maneiras de ver a situação.

O corpo e a mídia

Muitos de nós deixamos que a mídia nos influencie demasiadamente, fazendo daquilo que ela considera "aceitável" ou "bonito" os padrões de julgamento de nós mesmos e dos outros. Quando aceitamos os padrões de julgamento deles, estamos literalmente jogando fora o nosso poder e medindo o mundo todo por aquilo que vemos, ouvimos ou lemos nos jornais, nas revistas, no rádio e na televisão.

O resultado é que acabamos por nos sentir infelizes a respeito de nós mesmos e de todas as outras pessoas da nossa vida. Medidos pelos padrões da mídia, somos gordos demais, magros demais, baixos demais ou altos demais. Existem partes do nosso corpo de que não gostamos e, se insistimos naquilo de que não gostamos, essas partes se tornam nossos inimigos. Existem muitos e muitos de nós que acabam por odiar o tamanho ou a forma do próprio nariz, dos dentes, da boca, das orelhas, dos olhos, dos seios, dos órgãos genitais, das nádegas, das coxas, etc.

Quando adotamos os padrões físicos criados pela mídia, caímos na armadilha de nunca estar completamente satisfeitos com a aparência do nosso corpo. Acabamos por estar sempre tentando nos parecer com alguém ou mesmo com um ideal sobre-humano que criamos na nossa mente a partir de toda uma coleção de padrões da mídia. Ao criar esses ídolos na nossa mente, estamos literalmente nos preparando para sentir a separação e o medo, vendo tanto o nosso corpo quanto o mundo exterior como nossos inimigos.

Queremos que o nosso corpo seja diferente

Quando adolescente, eu (Jerry) era o protótipo do magricela da praia que queria ter um corpo de Mr. América (o halterofilista em moda, no meu tempo, era o Charles Atlas). Numa outra época da minha vida, tenho até vergonha de confessar, eu queria me parecer com o John Wayne. Eu estava convencido de que meus músculos eram pouco desenvolvidos, meu nariz muito grande e... os dedos do pé muito feios. Eu realmente não gostava nem um pouco do meu corpo, e estas idéias espelhavam o que eu pensava da minha personalidade. Cresci pensando em mim mesmo como um patinho feio, por dentro e por fora. Eu acreditava que o único modo de poder amar o meu corpo era me transformar, da noite para o dia, num John Wayne ou num Charles Atlas. A lição oferecida pela minha história é que não é o nosso corpo, e sim as nossas atitudes que precisam mudar se quisermos experimentar o amor.

Infelizmente, as idéias que eu tinha do meu aspecto físico não se evaporaram quando eu passei da adolescência para a idade adulta. Na verdade, vivi muito tempo como um alcoólatra inveterado; durante esses anos todos, tentei destruir meu corpo e quase consegui me matar. As imagens negativas que temos de nós mesmos se aprofundam e nos afetam imensamente, até curarmos o nosso relacionamento com nós mesmos.

Para ser totalmente honesto comigo mesmo e com você, devo admitir que foi apenas a partir de 1975, quando eu já estava num caminho espiritual, que comecei a aceitar o meu corpo e a deixá-lo ser meu amigo em vez de meu inimigo. E como esta nova maneira de ver o mundo fez diferença na minha vida! Percebo que de modo algum estou sozinho na minha história e que muitas das pessoas que estão lendo este livro podem identificar-se plenamente com o que estou dizendo.

Gregg Johnson

Queríamos pesquisar o ponto de vista de alguém ligado à área da saúde quanto ao modo de se criar um relacionamento saudável com o nosso corpo. Conversamos com Gregg Johnson, um talentoso fisioterapeuta que tem consultório em Kentfield, Califórnia. Fomos entrevistá-lo na Marin Back and Spine Clinic, onde Gregg e sua talentosa e atenciosa equipe continuamente demonstram princípios bastante parecidos aos que descobrimos na Cura das Atitudes, só que aplicados ao corpo físico.

Gregg notou que as pessoas, à medida que iam ficando mais conscientes do relacionamento entre a aptidão física e a saúde em geral, assumiam uma responsabilidade cada vez maior com seu próprio bem-estar. Começavam a prestar mais atenção à dieta e eliminavam a nicotina, o álcool e o consumo de drogas.

Quando procuram Gregg em busca de alívio para a dor ou para ampliar movimentos limitados de seu corpo, as pessoas geralmente são capazes de refletir como esses problemas estão ligados às suas emoções e às idéias que alimentam em relação a si mesmas. Gregg acredita firmemente que um dos aspectos mais importantes do processo de cura que ele oferece é ajudar os pacientes a acreditar em si mesmos e a acreditar que nada é impossível.

Gregg tem uma forte crença na existência de um Poder Supremo e sente que não é possível separar os aspectos físico e espiritual da cura. Embora não tente influenciar as crenças espirituais de seus pacientes, ele reza pedindo orientação para poder servir à vontade de Deus no seu trabalho com os pacientes.

Ele nos disse que faz o possível para ver a essência do amor em todas as pessoas que encontra. Por meio da honestidade e da integridade e estabelecendo um relacionamento cuidadoso e amoroso, ele demonstra harmonia em sua própria vida e a irradia para o mundo.

Em sua própria vida, Gregg tem o cuidado de alimentar e cuidar de seu corpo de todos os modos possíveis. Além de observar sua dieta e os níveis de tensão, ele vai e volta do trabalho de bicicleta, uma distância de quase vinte quilômetros. O que o motiva é a sua crença de que o corpo é o templo do espírito.

O primeiro princípio da Cura das Atitudes é: "A essência do nosso ser é o amor." Isto significa que nossa verdadeira identidade é a identidade espiritual e que aquilo que somos é amor. É a crença de que não estamos limitados ao corpo físico e que nossa verdadeira identidade, sendo amor, não tem forma e é atemporal.

Quando aceitamos que nossa verdadeira identidade é a espiritual, podemos então reconhecer que estamos todos ligados entre nós, que somos, todos nós, expressões da Mente Universal, à qual todos nos reuniremos. Esta é uma realidade onde não existe separação, mas apenas união.

Dentro desse sistema de crenças, o corpo físico é visto como um veículo para ajudar, cuidar e prestar serviço uns aos outros. Na entrevista com Gregg Johnson, ficou claro para nós que ele está em íntimo contato com a sua identidade espiritual. Talvez ele tenha uma clínica tão bem-sucedida porque dá o melhor de si para proporcionar equilíbrio de corpo, mente e espírito, não só na sua própria vida como na vida das pessoas que o procuram.

Quando a fadiga é um estado mental

A maioria de nós sabe o que significa sentir-se sobrecarregado de trabalho, exausto e irritadiço no fim do dia, como um cansado amontoado de protoplasma. Alguns de nós também já experimentaram o que é sentir-se tão tenso e exausto que mal se pode esperar para chegar em casa e atirar-se na cama; a gente sabe, com absoluta certeza, que só tem energia suficiente para se enfiar entre as cobertas e desmaiar.

E então, quando se chega em casa, o telefone toca. Atendemos. Ouvimos a voz cordial de um grande amigo que vai passar a noite na nossa cidade. De repente, esquecemos o dia longo e cansativo que acabamos de viver e nos sentimos cheios de energia, loucos de vontade de sair com esse amigo.

O que aconteceu? O que provocou esta transição da exaustão absoluta para a feliz expectativa de passar algumas horas com o amigo? Nesses poucos minutos ao telefone, nosso corpo não mudou. O que mudou foi a nossa atitude. Desenvolvemos um novo foco, transferindo totalmente a nossa atenção para longe do nosso corpo e das atividades do dia. Em vez de nos preocuparmos com as horas que acabamos de passar num trabalho exigente e exaustivo, cheio de frustração e de negatividade, estamos agora nos concentrando nas horas que iremos compartilhar com um amigo, o que será divertido.

Enquanto tomamos uma ducha e nos vestimos, descobrimos que ganhamos um novo alento. Toda a nossa fadiga desapareceu, quase que por um passe de mágica. Este novo alento, na verdade, surgiu em função de uma mudança na atitude, revigorando nossa mente e depois, numa segunda etapa, filtrando-se para o nosso corpo e também o revigorando.

O poder da mente é ilimitado. Esse poder está manifesto na percepção de que, quando mudamos nossa mente, iremos mudar nossa vida. Este poder está sempre ao nosso alcance, quando aprendemos a disciplinar nossa mente fazendo escolhas bastante conscientes quanto ao que pensamos, dizemos e realizamos.

Abordagens alternativas

Em nosso passado de viciado no trabalho,* nem sempre éramos bons e parecíamos pôr a nós mesmos no fim da lista. Ao longo dos anos, nós dois descobrimos que, quando não tomamos conta de nós mesmos, nossa energia mental, física e espiritual parece diminuir.

Costumávamos acordar todas as manhãs com uma lista de tarefas diárias que nunca tínhamos como cumprir. A cada dia, pulávamos da cama e nos envolvíamos numa rotina de atividades e compromissos infindáveis, exaurindo a nós mesmos enquanto tentávamos completar a longa lista de coisas que acreditávamos ser obrigados a fazer. Ficávamos tão envolvidos com a agitação febril do dia-a-dia que parecia que não dispúnhamos de um só momento para dar uma caminhada ou para fazer qualquer espécie de exercício físico regular.

Em resposta ao nosso pedido de conselhos sobre como poderíamos assumir a responsabilidade pela nossa alimentação, um querido amigo contou-nos certa vez uma história que nos ajudou a pegar a trilha correta.

Ele disse: "Pense na navalha com que você se barbeia diariamente. Você vai se barbeando dia após dia e tudo corre muito bem. Depois de algum tempo, no entanto, a navalha começa a perder o fio. A lâmina fica cada vez mais cega. Vai deixando de cumprir sua função e, na verdade, começa a cortar a pele do seu queixo, até finalmente tornar-se incapaz de realizar o trabalho ao qual se destinava. Se você pretende que a navalha cumpra seu papel sem causar danos, você precisa dedicar alguns minutos para cuidar dela e mantê-la sempre afiada."

Ele disse para pensarmos em nós mesmos como se fôssemos essa navalha. Vamos em frente muito bem durante algum tempo, mas então começamos a "perder o fio", cada vez mais, devido à fadiga e à falta de alimentação adequada. Nós nos esquecemos dessa manutenção diária que nos mantém em boa forma, e nos tornamos menos eficientes e cada vez mais infelizes. Parar e dedicar um instante a nós mesmos, é não só uma boa idéia, como também absolutamente obrigatório, se esperamos continuar o nosso trabalho no mundo.

Sempre que nos sentirmos tentados a criar uma agenda abarrotada de compromissos, devemos pensar nesses conselhos. Assim, deixaremos de nos sentir culpados com relação a parar tudo e dedicar um instante para cuidar de

* Em inglês, *workaholics.* (N.T.)

nós mesmos e dos outros, pois agora sabemos que fazemos isso, não só por nós mesmos, mas também por todas as pessoas que encontramos na vida.

Um caminho que funciona para nós

Pensamos que poderia ser útil compartilhar com você algumas das coisas que pessoalmente descobrimos que são úteis para trazer um equilíbrio de corpo, mente e espírito. Não estamos necessariamente recomendando esse método, mas talvez você venha a descobrir que quer integrar aos seus planos alguma das coisas que fazemos.

Acordamos às cinco da manhã nos dias da semana, pois achamos que as primeiras horas do dia são repletas de suavidade e de paz, um momento perfeito para saudar o novo dia e entrar em contato com o nosso espírito.

Quando paramos e pensamos sobre a nossa própria vida, não há dúvida na nossa mente de que a coisa mais importante de todas é o nosso relacionamento com o Poder que nos criou. Este relacionamento vem antes de qualquer outra coisa ou pessoa, e é uma parte integrante do relacionamento que nós (Diane e Jerry) mantemos enquanto casal. Antes de sairmos da cama, recitamos uma breve prece de *Um Curso de Milagres* que nos faz lembrar de quem e o que somos, e nos ajuda a estabelecer nossa meta única para o dia. A prece é a seguinte:

> Eu não sou um corpo; eu sou livre,
> Pois ainda sou como Deus me criou.
> Almejo a paz de Deus.
> A paz de Deus é tudo o que almejo,
> A meta de toda a minha vida na Terra.
> O fim que busco,
> O meu propósito, a minha função e a minha vida
> Enquanto moro num lugar que não é a minha casa.[1]

Vivenciar esta prece a cada manhã é como fixar o leme do nosso barco a fim de ver com clareza cristalina o curso que seguiremos e o nosso objetivo para o dia. Com a paz mental como único objetivo, não experimentamos metas conflitantes que poderiam trazer confusão à nossa vida. Quando a paz mental é o nosso único objetivo, começamos a ver as coisas que queremos realizar sob uma perspectiva diferente. Reconhecemos nossos desejos como intenções;

nos concentramos neles, e eles recebem a nossa atenção, mas não nos apegamos aos resultados finais.

Depois desta breve prece, fazemos alguns exercícios de alongamento e nos reunimos às seis horas. Lemos uma passagem de *Um Curso de Milagres* e depois meditamos por vinte minutos. Em seguida, fazemos uma enérgica caminhada de quarenta minutos, meditando em silêncio.

Temos a sorte de morar numa região onde estamos rodeados por belas árvores, de bosque e vida selvagem. Assim, quando estamos em casa, nossas manhãs são particularmente proveitosas. No entanto, viajamos grande parte do tempo, e nossas viagens nos levam aos hotéis das grandes cidades. Mesmo na cidade, descobrimos que nossas caminhadas de manhã cedo nos alimentam e ajudam-nos a manter a conexão com a nossa identidade espiritual.

Fazemos um desjejum leve, que consiste principalmente de frutas. Depois desligamos o telefone e escrevemos das oito até às treze horas. Quando estamos em casa, passamos algum tempo no Centro e também conversamos com pessoas que estão em crise ou participamos de várias reuniões sobre os mais diversos assuntos.

No fim da tarde, damos uma rápida caminhada, andamos de bicicleta ou jogamos tênis. À noite, mais uma vez reservamos algum tempo para aquietar a mente e meditar.

Estamos descobrindo que esse método de dedicar algum tempo ao cuidado de nós mesmos nos faz sentir muito mais energia, paciência e amor em todos os nossos relacionamentos. Finalmente, incluímos a nós mesmos entre as pessoas com quem queremos ser corteses e amáveis.

Quando estamos viajando, tentamos comer apenas alimentos saudáveis, basicamente saladas, sopas, frutas e nozes. Concentramo-nos em criar um momento, nesses dias geralmente longos, movimentados e exigentes, para aquietar a mente a fim de receber uma renovação espiritual e para tratar o corpo com exercícios físicos leves.

Uma vez que descobrimos o valor de mudar nossas prioridades do modo acima descrito, descobrimos que não é nada difícil cumprir a nossa nova agenda de compromissos. Começamos anotando por escrito nossas atividades na agenda; por exemplo, escrevemos "Dar uma caminhada" no espaço reservado para as cinco horas da manhã, todos os dias. Uma vez que este compromisso foi registrado por escrito, vamos honrar plenamente o cuidado com nós mesmos como a prioridade para aquela hora do dia, e fazemos o máximo possível para não deixar que nada interfira.

Descobrimos que a nossa nova rotina traz muita alegria para a nossa vida. A disciplina, na verdade, aumentou a nossa liberdade. Ela nos lembra para não nos levarmos demasiado a sério à medida que trilhamos com mais leveza a jornada que esta vida representa.

Corpo, mente e espírito

Nos dias de hoje, parece que há grandes evidências de que as pessoas querem se concentrar não só no corpo, mas também no modo de encontrar um senso de equilíbrio na vida. Tendo deixado para trás os dias do "Eu primeiro", "Eu quero tudo" e "As coisas têm que ser do jeito que eu quero", as pessoas em toda parte estão descobrindo que, para serem de real eficácia no mundo, precisam cuidar de alguns aspectos do corpo, da mente e do espírito, dia após dia.

Quando começamos a aceitar a nossa verdadeira identidade como espiritual, segue-se que não estamos mais limitados ao nosso ser físico. O corpo torna-se um veículo para a expressão da nossa essência espiritual. Deixamos de fazer do corpo um ídolo, embora o respeitemos, amemos e honremos de uma maneira que nos ajuda a manter em harmonia todos os aspectos do nosso ser.

Afirmações

1. Verei meu corpo como um amigo e não como um inimigo.
2. Lembrar-me-ei de que a minha mente controla o meu corpo, e não o oposto.
3. Escolho não agredir meu corpo com quaisquer pensamentos de condenação com relação a mim mesmo ou aos outros.
4. Eu me lembrarei de que a essência do meu ser é o espírito e de que a minha vida não se limita à realidade do meu corpo.
5. Hoje, eu me concentrarei no amor que dou aos outros, e não no que penso a respeito do corpo deles.
6. Hoje, me esforçarei ao máximo para amar o meu corpo assim como ele é.
7. Hoje eu serei mais aberto aos meios de trazer mais harmonia entre a minha mente, o meu espírito e o meu corpo.

CAPÍTULO 8

Atitudes com relação aos esportes

> Não mais consciente do meu movimento, descobri um novo ponto de união com a natureza. Encontrei uma nova fonte de força e de beleza, uma fonte cuja existência jamais imaginei.
>
> Roger Bannister
>
> (primeiro atleta a quebrar a marca de uma milha em quatro minutos)

Competência *versus* competição

Hoje, nossas atitudes com relação aos esportes são por certo amplas e variadas. Porém, cada vez mais atletas estão sendo motivados pelo desejo de fazer o melhor que podem, em vez de apenas serem melhores que os outros. Eles vêem o atletismo como um meio para o desenvolvimento do corpo, da mente e do espírito, acreditando num mundo ilimitado e experimentando a essência da união com o todo. Isso, por certo, está expresso nas palavras de Roger Bannister, citadas na abertura deste capítulo, sugerindo um sentimento de unidade ligado a uma fonte de força e beleza que ele nunca sonhou que pudesse existir.

Mesmo a competição esportiva propriamente dita está começando a ser vista sob uma nova luz; não como um meio para um atleta provar que é melhor ou pior do que outro, mas como um desafio pessoal que induz os atletas a buscar no fundo de si mesmos e a descobrir o máximo de suas possibilidades. Esse novo atleta vê o competidor não como um adversário ou um inimigo a ser derrotado a qualquer custo, mas como um parceiro que compartilha o mesmo objetivo, um catalisador que os aciona a realizarem o melhor que lhes é possível.

Os benefícios de uma atitude positiva

Cada vez mais vemos o mundo dos esportes evoluindo, sendo usado como uma forma de ação recíproca social, um meio de união das comunidades, lembrando a todos nós o quanto compartilhamos na qualidade de seres humanos, mesmo quando torcemos por times diferentes. Também é muito freqüente que a nossa participação nas atividades esportivas, seja como jogadores ou espectadores, ofereça uma saudável liberação das tensões que se armazenaram no corpo como resultado das pressões do dia-a-dia.

Os esportes assumem várias formas na sociedade atual. Para alguns, esporte quer dizer caminhar sozinho, com um amigo ou com uma pessoa amada. Para outros, quer dizer praticar *jogging*, correr, excursionar, andar de bicicleta, escalar montanhas, remar, jogar boliche ou nadar. O que muitas pessoas estão descobrindo é que uma atividade esportiva, qualquer que seja, pode nos ensinar algo sobre nós mesmos e, com freqüência, revelar-nos que a recompensa será exatamente fazer o melhor que nos é possível.

Muitos benefícios podem originar-se até mesmo de um modesto programa de caminhadas. A depressão e a ansiedade se dissipam. As energias emocionais e psicológicas aumentam e nos tornamos mais otimistas em relação à vida. Em um nível intuitivo profundo, encontramo-nos desenvolvendo uma nova apreciação por nosso corpo como veículo para o espírito.

Esquecer o passado

Mudar a mente a respeito do fracasso, aprender com as experiências difíceis da vida e, então, esquecer tudo isso, tornou-se obrigatório se queremos participar dos esportes e desfrutar a experiência. E as lições que aprendemos nas nossas atividades atléticas se transportam para todos os aspectos da nossa vida. Seja qual for o esporte — golfe, tênis ou qualquer outro — apegar-se aos nossos fracassos passados só irá ocasionar mais fracasso. Por certo, é importante aprender, com o nosso desempenho passado, a melhorar nossa atuação e a não voltar a repetir os mesmos erros. Contudo, a menos que nos concentremos naquilo que fazemos corretamente, mesmo que pareça obscurecido por aquilo que fazemos erradamente, estaremos fadados a repetir nossos fracassos. Os esportes nos ensinam a arte sutil de não ter medo de olhar para o que saiu errado e de corrigir o nosso curso sem nos julgarmos maus, tolos, desajeitados ou descoordenados. Começamos a ver que se trata realmente da nossa própria mente e do nosso próprio placar, e podemos optar por abandonar o roteiro que o nosso ego escreveu para nós.

O torcedor

Existe algo quase mágico no modo como assistir a uma competição esportiva pode nos fazer sair de nós mesmos por algum tempo e afastar-nos das nossas preocupações e responsabilidades. Também pode ser maravilhoso e saudável nos comportarmos do jeito que queremos, berrando e gritando, torcendo pelo nosso time, expressando a nossa raiva, a nossa alegria, o nosso desapontamento e a sensação de vitória ao lado de um grupo de pessoas que compartilha conosco destas fortes emoções. Isso pode servir como uma saudável válvula de escape para as emoções reprimidas.

Para muitas pessoas, assistir a uma atividade esportiva oferece a oportunidade de expressar suas emoções de um modo seguro, um modo que não causará danos aos outros. Eu (Jerry) reconheço que meu pai foi um excelente mestre a esse respeito. Quando eu era adolescente, ele tinha uma noite por semana na qual era livre para fazer o que quisesse. Toda quinta-feira à noite ele ia assistir às competições de luta-livre, e às vezes me levava em sua companhia. Embora eu gostasse de estar ao lado de meu pai, a verdade é que eu odiava a brutalidade das lutas.

Papai, por sua vez, adorava aquelas lutas. Sempre que eu sugeria que havia "marmelada", ele replicava que eu estava doido e defendia a lisura da competição. Quando cresci, comecei a perceber que meu pai, um homem submisso e de temperamento dócil, não tinha nenhuma válvula de escape para a frustração que sentia dirigindo seu próprio negócio e tendo uma família que nem sempre era pacífica e fácil de lidar.

Estou certo de que as lutas-livres de quinta-feira à noite permitiam que papai expressasse as emoções reprimidas que ele acreditava não poder expressar de outra maneira. Sabendo que poderia expressar-se nas noites de quinta-feira, ele tinha mais capacidade de controlar os sentimentos de raiva que sentia em casa e no seu negócio.

O time

Moramos na região da baía de San Francisco. Todos os que moram nessa região sabem que o último jogo da temporada regular de futebol americano, o grande jogo entre os times da Universidade da Califórnia e de Stanford, é um jogo em que qualquer um dos times pode vencer, independentemente de suas vitórias e derrotas acumuladas até aquele estágio. O principal fator determinante do resultado é, claro, a atitude.

O time que sente a si mesmo como uma só unidade, sem nenhuma separação entre seus membros, o time que tem mais sucesso no uso da imaginação ativa e da visualização mental para ver-se jogando bem em conjunto e vencendo, é geralmente o que acaba vitorioso. Isso demonstra que vencer é uma atitude baseada em aprender com o passado e viver no presente.

Um ingrediente essencial para uma atitude vitoriosa é a capacidade de aprender com a experiência e, então, deixar que o passado se vá. O sucesso é um estado mental do presente. Quem assistiu os jogos do San Francisco 49ers viu o extraordinário entrosamento entre Joe Montana e Jerry Rice. Acreditamos que o sucesso destes dois jogadores não se deveu apenas às longas horas de prática e ao trabalho árduo. Suas mentes estavam tão unidas que cada um deles sabia onde o outro iria estar e o que iria fazer, de uma maneira que nunca teria sido possível apenas através dos sentidos físicos e do cérebro.

Há alguns anos, Michael Murphy escreveu um livro, *The Psychic Side of Sports*, no qual apresenta centenas de citações de alguns dos maiores atletas do mundo todo, descrevendo o que eles encaravam como experiências espirituais vivenciadas durante a carreira profissional ou durante os jogos olímpicos. Ali encontramos, vezes sem conta, os atletas falando sobre a importância de estar no presente ou de sentir o mais completo entrosamento com o companheiro ou com todo o time. Todos os atletas entrevistados falaram sobre a importância da atitude em tudo o que faziam. Muitos afirmaram que "a atitude é tudo" e que, se todos os outros fatores estiverem em pé de igualdade, quem irá vencer é o time que acredita na vitória e não insiste nos seus erros e fracassos passados.

Numa nota semelhante, O. J. Simpson disse certa vez a um repórter que, antes de uma jogada, tinha uma nítida imagem mental do campo todo — de seu time e também do outro — desdobrando-se diante dele, segundos antes que ela realmente ocorresse. Era como se ele se fundisse tão completamente com o presente que apenas o presente existia; ele vivia esse momento como um surfista na crista de uma onda, capaz de prever exatamente o que iria ocorrer.

Muitos atletas profissionais sentem um entusiasmo tão grande pelo esporte porque ele lhes permite experimentar a vida de uma maneira que geralmente só está disponível às pessoas que têm uma alta disciplina espiritual. Muitos dos nossos verdadeiros campeões não vêem os membros do time oposto como inimigos; conseguem manter um estado mental pacífico, compassivo e até amoroso, em meio às mais árduas competições.

Wally Haas e os Oakland A's

Eu (Jerry) conheço Wally Haas desde 1970. A maneira como ele chegou a ser o presidente e principal executivo dos Oakland A's (Athletics), campeões mundiais de beisebol, merece ser contada. Esta história mostra que quando você realmente acredita que não há limitações e que nada é impossível, aquilo que antes pensava ser impossível torna-se realidade.

Todos já ouvimos o ditado: "O dinheiro não compra a felicidade." Quem não tem dinheiro geralmente acha difícil acreditar nesse ditado, e nunca duvida de que há muitas vantagens em nascer numa família rica. Mas também há desvantagens.

Uma desvantagem da riqueza é que pode ser difícil ter certeza de que as pessoas gostam de você por você mesmo e não pelo seu dinheiro. Outra, é que você talvez se sinta culpado por ter tido a sorte de nascer numa família onde o dinheiro não era problema. O tataravô de Wally fundou a Levi Strauss & Co., e seu pai, Walter Haas, hoje aposentado, foi presidente-executivo e depois presidente do Conselho de Administração dessa empresa.

Wally passou algum tempo fazendo trabalho voluntário no Centro e foi membro do nosso conselho por vários anos. Quando o conheci, ele trabalhava para a Fundação Levi Strauss. Embora apreciasse diversos aspectos do seu trabalho, não o via como o trabalho da sua vida.

Certo dia, quando estávamos conversando, perguntei a Wally:

"Se você pudesse esquecer por completo o que os outros iriam pensar, se pudesse esquecer suas idéias sobre o que é possível ou impossível, e se eu lhe desse uma varinha de condão para você agitar no ar e construir a imagem do que gostaria de fazer, qual seria essa imagem?

O rosto de Wally se iluminou, abriu-se num sorriso e ele respondeu de imediato:

"Desde que eu era menino, o grande amor da minha vida tem sido o beisebol. Nunca fui um bom atleta, mas sempre sonhei em fazer alguma coisa relacionada com o beisebol. É claro, eu sabia o tempo todo que era apenas uma fantasia. Bem, se eu fosse construir a imagem do que gostaria de fazer, seria ser dono e dirigir um time de beisebol na baía de San Francisco." Ele fez uma pausa e acrescentou: "Mas, claro, isso é impossível."

"A única razão para isso ser impossível", disse eu, "é porque você pensa que isso é impossível. Se você mudar seu sistema de crença, tudo é possível, tudo mesmo!"

Wally começou a se desculpar, explicando que não tinha nenhuma experiência nesse campo de atividade.

"E além disso", acrescentou, "não existe nenhum time de beisebol à venda na região da baía."

"Quando você acredita realmente em si mesmo", retruquei, "não existe nada, absolutamente nada, que você não possa fazer. E depois, o que não está à venda hoje talvez esteja à venda amanhã por um preço justo. Não temos meios de saber com certeza o que o futuro nos trará."

Lembro de Wally pensando em voz alta:

"Sabe, Jerry, papai gostava muito de esporte. Se uma coisa como essa pudesse acontecer, ela me aproximaria muito de papai e nós dois poderíamos encontrar aí muita alegria."

Bem, passou-se um mês ou dois, e esqueci essa conversa. E então, certo dia, Wally me disse que falara com o pai sobre beisebol e sobre a idéia de comprar um time. Seu pai não chegou a descartar a idéia; na verdade, viu nela alguns méritos. Umas duas semanas mais tarde, o pai de Wally encontrou-se com Bob Lurie, proprietário do San Francisco Giants, e discutiu a possibilidade de Wally fazer um estágio na área gerencial do time, para aprender os macetes do ofício.

Sete dias depois, antes mesmo que Bob Lurie tivesse tempo de dar uma resposta, o pai de Wally recebeu um telefonema de Cornell Maier, então presidente da Alumínios Kaiser, informando que Charlie Finley, proprietário dos Oakland A's, queria vender o time e que havia rumores de que o time sairia de Oakland. Cornell Maier voltou a ligar para o pai de Wally uma semana depois insistindo com Walter para comprar a franquia.

Depois de meses de negociações, tão renhidas quanto a mais renhida competição esportiva, a família Haas tornou-se a proprietária dos Oakland A's. O genro de Walter, Roy Eisenhardt, assumiu a presidência enquanto Wally era nomeado vice-presidente executivo.

Wally precisou então enfrentar um novo desafio: superar suas antigas crenças em suas limitações. Parte de seu trabalho consistia em criar um relacionamento mais positivo entre o time de beisebol e a comunidade. Isso queria dizer que Wally precisava fazer muitos discursos, e ele, como a maioria das pessoas, entrava em pânico diante da perspectiva de falar em público.

Wally batalhou para mudar sua atitude a respeito de si mesmo. Rapidamente, tornou-se um excelente orador, e falar em público passou a ser uma das suas atividades preferidas.

Em 1988, Wally assumiu a presidência dos Oakland A's e logo tornou-se seu principal executivo. Como comprovam os anuários esportivos, nesse ano o time venceu os jogos da sua divisão e também a taça da *American League* [o campeonato nacional], e repetiu o feito diversas vezes. Em 1989, os Oakland A's chegaram a vencer a *World Series* [o campeonato mundial].

Fomos convidados a uma recepção na abertura da *World Series*, à qual compareceram proprietários e jogadores de vários times de todo o país. Minha memória levou-me de volta ao sonho da infância de Wally de um dia fazer parte de um grande time de beisebol, e me fez lembrar, mais uma vez, de que vivemos num mundo ilimitado onde os sonhos realmente podem tornar-se realidade. Mas, para que isso ocorra, primeiro precisamos sonhar e acreditar nos nossos sonhos, e depois trabalhar duro para conquistá-los e permitir que se tornem realidade.

O que é atitude?

Tendo conversado com Wally Haas diversas vezes, sabíamos que ele acreditava que a atitude era extremamente importante. Perguntamos a ele qual teria sido a influência da atitude dos Oakland A's na sua derrota nos quatro jogos consecutivos da *World Series* de 1990.

Wally respondeu: "Acho bem provável que a atitude tenha tudo a ver com a nossa derrota. A mídia fez todo mundo, incluindo nós mesmos, acreditar que éramos imbatíveis e que ganharíamos aquela rodada de quatro jogos. No papel, a estatística do nosso desempenho nos tornava imbatíveis. Mas uma atitude é algo que você precisa manter diante dos olhos o tempo todo.

"Somos um time que funciona bem melhor quando está sob pressão. Vencemos quando a nossa adrenalina está alta. Analisando o que aconteceu, acho que tivemos um período de repouso e, por isso, não estávamos sentindo aquela pressão aguda e motivadora que sentimos muitas outras vezes durante a temporada.

"Olhe, não me entenda mal: todo mundo no clube queria vencer. O Cincinnati entrou no campeonato debaixo de grande pressão, e nós não. E aí o nosso melhor lançador, Dave Stewart, falhou. Isso levou o Cincinnati a pensar que nós não éramos imbatíveis e acabou nos fazendo duvidar da nossa própria invencibilidade."

Dar algo em retribuição

Há muitas gerações, a família Haas mantém a tradição de prestar serviço à comunidade e dar-lhe algo em retribuição. Essa tradição continua com os Oakland A's. Em conjunto com as "Lucky Stores", uma cadeia de supermercados na área da baía, os Oakland A's constroem, a cada ano, pelo menos um campo de beisebol completo na comunidade. As cidades da área da baía, Oakland, Pittsburgh e Concord, já têm seus campos, e vários outros estão em estágio de planejamento. A família Haas também criou um programa de bibliotecas públicas para estimular o hábito da leitura nas crianças; a leitura de dez ou mais livros dá direito a ingressos grátis, ou com desconto, para os jogos dos Oakland A's.

Há grupos intergeracionais organizados, formados por adolescentes e pessoas idosas, que prestam serviços nos eventos especiais paralelos aos jogos. A família Haas construiu uma cabine especial, com equipamento de som, para que os fãs de beisebol com deficiências visuais possam acompanhar os jogos. E mais, em todas as temporadas os Oakland A's doam ingressos grátis a diversas organizações para que os distribuam entre pessoas que de outro modo talvez nunca tivessem condições de assistir aos jogos.

O Centro de Cura das Atitudes é uma das organizações que recebe ingressos grátis dos Oakland A's. Não temos palavras para descrever como é importante para uma criança com uma doença fatal entrar em campo e apertar a mão de seus jogadores favoritos. Ela sente não só a felicidade como também a realização dos mais caros sonhos, numa vida em geral ocupada inteiramente por hospitais, dor e desespero.

Perdoar e esquecer o passado

O processo de gerenciar um time esportivo grande e popular como os Oakland A's nos faz lembrar, vezes sem conta, da importância do perdão. Na sua qualidade de "esporte nacional americano", o beisebol mantém Wally e sua família permanentemente sob os olhares do público. Na mídia, existe uma corrente infindável de histórias sobre o time, a maioria delas elogiosa, mas nem sempre. Às vezes, há problemas de relacionamento com algum jogador e parece que a mídia nunca perde nada.

Algumas das histórias que ocasionalmente aparecem na mídia poderiam por certo ser interpretadas de um modo negativo e, com muita facilidade, tornar-se a fonte de muitos ressentimentos e censuras. Quando discutimos esse assunto com Wally, ele nos disse: "Se você vive no passado, se você se agarra aos ressentimentos e pensamentos implacáveis, então você não é capaz de funcionar eficazmente no presente. Embora nem sempre seja fácil, eu acredito que deixar ir o passado é um processo essencial na nossa vida cotidiana, seja no trabalho ou em casa."

O espírito de família

Wally disse-nos certa vez: "Acredito que os Oakland A's lutam, tanto ou mais que qualquer outro clube, para criar o sentimento de família em todos os nossos empregados, seja os que estão lá fora no campo ou os que ficam dentro dos escritórios. Por exemplo, até vencermos a *World Series*, era costume que só os jogadores ganhassem as medalhas especiais comemorativas da vitória. Conseguimos fazer medalhas para todos os empregados do clube. E também organizamos um serviço de babás para as famílias dos jogadores, para que as esposas deles possam vir assistir aos jogos. Fizemos o melhor possível para criar um sentimento de família dentro e fora do campo, e acredito que fomos muito bem-sucedidos."

Qual a recompensa de Wally?

Ouvimos tantas histórias sobre as dificuldades de se dirigir um time de beisebol que não pudemos deixar de imaginar qual seria a recompensa de Wally. Não nos parecia fácil viver nessa montanha-russa. Wally respondeu às nossas perguntas a esse respeito:

"Há algo no beisebol que vai além das palavras. Eu amo o jogo. Amo a atmosfera do jogo. Amo o cheiro e a excitação que ele provoca. Eu amo o fato de as pessoas idosas poderem vir assistir a um jogo e se esquecerem dos desafios que têm de enfrentar diariamente. Eu amo o beisebol por ser um jogo tão voltado para a família. O beisebol oferece a muitas pessoas uma válvula de escape para relaxar, para torcer pelo time da casa, para xingar o juiz, para sentir que estão assistindo a uma extensão de si mesmas.

"Confesso que ainda acho difícil ficar andando de um lado para o outro na minha cabine quando o nosso time está perdendo. Não é fácil, de jeito algum, ficar tanto tempo dentro daquele aquário.

"Há muitas coisas que não são fáceis. Mas elas fazem parte do meu trabalho. Talvez uma das coisas mais difíceis de se fazer é vender o passe de um jogador para outro time, especialmente quando se trata de alguém que foi um membro do nosso time e da nossa família. Mas eu acho que a gente aprende a aceitar a parte boa junto com a parte ruim.

"No entanto, a maior dádiva que eu recebo do beisebol é que o nosso clube está em condições de estimular a comunidade de Oakland. Estamos em condições de motivar os jovens, não só nos esportes como também nos estudos e em outras áreas da vida. Veja Dave Stewart, o nosso lançador, a estrela do time, por exemplo. Acho que não passa um dia sem que ele se ofereça para ajudar alguém ou alguma organização. Nem tenho palavras para lhe dizer como o Dave tem servido de exemplo, um exemplo maravilhoso, para tantas pessoas. Eu amo o beisebol porque ele me dá a oportunidade de criar tanta alegria e tanta união."

Esquecer nossa crença nas limitações

Quando acreditamos em limitações, elas nos limitam. Quando abandonamos a nossa crença nas limitações, começamos a perceber novos modos de olhar para o mundo. Isso é verdadeiro tanto para as limitações físicas quanto para as psicológicas ou intelectuais.

Nos últimos anos, ficamos conhecendo muitos atletas que tinham aquilo que algumas pessoas acreditariam ser sérias incapacidades físicas. No entanto, essas incapacidades não são percebidas como limitações pelos próprios atletas. Há muitos esquiadores que, com uma das pernas amputadas, dominaram as rampas nevadas; eles não se sentem, de modo algum, limitados ou incapacitados. Há times de basquete cujos jogadores disputam sentados em suas cadeiras de rodas; seus jogos são tão excitantes e cheios de emoção quanto os jogos dos grandes times profissionais do mundo.

Esses atletas acreditam em si mesmos. Eles aceitam seus corpos como são, vivendo completamente no presente para que seu objetivo seja fazer o melhor possível — exatamente o mesmo objetivo de todo atleta sério. Eles gostam de si mesmos, amam a si mesmos, e não há espaço para a autopiedade porque sua auto apreciação não está limitada ao corpo. Nunca esqueceremos de uma criança, no Centro, que disse: "Não existe isso de corpo incapacitado... o que existe é mente incapacitada." É tão freqüente a verdade estar com as crianças, se manifestar de maneira tão simples e ainda assim tão eficaz!

Há pessoas de oitenta ou de noventa anos de idade que continuam a jogar excelentes partidas de tênis. Pessoas que correm, nadam, andam de bicicleta. Vivemos perto da baía de San Francisco, onde as águas são gélidas a maior parte do ano. Pois bem, há um grupo de pessoas — o Clube Urso Polar — que vai nadar ali o ano todo, mesmo quando o termômetro desce até quase o zero. Elas acreditam que mesmo limitações tais como a tolerância ao frio estão na nossa mente, e não no nosso corpo.

Angela Dracott

Quando chegou ao Centro, Angela dedicou-se realmente a criar imagens mentais positivas. Sua mente maravilhosa e criativa permitiu que ela abandonasse o medo e a baixa auto-estima, fazendo dela uma inspiração para todos à sua volta. Suas imagens mentais eram sempre construídas sobre alicerces sólidos, ou seja, o desejo de fazer deste mundo um lugar melhor para nele vivermos. Angela assumiu o compromisso de ser útil aos outros e de acreditar que nada era impossível.

Angela chegou ao Centro quando tinha quinze anos de idade. Sofria de fibrose cística, uma doença dos pulmões. Sabe-se que essa é uma doença progressiva, que continua a piorar e geralmente resulta em morte nos anos da adolescência. Mas Angela continuava florescendo.

De todas as coisas no mundo, foi interessar-se logo pela esgrima! Este é um esporte que exige uma energia inacreditável e uma forte presença física e emocional. Muitas pessoas achavam que a esgrima era uma impossibilidade para Angela, que ela simplesmente não tinha a resistência exigida por essa modalidade.

Mas Angela estava determinada. Não se deixou abater pela opinião dos outros. Sua estrutura de crenças era inabalável, baseada na atitude de que nada é impossível. Ela acreditava, cem por cento, em que aquilo que podemos fazer depende das nossas crenças.

Angela não só se tornou uma boa esgrimista como participou de vários torneios, incluindo competições internacionais, e venceu muitos deles!

Angela não acreditava "mais ou menos" em si mesma; sua crença era firme e clara. Sabia que não estava fazendo as coisas sozinha. Costumava dizer: "Sinto que sou dirigida pelo meu eu interior — que é Deus."

Angela é um exemplo maravilhoso de pessoa que traz um sentido de harmonia ao corpo, à mente e ao espírito. Quando entra numa sala, ela ilumina o espaço à sua volta como um raio de sol numa bela manhã de primavera.

Tom Quinn

Tom Quinn é amigo de Andy (o irmão de Diane) e vive em East Quogue, Long Island, no Estado de Nova York. Andy falou-nos de Tom porque aprendeu muito com ele sobre o poder de superar qualquer obstáculo, um poder que existe dentro de cada um de nós, um poder que nos torna capazes de viver uma vida alegre e útil. Tom perdeu as duas pernas na Guerra do Vietnã e, no entanto, hoje é um grande jogador de golfe. Ocupa-se ativamente em promover torneios para as pessoas "fisicamente deficientes" e é uma inspiração para milhares de homens e mulheres que têm incapacidades físicas.

Numa manhã de sábado, saindo para jogar golfe, Tom compartilhou essa história conosco. "Antes do Vietnã", contou-nos, "eu jogava golfe e era assistente de um golfista profissional no clube. No Vietnã, entrei num campo minado e perdi as duas pernas, acima do joelho. Eu estava cheio de amargura e foi terrível lidar com aquela situação.

"Minha auto-estima, quem eu era, o que eu podia fazer, tudo isso foi estilhaçado de todas as maneiras possíveis. Depois eu me casei e fiquei fazendo biscates. Uns cinco anos mais tarde, meu casamento fracassou e ainda estou solteiro."

Reconhecendo que Tom era uma pessoa que parecia ter um espírito indestrutível e que acreditava no poder do coração e da mente, perguntamos: "Quando foi que as coisas mudaram para você? Quando foi que você voltou a jogar golfe?"

Tom respondeu: "Fiquei sem jogar golfe nos dezessete anos seguintes ao meu acidente. E então, um dia, eu estava com algumas pessoas idosas, que eram incapacitadas e viviam confinadas em cadeira de rodas. Elas eram amargas em relação ao passado e continuavam a desempenhar o papel de vítimas.

"Nesse dia, fiz uma declaração para mim mesmo. Afirmei que o passado tinha ido embora e que eu não iria mais viver nele. Admiti que eu não tinha e nunca teria meios de mudar o passado. Foi nesse dia que eu peguei de novo um taco de golfe."

Hoje, Tom joga golfe na sua cadeira de rodas, e sua média de tacada inicial para cada buraco está acima dos duzentos metros. Ele deixou de ver a si mesmo como uma pessoa fisicamente incapacitada; prefere a expressão fisicamente desafiada, se é que um termo específico precisa mesmo ser usado. Além de jogar golfe, ele atira dardos, joga basquete, dirige seu automóvel — saindo-se como um campeão em atividades que a maioria das pessoas sem "desafios físicos" nunca sonharia praticar. Atualmente, Tom ganha a vida pintando casas, uma profissão que exige força física, agilidade e energia.

"Tom, qual é a sua maior alegria?", perguntamos.

"Minha maior alegria", respondeu, "é ajudar outras pessoas que são fisicamente desafiadas. Por exemplo, todo ano, em Saint Louis, acontece um acampamento de uma semana para jovens fisicamente desafiados, de cinco a vinte e um anos de idade. Eu sempre participo.

"Quase todos os instrutores estão em cadeiras de rodas. Um instrutor ensina tênis; outro, hóquei; outro, basquete; eu ensino golfe, e assim por diante. Aqueles jovens precisam de exemplos para que possam saber que estas coisas podem ser feitas. Não só os ensinamos a acreditar em si mesmos, como também provamos que, literalmente, nada é impossível."

Tom passa grande parte de seu tempo viajando pelo país, ou participando de torneios de golfe ou organizando alguns deles, o que muito lhe agrada.

Fizemos uma última pergunta: "Como é que você se mantém tão animado?"

Tom sorriu ao responder: "Antes, o modo como eu me sentia era ditado pelo fato de me faltarem as pernas. Agora, quem me diz como eu me sinto é a minha mente. A cada dia, eu lembro a mim mesmo de ser grato por ter uma mente saudável e um corpo que pode fazer praticamente qualquer coisa que eu queira. Eu só penso nas coisas positivas que posso fazer, e não nas coisas negativas que não posso fazer."

As pessoas interessadas em obter maiores informações sobre as atividades descritas por Tom Quinn, podem entrar em contato com ele neste endereço: P. O. Box 377, East Quogue, Long Island, New York 11942, Telefone (516) 653-4226.

Afirmações

1. Usarei minha imaginação ativa para ver a mim mesmo sem nenhuma espécie de limitação.
2. Sempre que estiver envolvido em esportes, pensarei na cooperação e nos meios pelos quais ela pode trazer mais paz e união.
3. Usarei os esportes como um meio de me unir aos outros — aos membros do time, aos espectadores e aos competidores.
4. Em vez de competir com os outros a fim de derrotá-los, me concentrarei nos meios de ajudar uns aos outros a atingir a excelência.
5. Hoje, cuidarei de mim mesmo fazendo alguma forma de exercício físico.

CAPÍTULO 9

A Lei: abandonar as atitudes de ataque e defesa

A justiça, em seu mais alto grau, ocorre quando todos são tratados com igualdade, quando todos são incondicionalmente amados e perdoados.

Um outro caminho

Vivemos numa sociedade que parece reforçar a idéia de que, quando algo vai mal na nossa vida, devemos imediatamente encontrar alguém a quem culpar. Você está bem familiarizado com essa idéia, não está? Existe um número imenso de pessoas que passaram pelo processo do divórcio, quando a raiva, o ressentimento, a culpa e o sentimento de terem sido feridas no fundo do coração se traduzem, com grande facilidade, em questões financeiras. Essas pessoas muitas vezes se envolvem em verdadeiras batalhas que têm, inteiramente, o objetivo de ferir através da partilha dos bens materiais, pensão alimentícia ou da custódia dos filhos. Uma vez armado o campo de batalha, ambos os lados passam muitas horas, com altos custos legais, preparando uma guerra cujo objetivo é a destruição e não o acordo.

Anos depois de um divórcio, muitas pessoas olham para trás e vêem que as verdadeiras fortunas gastas com advogados poderiam ter sido economizadas se tivesse havido um esforço no sentido da mediação e da cura dos sentimentos dolorosos. Muitas questões poderiam ter sido resolvidas se as partes envolvidas tivessem encontrado um alternativa para o comportamento de ataque/defesa.

A mania de processar

Praticamente todos os dias somos bombardeados por anúncios no rádio, na televisão e nos jornais e revistas, que nos encorajam a procurar um advogado tão logo ocorra qualquer tipo de acidente, ofensa ou conflito financeiro. A mensagem desses anúncios parece ser a de que processar alguém é o caminho a ser seguido. Parece que existe uma epidemia de "levar vantagem", de encontrar um meio de obter alguma coisa em troca de nada, mesmo que seja às custas dos outros.

Submetemo-nos cada vez mais a todas as formas de seguros, porque receamos que alguém, de algum modo, irá nos processar por alguma coisa. É como se houvesse algum inimigo anônimo à espreita, pronto para pular sobre nós quando menos esperamos; por isso, sentimos a necessidade de nos proteger de todas as maneiras possíveis.

Talvez...

Talvez exista uma outra maneira de lidar com as disputas que não seja a de nos levarmos uns aos outros aos tribunais. Por certo, há momentos na vida em que o prejuízo precisa ser discutido, mas talvez haja maneiras saudáveis de fazê-lo, em vez de apenas nos cumularmos de mais prejuízos.

Talvez cada um de nós possa decidir-se a encontrar outras maneiras de lidar com os desentendimentos, de modo a não despejar nossa raiva sobre os outros e tentar obter vingança. Talvez exista um meio menos custoso de resolver nossas disputas do que ir aos tribunais.

Talvez algumas das nossas disputas possam ser resolvidas mesmo antes de consultar um advogado. Talvez possamos continuar a buscar acordos que não sejam prejudiciais — encontrando soluções que envolvem o "eu ganho isto e você ganha aquilo", nas quais ambas as partes saem vitoriosas. Talvez seja possível ouvir uns aos outros de um modo diferente, dispostos a ver todos os lados de uma questão e não apenas o nosso lado.

Os advogados que fazem a diferença

Quando nos envolvemos numa disputa legal, os Princípios da Cura das Atitudes podem parecer a coisa mais distante da nossa mente. É possível que tenhamos uma primeira impressão de que o sistema legal e os assuntos espirituais sejam caminhos tão diferentes de olhar o mundo que nunca poderiam ser aproximados um do outro. Talvez nos sintamos tentados a acreditar que é necessário ter uma mente compartimentada, dizendo a nós mesmos que a lei é uma das atividades nas quais precisamos nos agarrar à culpa e à censura como nossas únicas realidades. Contudo, estamos começando a encontrar advogados, em todo o país, que vêem a prática da lei de um modo bem diferente.

Sentimos que poderia ser útil compartilhar com você algumas das lições que esses advogados discutiram conosco, a fim de que todos nós — tanto os advogados como as pessoas que estão enfrentando difíceis batalhas legais — possamos ver que é realmente possível tratar de qualquer problema, por mais controvertido que seja, com tranqüilidade e união em vez de com conflito e separação.

Estamos descobrindo, mesmo em nossa própria vida, que quando nos defrontamos com questões que exigem a ajuda de um advogado é possível fazê-lo tendo a paz de espírito como nosso único objetivo. E é possível negociar soluções pacíficas mesmo enquanto admitimos a nossa raiva e a raiva dos que talvez nos vejam como seus inimigos ou adversários.

Em anos recentes, tivemos a felicidade de encontrar inúmeros advogados que têm um verdadeiro espírito inovador na prática de sua profissão. Essas pessoas estão olhando para sua vida e para a prática da lei e dizendo a si mesmas: "Deve haver um outro modo de olhar para este mundo que não seja em termos de ataque e defesa."

Esses advogados lançam um novo olhar aos seus sistemas de crença e estão cuidando de examinar cuidadosamente cada um dos seus valores. Eles fazem o melhor possível para deixar de lado aquilo que não lhes serve mais e apegar-se apenas aos valores que ainda funcionam.

Alguns desses advogados percorreram um caminho espiritual durante anos, enquanto outros estão apenas começando sua busca espiritual. Na vida pessoal, empenham-se em seguir na direção de querer a paz de espírito como seu único objetivo. Seu objetivo é viver a própria vida sem censurar os outros, esforçando-se para encontrar o propósito da vida no amar, perdoar e ser tão úteis quanto possível. Eles perguntam a si mesmos: "Estou aqui apenas para ganhar dinheiro ou para ajudar realmente as pessoas? Estou vivendo uma vida de integridade, uma vida significativa?"

Esses advogados descobrem, com muita freqüência, que os princípios que governam sua vida pessoal são exatamente o oposto do modo como conduzem sua vida profissional, ou até mesmo que existe um conflito direto entre eles. Alguns nos disseram que sentem um vazio espiritual ao exercer a profissão num sistema que encoraja relacionamentos antagônicos que enfatizam os interesses pessoais e muitas vezes avivam as chamas da raiva, do ódio e da vingança.

Uma conferência para advogados sobre a Cura das Atitudes

Diante da solicitação de inúmeros advogados, o Centro de Cura das Atitudes recentemente organizou uma conferência especial, a fim de que os advogados pudessem avaliar meios de exercer sua profissão e ser úteis aos outros, sem praticar o ataque e a defesa. Foi uma conferência fascinante, de que tomou parte um pequeno número de dedicados advogados de todo o país. Eles estavam seriamente interessados em descobrir meios de ajudar a criar soluções proveitosas como alternativas à batalha entre exércitos inimigos, que geralmente é a tônica das disputas legais. A maioria dos participantes sentiu que era possível resolver conflitos sem fazer censuras nem culpar.

Soluções criativas

Embora esteja apenas começando a aflorar a forma exata deste outro modo de exercer a advocacia, torna-se claro um tipo diferente de intenção. Os advogados acreditam que podem começar a desempenhar mais o papel de reconciliadores ajudando a criar soluções mais pacíficas para os conflitos enfrentados pelas pessoas. Existe uma nova disponibilidade para encontrar soluções através da mediação e da negociação, em vez de através da sala do tribunal. Existe um novo desejo de criar modos de comunicação que oferecem a oportunidade para soluções criativas, em vez de depender do ataque e defesa.

Nessa conferência, alguns advogados compartilharam suas experiências sobre a utilidade de apenas ouvir os outros com amor incondicional, especialmente as pessoas que estão passando por um divórcio. Essa maneira de ouvir permite que os clientes comecem a ver que uma parte da raiva e da sede de vingança que sentem e que parecem tão justificadas, na verdade se dirige a eles mesmos e não à pessoa a quem vêem como um inimigo. E isso oferece uma valiosa oportunidade para que as pessoas comecem a ver todos os lados da questão, até mesmo das mais difíceis situações.

Esse processo é bem diferente daquele em que predomina a crença do "olho por olho, dente por dente". Existe, aqui, uma intenção totalmente diversa da que encontramos na velha abordagem antagonista, onde cada pessoa apenas tentava reunir "munição" suficiente para destruir o inimigo.

Os advogados que estão encontrando um caminho diferente

Em nossas viagens, tivemos a felicidade de conhecer diversos advogados que estão na vanguarda, descobrindo maneiras mais úteis e amorosas de exercer a profissão. Gostaríamos de compartilhar algumas dessas histórias com você.

Nancy Veith

Entrevistamos Nancy Veith na Califórnia, onde ela exerce a advocacia. Ela nos contou que está empenhada em incorporar ao exercício da profissão alguns dos Princípios da Cura das Atitudes que descobriu em sua jornada pessoal na vida. Por exemplo, afirmou que tenta sempre lembrar que um cliente vingativo é uma pessoa amedrontada. E explicou: "Tento encarar o cliente que quer se vingar como uma pessoa que está pedindo amor, em vez de me permitir conspirar com ele para expressar sua sede de vingança numa tentativa de aliviar a sua dor."

E acrescentou: "Tento permanecer num estado neutro e não me deixar envolver pela raiva do meu cliente nem pelo seu desejo de punir alguém. Num certo sentido, vejo a mim mesma como uma curadora que exerce a advocacia. Minha intenção é oferecer aos meus clientes um ambiente seguro para expressarem seus medos, é ver todos os lados da questão, ser compreensiva e buscar uma solução na qual as duas partes saiam vitoriosas. Meu objetivo está em encontrar um acordo viável e não em manter vivo o conflito travando essas batalhas legais longas, exaustivas, custosas e emocionalmente desgastantes que só trazem como resultado uma 'vitória de Pirro', que, depois, demonstra ser uma derrota.

"Suponho que um outro modo de dizer isso é que eu tento agir como mediadora e conselheira que dá um exemplo de integridade e autenticidade. Tento expressar a minha verdade, ao mesmo tempo que lembro a mim mesma de que a minha paz de espírito é o meu objetivo fundamental.

"Quando penso no exercício da advocacia e olho para mim mesma e para os outros advogados, percebo que houve épocas em que não estávamos realmente interessados em ajudar as pessoas. Em primeiro lugar vinham os nossos interesses e necessidades, especialmente a necessidade de vencer, de fazer boa figura, de se sentir poderoso. Precisamos estar em guarda para que isso nunca mais aconteça.

"Acho realmente muito útil me encontrar com advogados que pensam da mesma forma que eu para juntos explorarmos maneiras inovadoras de exercer a advocacia, sem encorajarmos o ataque e a defesa. Na verdade, um dos meus maiores anseios é funcionar como 'facilitadora' em seminários para advogados que desejam exercer a profissão de um modo mais pacífico. Gostei muito da Conferência para Advogados do Centro de Cura das Atitudes, porque às vezes me sinto solitária no mundo legal. Gosto de fazer contato com advogados que têm valores e crenças semelhantes aos meus.

"Acredito que um número crescente de advogados está questionando alguns dos valores dos atuais modos de exercer a nossa profissão. Sinto intuitivamente que acabaremos por ter mudanças dramáticas na maneira de exercer a advocacia. E essas mudanças farão surgir soluções para a cura, não apenas soluções monetárias e punitivas."

Phoebe Lauren

Em nossa conversa com Phoebe Lauren, que durante muitos anos foi diretora-executiva do Centro de Cura das Atitudes, ela tinha algo a dizer sobre a incorporação dos Princípios da Cura das Atitudes ao exercício da advocacia.

"Um dos problemas que eu vejo no atual exercício da lei em relação ao divórcio é que muitas vezes existe um grande esforço no sentido de coletar informações que mostrem o erro da outra pessoa envolvida no processo. Temos a grande tentação de assumir a raiva e as feridas do nosso cliente e amplificá-las progressivamente, fazendo-o ganhar pontos no caso.

"Penso que no processo de divórcio existe um papel para o perdão e, neste ponto, o advogado tem condições de desempenhar uma função importante. Por exemplo, há homens e mulheres que ganham a causa no tribunal, talvez fazendo um arranjo excelente em termos de dinheiro e de bens materiais, mas, ainda assim, acabam carentes de paz interior e se sentindo miseráveis. Talvez acreditassem que iriam conquistar a paz de espírito quando ganhassem a causa, mas nunca perceberam que seu maior problema era interno, era sua falta de vontade em deixar de lado pensamentos radicais.

"Os clientes muitas vezes não compreendem que o que lhes causa mal-estar são os seus próprios pensamentos radicais a respeito de si mesmos, sendo projetados sobre o marido ou a mulher. Eu sinto que o advogado pode desempenhar um papel nesse processo de perdoar, mas às vezes penso que é necessário encaminhar os clientes para a psicoterapia a fim de trabalharem seus problemas."

Perguntamos a Phoebe se ela poderia nos relatar algum exemplo recente no qual tivesse aplicado os Princípios da Cura das Atitudes no exercício da profissão. Respondeu-nos: "Envolvi-me num processo de custódia onde havia cerca de seis pontos de desacordo. À medida que eu trabalhava com meu cliente, lembrei-me de que um dos princípios do Centro é 'Este instante é o único tempo que existe'.

"Fiz o melhor que pude para manter o casal concentrado no que estava acontecendo naquele instante, no agora, em vez de se concentrarem nos seus medos do passado ou do futuro. Um dos pontos de desacordo era quem iria pagar a educação superior do filho.

"Ao se concentrarem no presente, ambos concordaram que o ex-marido já tomava conta de todas as questões financeiras que haviam sido solicitadas e que ambas as partes realmente tinham clareza sobre a vontade dos dois de ajudarem o filho a cursar a universidade. Quando surgiu em ambas as partes uma disponibilidade para deixar de lado os medos do passado — que estavam sendo projetados sobre o futuro — e concentrar-se apenas no presente, os seis pontos de desacordo foram resolvidos com harmonia, num período de tempo relativamente curto. Sinto que o advogado pode desempenhar o papel de ajudar seu cliente a abandonar os apegos, as mágoas e os medos do passado e do futuro.

"Outro princípio do Centro é: 'Todos nós somos os mestres, em pé de igualdade, de cada um de nós.' Faço o possível para estabelecer um relacionamento com meus clientes no qual sou conselheira e colaboradora, e me concentro em estabelecer uma relação em pé de igualdade. Ou seja, não desempenho o papel dominante, nem tomo decisões pelo meu cliente. Deixo aos meus clientes o pleno direito de tomarem todas as decisões depois de trabalharmos em conjunto. Eu não promovo sentimentos de dependência e invalidação.

"Depois de ver muitos casos legais praticados num padrão de raiva e ataque, que geralmente acaba trazendo graves conseqüências para os clientes, eu agora me empenho para não exercer a advocacia 'só com a cabeça'. Faço o possível para não permitir que se crie nenhum bloqueio entre o meu coração e a minha cabeça, nem entre o meu coração e o coração do meu cliente."

O juiz James McNalley

Os advogados não são os únicos que estão introduzindo os Princípios da Cura das Atitudes no ambiente dos tribunais. Tivemos o imenso privilégio de conhecer um juiz que está fazendo todo o possível para criar um ambiente legal no qual possam ser encontradas soluções criativas.

James McNalley é juiz da Corte Suprema em Ventura, Califórnia, há mais de dez anos. Ele estuda os Princípios da Cura das Atitudes e se esforça para vivê-los plenamente tanto em sua vida pessoal como em sua vida profissional. Outros juízes, e também alguns advogados, descrevem o tribunal do juiz McNalley como um dos mais pacíficos em que já estiveram.

O juiz McNalley nos disse: "Minha função é tomar decisões, e não ferir as pessoas. Ao tomar decisões, faço o possível para determinar quem é o responsável. Na sala do tribunal, encontro muitas pessoas que estão cheias de medo, independentemente de se encontrarem no lado da promotoria ou da defesa. Sinto que, para mim, é muito útil ver as pessoas como seres amedrontados e não como seres irresponsáveis, mesquinhos ou qualquer das outras palavras negativas que usamos quando uma pessoa está sendo difícil de lidar. Ninguém diria que eu sou um juiz complacente... mas tenho a reputação de ser um juiz justo.

"Minha função é tomar decisões com base na lei. Isso não quer dizer que eu não me importe com as pessoas ou não reconheça os fatores ambientais que possam ter contribuído para um determinado delito. Minha função é proteger a sociedade, da maneira mais justa e humanitária de que sou capaz. Nem sempre é fácil.

"Acho que um juiz pode levar o amor e o zelo para a sala do tribunal. Às vezes, é difícil, quando o ambiente é tão adverso."

Sara Maurer

Sara é voluntária do Centro de Cura das Atitudes e tem seu escritório de advocacia em San Francisco, Califórnia. Ela nos descreveu algumas de suas experiências no exercício da profissão:

"Depois de me formar em Direito, trabalhei durante dez anos com transações imobiliárias para grandes escritórios de advocacia de Nova York e Boston. Eu ganhava rios de dinheiro, mas acabei me sentindo espiritualmente vazia. Embora conseguisse lucros imensos para os intermediários e para mim mesma, eu sentia que não estava dando ao mundo uma contribuição realmente significativa. E foi para isso que sempre sonhei ser uma advogada — para lidar com a injustiça de um modo útil e significativo. Hoje em dia, tenho meu escritório particular e sinto que existe uma ligação coração-a-coração com as pessoas enquanto faço o melhor possível para ajudá-las."

Pedimos que Sara nos falasse sobre o modo como usava os Princípios da Cura das Atitudes em seu trabalho. Ela respondeu: "Não faz muito tempo, meu sócio teve uma discussão terrível com outra advogada e bateu o telefone na cara dela. Depois que esfriou a cabeça, ele me perguntou se eu podia ligar para a mulher e tentar consertar a situação. Prometi fazer o possível. Liguei para ela, mas ela ainda estava tão furiosa com o meu sócio que gritou comigo e bateu o telefone na minha cara.

"Tentei não assumir uma posição de defesa e resolvi não acreditar que tinha sido atacada. Lembrei-me de que um dos princípios no Centro é: 'Este é o único momento que existe.' No dia seguinte, tomei a resolução de deixar de lado o passado. Liguei de novo para a tal advogada furiosa e lhe disse: 'Este é um novo dia. Estou disposta a deixar de lado o passado e espero que você também possa fazer o mesmo. Vamos tentar começar tudo de novo?' Recebi uma resposta positiva. O resultado foi que chegamos a um acordo satisfatório fora dos tribunais.

"Outra história de que me lembro foi quando uma promotora pública me disse que eu era inexperiente e que por certo iria perder uma determinada causa se fosse aos tribunais. Meu ego levou a melhor. Fiquei furiosa e bati o telefone. No dia seguinte, tive uma enorme surpresa: a tal promotora me telefonou pedindo, por favor, para eu concordar com uma prorrogação no julgamento daquele caso. Fui capaz de fazer uma escolha: escolhi ver as suas reações da véspera como sendo devidas ao medo, de modo que não tive problema em concordar com seu pedido. No passado, é provável que eu tivesse preferido acertar as contas com ela, me vingar dela, e dizer não.

"Tenho um outro exemplo sobre essa questão de não julgar os outros. Foi uma situação na qual eu representava os pais de um adolescente que fora atropelado por um trem. Ouvindo o depoimento da maquinista do trem, pude ver e sentir sua angústia. Embora achasse que ela era a responsável pelo acidente, não senti necessidade de julgá-la culpando-a. A verdade é que acredito que existe uma diferença entre o sentimento de culpa e o de ser culpado. Ou, em outras palavras, estou aprendendo a sentir empatia e compreensão com relação a todas as pessoas que estão envolvidas nas causas em que trabalho."

Gary Friedman

Várias pessoas nos disseram que um advogado chamado Gary Friedman conseguira incorporar princípios espirituais ao exercício de sua profissão e que, ao fazê-lo, ele estava conseguindo uma imensa realização pessoal bem como tendo sucesso no campo profissional. Pedimos a Gary para nos contar sua história.

"De 1970 a 1975, trabalhei num escritório de advocacia que foi fundado por meu pai e meu tio", disse ele. "Lidei com litígios civis e criminais, passando grande parte do meu tempo na sala do tribunal. No começo, eu achava tudo aquilo muito excitante. Mas, depois de alguns anos, comecei a olhar para mim mesmo e notei que, embora todos me vissem como um excelente advogado, faltava alguma coisa em mim. Quase tudo o que ocorria na sala do tribunal tinha que ver com o modo como usava a cabeça. Embora a razão tenha seu lugar — especialmente em termos do papel clássico do advogado, que é proteger seu cliente e dar ênfase a seus interesses, coisa em que eu era bastante bom —, eu ficava cada vez mais consciente de que não havia ali nenhum envolvimento em termos de coração.

"O ambiente das questões judiciais era tal que você não só protegia seu cliente como também protegia a si mesmo em todas as suas áreas vulneráveis. Ser cauteloso era um prêmio; envolver-se, não. Parecia haver pouco espaço para pensamentos e sentimentos honestos e espontâneos além dos bem definidos pelos papéis que representávamos. Comecei a ter sentimentos que não se esperava que eu tivesse. Por exemplo, depois de ganhar uma causa, eu olhava para as pessoas que haviam acabado de perder e sentia empatia por elas. Essas pessoas não eram simples objetos.

"Eu não me sentia em equilíbrio na minha vida pessoal nem na profissional. Decidi que deveria haver um outro modo de viver e um outro modo de exercer a advocacia. Abandonei a advocacia e comecei a fazer algum trabalho de autoconhecimento. Conheci um outro advogado com interesses semelhantes e, juntos, obtivemos permissão do Instituto Nacional de Saúde Mental para treinar professores de Direito em abordagens educacionais humanistas para compreender os papéis profissionais. E, quando menos eu esperava, estava abrindo um escritório de advocacia especializado em mediação e em reconciliação entre as pessoas."

Pedimos a Gary para nos falar um pouco sobre seu caminho espiritual. Ele respondeu: "Envolvi-me profundamente com a filosofia budista. Fui criado na fé judaica e acho que posso ser chamado de judeu-budista." E começou a descrever alguns dos modos pelos quais incorporou suas crenças no exercício da profissão: "Fiz o possível para ser verdadeiro comigo mesmo tanto na minha vida pessoal como na prática da advocacia. Antes eu estava preso ao sistema de confrontar e competir, mas agora acho que estou caminhando na direção oposta. Trabalho segundo a premissa de que há verdade e erro em ambos os lados de uma questão, não de que um lado está certo e o outro errado. Minha função é ajudar as pessoas a encontrar soluções, sem que precisem sentir vergonha, se censurar e se culpar — ajudá-las a encontrar um espaço no qual possam continuar a proteger a si mesmas mas, ao mesmo tempo, se empenhando para alcançar uma compreensão mútua que as faça chegar a um acordo.

"Em vez de tentar encontrar soluções baseadas exclusivamente no meu intelecto, eu agora incluo uma percepção consciente das outras dimensões de experiência — tanto as minhas quanto as das pessoas com quem trabalho. Freqüento o Centro de Meditação Zen, até faço parte da junta diretora, e acho que a meditação me ajuda a ter certa sensação de equilíbrio e a ficar em contato com o meu lado intuitivo.

"Talvez a diferença mais importante em mim hoje, em comparação com o que eu era quando comecei a advogar há vinte anos, é que agora eu exerço minha profissão mantendo ligações entre os corações. Isso é o mais importante para mim, como ser humano e como advogado, em termos de ajudar aqueles que me procuram buscando assistência legal. Como litigante, não estou bem certo da minha real utilidade para as pessoas. Embora fosse muito bom para ganhar causas, eu seguia aquela lei não-escrita que manda o advogado manter isenção em termos de coração. Hoje em dia, acho que não só é aceitável como da maior importância podermos permitir a nós mesmos ser vulneráveis e sentir nossa ligação com os outros — não como um substituto para o raciocínio analítico, mas como seu complemento indispensável."

Perguntamos a Gary qual seria, a seus olhos, o propósito da sua vida. Respondeu-nos que, embora seu propósito estivesse em contínua evolução, está sempre relacionado à sua ligação com os outros. Além de exercer a profissão nos Mediation Law Offices, em Mill Valley, Gary está ativamente envolvido com o treinamento de advogados, nos Estados Unidos e na Europa, na abordagem da mediação que ele vem desenvolvendo — uma abordagem que enfatiza a importância da compreensão humana.

Ficou bem claro para nós que Gary está vivendo uma vida plena. Ele busca uma vida de autenticidade, na qual possa honestamente dizer que se empenha para ser verdadeiro consigo mesmo tanto no exercício da profissão como no nível pessoal. Tivemos a impressão de que Gary aprendeu a viver sem separar a vida em compartimentos isolados; ele vive uma única vida e, esteja onde estiver, mantém junto ao coração seus princípios de dar, ajudar e amar.

Susan Passovoy

Susan Passovoy trabalha com direito imobiliário há mais de vinte anos. Ela segue o seu próprio caminho espiritual e estuda o livro *Um Curso de Milagres*. Embora nem sempre seja fácil, Susan tenta aplicar os princípios espirituais tanto em seus negócios como em sua vida pessoal. Um dos princípios que mais a ajudaram foi o de perceber os outros como seres que amam ou como seres que pedem socorro. Ela nos disse: "Quando acho que alguém me agrediu e sinto uma descarga de adrenalina, tento ver aquela pessoa de uma maneira diferente. E então lembro a mim mesma que aquela pessoa não se sente segura; caso contrário, não estaria se comportando daquela maneira.

"Lembro a mim mesma que a pessoa que parece que está me atacando está com medo. E então faço uma pequena prece e peço ajuda para poder perdoá-la, com o desejo de criar um espaço seguro para ela. Nesse instante, descubro que a minha adrenalina vai abaixando e começo a me sentir mais em paz. Acho que o processo do perdão é muito prático porque me coloca numa situação neutra, tanto no trabalho como na minha vida pessoal. Estou aprendendo que não são os outros que me perturbam. O que me causa perturbação são apenas os meus próprios pensamentos e atitudes."

Os clientes dos advogados

Quando estamos envolvidos num processo jurídico, é fácil cair na tentação de fazer julgamentos não só sobre a pessoa com quem nos defrontamos no tribunal como também sobre o próprio advogado que contratamos para defender nossos interesses. Talvez nosso advogado não esteja respondendo nossos telefonemas; talvez ele não esteja fazendo o que devia nas datas que combinamos.

Claro que não é nada fácil manter a paz de espírito em meio a tantos julgamentos e numa possível atmosfera de contínua raiva e ataque. É claro que é muito fácil você perder a paz de espírito quando recebe a conta do seu advogado e vê o alto preço que vai ter de lhe pagar.

Muitos de nós que passamos por processos de divórcio talvez lembremos de toda a raiva e amargura que sentimos; talvez lembremos que elas não se dissiparam só porque o litígio chegou ao fim. É possível que nossa escolha seja censurar o advogado e dizer que se ele tivesse cumprido corretamente suas obrigações estaríamos nos sentindo melhor agora, mais em paz. Quando o resultado final não é do nosso agrado, é muito fácil procurarmos alguém a quem censurar, em vez de vermos que o que realmente nos causa perturbação são os nossos próprios pensamentos e sentimentos.

Muitas e muitas vezes, quando buscamos os serviços de um advogado, estamos amedrontados e nos sentimos incapazes de tomar nossas próprias decisões no que se refere à lei. E então abdicamos de nosso poder pessoal e pedimos ao advogado para tomar decisões que são de nossa própria responsabilidade. Talvez o que nos compete, como clientes, seja ver o nosso advogado não como uma autoridade absoluta, mas como um consultor cujos conhecimentos nos ajudarão a fazer essa escolhas difíceis.

Lembremo-nos de que, sempre que nos deparamos com pensamentos de agressividade — nossos ou dos outros —, temos a escolha de vê-los como uma expressão de medo e um pedido de amor.

Lembremo-nos de que a nossa segurança está em não nos colocarmos na defensiva. E podemos também nos lembrar de procurar mediação e negociação, em vez de escolher um ou outro lado e nos aferrarmos a um papel de antagonistas. Podemos nos lembrar de que a mediação geralmente começa pela nossa introspecção, quando perguntamos a nós mesmos de que modo essa situação poderá nos ensinar alguma coisa e nos fazer perceber as partes de nós mesmos que agora devem ser perdoadas e curadas.

Como clientes, precisamos lançar um novo olhar aos nossos objetivos. Muitos de nós entramos na batalha com o objetivo de vencer a qualquer custo e o pensamento de que derrotar a outra pessoa é a única coisa que nos trará paz de espírito. No entanto, é muito freqüente que a vitória não nos traga a paz que tanto desejamos. Pelo contrário, a vitória nos deixa exaustos, com as cicatrizes do combate. Muitas vezes, a raiva e a amargura continuam a existir, porque não chegamos a perceber que a paz de espírito nada tem que ver com a vitória. Devemos nos lembrar, constantemente, que a paz de espírito nada tem a ver com o mundo exterior a nós. Ela está ligada aos nossos próprios pensamentos e sentimentos, e com a nossa disponibilidade para deixar de lado a culpa, a raiva e a vingança.

Existe um outro modo de ver os assuntos legais

Apresentamos, a seguir, algumas sugestões oferecidas pelos advogados que estão usando com sucesso a Cura das Atitudes no exercício de sua profissão. Nós as oferecemos para os advogados que desejam encontrar um meio de exercer a advocacia que não seja o sistema de ataque e defesa; elas também podem ser úteis para os clientes desses advogados.

1. Lembre-se de que o seu papel é o de mediador, de negociador e de agente da cura.
2. Considere todos os seus clientes, bem como os outros advogados, como seres amedrontados toda vez que lhe parecerem estar na defensiva ou no ataque.
3. Procure escutar seus clientes relatando seus medos, mas não aceite sua insanidade, tornando-se assim uma extensão de seu desejo de vingança.
4. Seja claro a respeito de seus limites, para não precisar se defender e se proteger.
5. Crie um sistema de apoio para si mesmo, talvez com outros advogados que também estejam buscando um outro caminho.
6. Disponha-se a sugerir aconselhamento terapêutico, se apropriado, aos clientes que alimentam a raiva, o ódio e o medo. A vitória no tribunal não dissipará esses sentimentos.
7. Direcione os clientes para os acordos que podem ser concretamente alcançados agora, em vez de levá-los para o que poderá ou não ocorrer no futuro.
8. Procure criar conjuntamente com seu cliente, bem como procure ser seu consultor. Isso possibilitará muitas oportunidades para soluções criativas.
9. Estimule a independência de seus clientes, em vez da dependência, ampliando assim o processo de cura.
10. Dê poder aos seus clientes para que tomem suas próprias decisões finais.
11. Mantenha aberto o caminho entre o seu coração e a sua mente, para demonstrar que isso é possível para os outros.

12. Promova um ambiente de paz e de respeito, nos níveis físico e psicológico, para você e seu cliente.
13. Represente seu cliente do modo mais justo e humano possível.
14. Concentre-se em sua busca de informações de um modo objetivo, em vez de ficar fazendo censuras e culpando.
15. Encontre meios de unir os clientes, em vez de separá-los.
16. Pergunte a si mesmo, periodicamente, se a área legal à qual se dedica hoje está lhe trazendo a satisfação, o desenvolvimento e a felicidade que você busca.
17. Escolha, a cada dia, deixar de lado as queixas passadas por meio do perdão a fim de abrir caminho para novas escolhas na vida.
18. Identifique claramente a diferença entre culpa e responsabilidade, pois, dependendo do que tiver em mente, você irá promover ou uma ou outra.
19. Ofereça amor, e não medo, no exercício de sua profissão.
20. Lembre-se, a cada dia, de que viver a vida pessoal e a vida profissional com harmonia e continuidade lhe trará a paz de espírito que você merece.

CAPÍTULO 10

Preconccito e discriminação

Todo preconceito e discriminação é reversível, pois é gerado pelo medo.

Atitudes que matam

No momento em que escrevemos este capítulo, parece-nos que há, no mundo todo, uma escalada progressiva do preconceito e da discriminação. E também uma conscientização cada vez maior de que tais atitudes afetam a todos nós, mesmo que não sejamos, neste momento, os agentes passivos ou ativos do preconceito.

Sempre que há preconceito e discriminação, tornamo-nos incapazes de ver uns aos outros como realmente somos. A opressão pode assumir várias formas. Ela ocorre na nossa infância, quando as outras crianças nos ridicularizam por não sermos tão bons nos esportes quanto elas. Ocorre porque nascemos e fomos criados num ambiente racial, étnico ou religioso diferente do meio ao qual pertencem as pessoas do bairro onde hoje vivemos ou da escola que hoje freqüentamos.

Se você algum dia foi oprimido, se você ou sua família foram alvo de algum tipo de ataque, se você testemunhou um assassinato a sangue-frio, se viu sua casa ou loja destruídas ou se foi recusado num emprego por causa de sua raça, religião ou sexo, ou mesmo se lhe foi recusado o direito de viver em determinado lugar, então você sabe o que é o medo.

E também sabe o que é sentir o círculo vicioso da raiva "justificada", que nos deixa emocionalmente esgotados, amedrontados e sem paz.

Entre muitas pessoas que vieram de ambientes judaicos, há um medo cada vez maior de que o anti-semitismo esteja mais uma vez ganhando impulso no mundo todo. Em suas mentes, esses medos reavivam as lembranças das trágicas sombras de Auschwitz e do Holocausto. Está bem evidente que a expressão do preconceito continua a tomar vulto por todo o mundo.

Se você é negro, talvez esteja se sentindo bastante insatisfeito com a falta de uma justiça igual para todos; talvez perceba que suas oportunidades educacionais e profissionais estão bem abaixo das que se oferecem para a população branca.

Para as minorias hispânicas, asiáticas ou outras quaisquer, em geral as oportunidades só surgem com grande luta. Se você tem orientação homossexual, por certo conhece a dor de ser diferente da maioria. Se você é portador do vírus da AIDS, é possível que tenha sofrido a rejeição não só da sua igreja, da sua comunidade, dos funcionários dos hospitais e dos colegas de trabalho, mas também da sua própria família.

A discriminação contra a mulher no campo profissional continua a ser a maior fonte de injustiça em todos os países do mundo, muito embora as mulheres constituam mais da metade da população mundial. O fato de ser ínfimo o número de mulheres em posições influentes tem mais que ver com as práticas discriminatórias dos homens do que com a competência das mulheres. Outro grande desafio, também, são as discrepâncias entre os salários pagos ao homem e à mulher pela execução de um mesmo trabalho.

Vemos, no mundo todo, que qualquer grupo minoritário está exposto à grande tentação de transformar outro grupo minoritário no alvo de seus próprios medos e preconceitos. Isso ocorre em praticamente todas as comunidades onde há pessoas que sofrem discriminação pela maioria.

Qualquer que seja a nossa posição na vida, podemos facilmente cair na armadilha de acreditar que não há nada errado com as nossas idéias, a nossa lógica ou as nossas ações. Iremos sempre encontrar todos os tipos de "razões" e "provas" para justificar nossos preconceitos.

Uma responsabilidade global

Mesmo que você nunca tenha sofrido discriminação pela sua identificação com determinada minoria, é pouco provável que exista um único ser vivo que nunca tenha sido o agente passivo ou o agente ativo de alguma forma de preconceito e discriminação num momento qualquer de sua vida. Vivemos apontando o dedo para os outros, mas a verdade é que acabar com essas atitudes que matam é uma tarefa global que começa e termina com cada um de nós.

A chama do preconceito foi, durante séculos, a fonte de sofrimentos humanos inacreditáveis. O número de guerras e o derramamento de sangue causados pelo preconceito é muito grande. E quase sempre essas guerras foram travadas em nome de Deus. Os sentimentos dogmáticos e a indignação daí resultantes, muitas vezes compartilhados por nações inteiras, promoveram a ilusão de separação que, como os entalhes gravados na pedra, perdura por muitas e muitas gerações.

As raízes do preconceito e da discriminação são sempre as mesmas: o medo e a culpa, projetados sobre os outros. Encontre uma pessoa que se sinta totalmente amada pelo Universo, que experimente a si mesma como amor, que tenha fé e confiança no amor, que acredite haver um outro modo de vivermos neste mundo que não seja nos atacando mutuamente, e você terá encontrado uma pessoa sem preconceitos e sem discriminação.

O medo e a culpa

Uma parte de cada um de nós está sempre alerta para descobrir o inimigo, isto é, a pessoa ou o acontecimento que devem ser a causa do medo que estamos sentindo. Desse ponto de vista, existirá melhor inimigo do que aquele que parece ser mais fraco e vulnerável do que nós, que é numericamente inferior, que fala uma língua diferente, que tem um modo de ser diferente ou que é do sexo oposto?

Os que praticam atos de ódio e de violência, de preconceito e de discriminação, geralmente sofrem de sentimentos de culpa, de fraqueza e de vulnerabilidade, e têm a consciência de serem vítimas. Embora camuflem seus sentimentos íntimos por trás de palavras e de atos que os fazem parecer superiores ou mais fortes, ainda assim a dor e o sofrimento estão presentes neles.

Quando olhamos atentamente a vida dessas pessoas, é comum descobrirmos que em algum momento da vida elas sofreram agressões, abusos sexuais, violações emocionais ou físicas, ou discriminações dolorosas. Sua raiva, seus ressentimentos e seus desejos de vingança são então projetados para o exterior, procurando alvos em outras pessoas, geralmente aquelas que são mais fracas ou pelo menos mais vulneráveis que eles próprios.

A negação e a repressão dos sentimentos

As atitudes que mais freqüentemente encontramos nas pessoas notadamente preconceituosas são as de arrogância e de dogmatismo, a par de uma ausência de disposição para examinarem seus próprios sistemas de crença. Suas crenças geralmente estão associadas a uma longa história de repressão, de abusos, de perdas e de negação — e isso tudo torna seus sentimentos, tão profundamente arraigados neles, bastante ameaçadores e temíveis.

Quando você sofreu, não alguns anos, mas muitos séculos de injustiça, de opressão, de desprezo, de crueldade e a morte de parentes e entes queridos, a necessidade de se sentir forte e dominador irrompe de dentro de você, impelida por um anseio avassalador de sobreviver a qualquer preço. Quando essas são as atitudes predominantes na nossa vida, somos tentados a nos unir a pessoas iguais a nós, em função do que nos parece a mais justificada raiva, ódio e desejo de vingança. Juntos, criamos uma ilusão de força e de segurança buscando um inimigo comum que se tornará o alvo dos nossos pensamentos de agressividade — os quais, com muita freqüência, se expressam em atos reais de opressão.

A igualdade

Um dos mais importantes Princípios do Centro de Cura das Atitudes é: todos nós somos igualmente alunos e mestres de cada um de nós. Quando analisamos atentamente as atitudes de preconceito e de discriminação, é importante nos lembrar de que o amor só conhece a igualdade e a união. No outro prato da balança, o medo, a censura e a culpa só conhecem a separação e a desigualdade. Embora não seja fácil para nós perceber de que modo os nossos opressores — que parecem tão dispostos a criar separação — poderiam nos servir de mestres, é exatamente vendo-os como mestres que podemos encontrar a nossa paz interior.

Se hoje somos oprimidos, por certo houve um tempo em que fomos tentados a oprimir os outros e, com isso, trilhamos os mesmos passos daqueles que depois se tornariam nossos opressores. Se considerarmos nossos opressores como espelhos de nossos próprios aspectos não curados, poderemos começar a mudar nossas atitudes em relação a nós mesmos e aos outros.

Nem sempre é fácil fazer isso. Se sofremos opressão, se os outros nos trataram como cidadãos de segunda classe, talvez para nós seja muito difícil sequer imaginar que a igualdade e a paz interior possam existir. Mas não devemos nos limitar às nossas percepções daquilo que é possível. Quando estamos dispostos a acreditar que isso é possível, descobrimos que existe realmente uma outra maneira de ver o mundo.

Para nos livrarmos do preconceito e da discriminação, é essencial lembrar que essas emoções não estão gravadas na pedra nem podem nos prender eternamente ao papel de vítima. Temos a escolha de parar de dar valor, positivo ou negativo, a todas as atitudes relacionadas com a opressão que estejamos hoje guardando em nossa mente. Podemos deixá-las de lado, mesmo que pareçam plenamente justificadas.

As lições do Holocausto

Uma das mais importantes experiências que eu (Jerry) tive na vida foi trabalhar durante três anos com pessoas que sobreviveram ao Holocausto. Crianças naquela época, muitas delas foram presas em campos de concentração e sofreram crueldades além do meu poder de compreensão, abusos que parecem totalmente imperdoáveis. Contudo, essas mesmas pessoas que sofreram esses horrores e sofrimentos inacreditáveis me ensinaram que sempre existe um outro modo de olhar o mundo e que, às vezes, é preciso uma grande coragem pessoal para descobri-lo. Embora eu estivesse fazendo a minha parte para ajudá-las, havia uma outra parte de mim que achava difícil imaginar como elas teriam conseguido sobreviver a esses sofrimentos.

Os membros do nosso Grupo Holocausto nunca chegaram a viver a experiência de ser crianças. Foram separados de seus pais e famílias ainda muito jovens e vulneráveis. Cercados, dia após dia, por uma incrível crueldade e pela presença constante da morte, a maioria deles sentiu que a única maneira possível de sobreviver era não confiar em ninguém. A fome, o frio, o medo e a dor pareciam ser a sua única realidade. Por quê? O que eles tinham feito? Eles estavam lá por uma única razão: eram judeus.

Todos os membros do nosso Grupo Holocausto, tendo sobrevivido às provações da prisão, foram em frente e se tornaram pessoas bem-sucedidas em seus negócios e profissões. Alguns, no entanto, ainda eram dominados pelo medo que conheceram tão cedo na vida; seu sono geralmente era perturbado por pesadelos sobre os horrores que testemunharam no passado. Outros conseguiram abandonar grande parte do passado e viviam vidas plenas de amor, nas quais o medo tinha pouca presença.

Uma mulher do Grupo tinha muito a ensinar a todos nós sobre a superação do medo e da amargura que qualquer pessoa seria tentada a guardar dentro de si como resultado do tratamento recebido por ela própria ou pelos seus entes queridos. Essa mulher contou-nos como escapara da morte no campo de concentração de Dachau: uma senhora a enfiou no meio de uma pilha de cadáveres que estavam sendo retirados. Bem mais tarde, depois de vir para os Estados Unidos, ela trabalhava no Hospital Estadual de Napa, Califórnia, e foi ali que passou por uma experiência transformadora que a ajudou a ver de outra maneira suas experiências em Dachau.

Foi designada para estagiar na ala dos fundos do hospital, atendendo os pacientes que sofriam de esquizofrenia crônica, muitos dos quais estavam em estado catatônico havia anos. Eis o que ela nos contou: "Quando entrei naquele pavilhão, percebi imediatamente que todos aqueles pacientes estavam cheios de medo. Eles olhavam para mim como se eu fosse o carcereiro. Senti uma pergunta nascendo dentro de mim: 'Quem é o carcereiro e quem é o encarcerado?' E pensei, 'será que os meus carcereiros também eram vítimas durante a guerra?'

"Nesse dia, de algum modo, senti a presença palpável de Deus de uma maneira que nunca sentira antes. Percebi que, se queria estar realmente viva, eu precisava deixar de lado o meu apego àquele horrível passado e perdoar. Descobri que o trabalho da minha vida seria ajudar os outros, por meio do amor e do perdão. Minha vida nunca mais foi a mesma depois daquele dia. E hoje eu sei que, quando me concentro em viver no presente, não penso no passado. E quando me concentro em ajudar os outros, me sinto menos desamparada!"

Outro membro do Grupo, o dr. John Michael Steiner, professor universitário, começou seu processo de cura voltando à Alemanha para entrevistar alguns de seus antigos carcereiros ou os responsáveis pelos campos da morte. Embora tivesse ido com animosidade no coração, algo muito estranho lhe aconteceu durante essas visitas. À medida que ia conhecendo mais cada um daqueles homens, começou a vê-los como prisioneiros de suas próprias vidas.

Suas experiências o convenceram de que, enquanto nos apegarmos ao papel de vítima e guardarmos ressentimentos, estaremos fadados a ficar aprisionados pela dor do passado. Hoje o dr. Steiner acredita, do fundo do coração, que cada um de nós é capaz de deixar de lado o passado, vivendo no presente e se preparando para o futuro. Podemos fazer isso compreendendo, ajudando, amando e perdoando. Por mais severa que seja a dor e a injustiça que tenhamos sofrido, podemos transmutar nossos ressentimentos passados se estivermos dispostos a mudar nossas atitudes.

O poder do espírito humano

Existe em todos os corações humanos um espírito que nunca abandona a esperança, ardendo como uma chama eterna. Em 1990, o mundo todo testemunhou essa presença quando a Cortina de Ferro finalmente caiu, mudando a face da Europa. Vemos ainda outras provas de sua presença toda vez que algum grupo em algum lugar do mundo rompe as cadeias da opressão que um dia o aprisionaram.

Em certo sentido, o rompimento da Cortina de Ferro tornou-se para todo o mundo o símbolo do indomável espírito humano. O fim do Muro parece representar um senso de união e unidade para todos os povos. Não achamos que a queda do Muro tenha sido unicamente resultado de uma ação política. Ele caiu porque havia muitas pessoas que queriam um modo de viver que lhes permitisse a liberdade e o poder de serem elas mesmas.

Muitas pessoas, nós, inclusive, acreditam que o que realmente derrubou o Muro foi o indomável espírito que habita cada uma das pessoas oprimidas deste mundo. Foi uma extraordinária lição para todos nós, no mundo todo, e nos fez lembrar que a transformação do indivíduo transforma a sociedade.

Mestres da paz em Belfast, Irlanda do Norte

Em nossas visitas a Belfast, percebemos que a amargura e o ódio entre católicos e protestantes permeia todos os aspectos da sociedade. Ouvimos trágicas histórias sobre a terrível perda de vidas humanas, a destruição dos imóveis, os inocentes transformados em vítimas de bombas e tiroteios. Prédios e quarteirões inteiros tinham sido arrasados, ficando apenas as pilhas de destroços a indicar o lugar onde eles um dia existiram. Soldados patrulhavam as ruas enquanto as crianças lhes atiravam pedras. Em algumas ruas, rolos de arame farpado separavam as casas de católicos e protestantes.

Estávamos visitando uma família com nove filhos, cujo pai recentemente morrera de câncer. Durante a visita, contaram-nos que duas semanas antes dois soldados tinham sido mortos por uma bomba na calçada em frente à casa e que essa era uma ocorrência bastante comum.

Muitas famílias suportaram anos e anos de privação econômica, além do sofrimento emocional. Visitamos uma área da cidade onde a taxa de desemprego subia a 90%. Nesse ambiente, as crianças cresciam conhecendo o medo e o ódio desde o primeiro dia de vida. Quase podíamos sentir a raiva e o desespero no próprio ar que respirávamos, e parecia que a qualquer momento uma fagulha de conflito iria incendiá-lo. Era como se tivessem despejado gasolina sobre toda a área que podia, de um momento para o outro, explodir em labaredas.

Alguns meses depois, eu (Jerry) estava no Oriente Médio com um amigo, o dr. Landrum Bolling. Visitamos a Jordânia, a Faixa de Gaza e a Cisjordânia ocupada (a margem oeste do Jordão). Ali, as chamas da raiva e do ódio não pareciam nem um pouco diferentes das que existiam na Irlanda. Só os nomes e as formas eram outros.

Uma mudança de mentalidade, uma mudança de vida

Depois de visitar tantos lugares do mundo onde a amargura, o tumulto, o assassinato e a destruição faziam parte do dia-a-dia há gerações, chega a ser difícil imaginar soluções viáveis ou encontrar razões para a esperança. Mas, no entanto, voltamos ainda mais convencidos de que uma pessoa pode fazer diferença — e, na verdade, faz diferença — no mundo e de que a luz que cada um de nós pode acender percorre um longo, longo caminho.

Encontramos essa luz em Belfast: um homem de coragem e esperança ilimitadas. Acreditamos que ele é um exemplo inspirador daquilo que pode acontecer quando uma única pessoa decide que deve haver um outro meio de se ter justiça social do que através do ataque e defesa. Era um homem que estava disposto a romper com os velhos sistemas e ver o mundo de uma maneira diferente.

O simples fato de conhecer esse homem e de ouvir sua história encheu-nos de esperança. Ele tinha perto de trinta anos e era totalmente cego. Ele acabara de abrir uma área de lazer extracurricular para receber crianças protestantes e católicas. Todo mundo lhe dizia que ele era um louco só por tentar semelhante coisa, que os pais nunca ousariam deixar seus filhos se misturarem com as crianças do "outro lado".

De início, houve muita apreensão, mas o receio dos amigos desse homem acabou por ser mostrar infundado. Algumas famílias protestantes e católicas começaram a lhe mandar seus filhos. No começo, as crianças não sabiam muito bem o que esperar. Era como se pensassem que iriam encontrar chifres de diabinhos crescendo na cabeça umas das outras. Claro que logo descobriam que não era esse o caso e, à medida que iam brincando juntas, aconteceu um milagre: descobriram que gostavam realmente umas das outras. O tempo foi passando, espalhou-se a notícia de que as crianças estavam se tornando amigas e logo mais e mais crianças começaram a aparecer. A beleza dessa experiência é que, agora, essas crianças podem construir algo a partir de sua própria vivência. Elas não dependiam mais das velhas crenças e preconceitos para escolher seus amigos.

Não houve mágica nenhuma. Talvez a coisa mais importante que aconteceu nesse caso tenha sido algo que, na verdade, é bastante simples. As crianças eram tratadas como iguais, e o amor incondicional era oferecido a todas elas. As pessoas não eram separadas em categorias, não eram identificadas como inimigas, e as amizades não se baseavam no ambiente religioso de cada um.

Com o passar do tempo, essas crianças começaram a compartilhar suas experiências com seus pais. Logo as crianças estavam trocando telefonemas. E então começaram a visitar a casa umas das outras. À medida que isso ia se tornando mais e mais freqüente, as famílias não só se conheceram como se tornaram amigas, abandonando as centenárias limitações que haviam herdado.

Perguntamos ao nosso novo amigo como foi que ele deu início àquele projeto. Ele disse que era protestante e que, quando tinha quinze anos, uma bomba explodiu diante de sua casa. Ele estava brincando na calçada naquele momento e ficou cego para sempre.

Ele disse ainda: "Sei que isso pode espantar vocês, mas foi o fato de ficar cego que finalmente me abriu os olhos! Passei por verdadeiro despertar. Comecei a ver que o importante em mim era a visão espiritual, e não a acuidade visual.

"Passei a acreditar que cada um de nós pode fazer diferença e que a decisão de parar a guerra tinha de ser tomada por alguém... Por que não eu? Escolhi conscientemente não ser uma vítima. Decidi que eu não passaria o resto da minha vida com ódio e sede de vingança, como via tanto outros à minha volta fazendo.

"Deus entrou na minha vida de uma maneira muito real", continuou. "Descobri como o perdão era importante na minha vida. Descobri que era realmente possível perdoar as pessoas que tinham me cegado, e também perdoar a mim mesmo pelas coisas que eu tinha feito.

"Foi então que eu senti que tinha recebido alguma orientação dos céus para começar essa escolinha extracurricular sem me preocupar com o conselho negativo dos outros. Minha função era muito clara, tratar todo mundo como pessoas iguais e amar a todos incondicionalmente. Estou muito feliz por estar dando minha contribuição, mesmo que em pequena escala. E sei que nunca vou perder a esperança."

Depois dessa conversa, ele nos convidou para subir até o seu pequeno apartamento. Enquanto estávamos lá, mostrou-nos um troféu que recebera pela melhor fotografia tirada por uma pessoa cega. Para nós, esse troféu significava muito mais do que apenas bater uma foto. Era um troféu de reconhecimento de que ali estava um homem que não só acreditava que nada era impossível mas o provava, através de suas ações em cada dia da sua vida. Não resta a menor dúvida de que esse era um homem imbuído de total fé e confiança.

Aeesha Ababio

Aeesha Ababio, querida amiga nossa há muitos anos, é uma mulher admirável que dirige o Centro West Oakland de Cura das Atitudes, em Oakland, Califórnia. Ex-militante da organização Muçulmanos Negros,* ela tem realizado verdadeiros milagres ao incorporar os Princípios da Cura das Atitudes em sua vida pessoal e profissional. Aeesha trabalha como assistente social numa instituição do Estado que abriga pessoas mentalmente desequilibradas e que estão em liberdade condicional.

Escrevendo este capítulo, pedimos que Aeesha nos desse algumas sugestões e também exemplos do que ela fez para lidar com o preconceito em sua própria vida. Sua resposta ao nosso pedido tem muito a ensinar para as pessoas que já tiveram de enfrentar essa questão.

Aeesha contou-nos que durante muitos anos foi uma ativista política, lutando contra a injustiça social. Costumava "botar a boca no mundo", fazer passeatas de protesto e até abrir processos por discriminação. Mas, certo dia, tomou uma decisão. Decidiu que já havia ódio e raiva suficientes no mundo, e que não iria perpetuá-los ainda mais.

Em vez de continuar a ver os outros como seus agressores, ela começou a mudar o centro de sua percepção e vê-los como seres cheios de medo. De início não foi fácil, disse-nos ela, mas estava determinada. Contou-nos então esta história:

"Eu tinha saído com minha irmã, Amana, e paramos num restaurante chinês, numa parte da cidade onde eu nunca estivera antes. Encomendamos

---

* Oficialmente chamados "A Nação do Islã", os Black Muslims são uma organização nacionalista e semi-religiosa de afro-americanos, com o propósito declarado de elevar a condição moral, social e econômica dos não-brancos nos Estados Unidos. Desenvolvida por Elijah Muhammad (1897-1975) e Malcolm X (1925-1965), diverge do islamismo propriamente dito por negar a vida após a morte e pelo seu racismo negro. (Cf. *Dicionário das Religiões*, John R. Hinnells, Editora Cultrix.) (N.T.)

arroz e camarões. Esperamos uns dez minutos e nada de nos servirem. Percebi que outras pessoas que chegaram depois de nós já tinham recebido seus pratos.

"Fui até a garçonete e perguntei o porquê da demora. Ela não disse uma palavra. Só virou as costas e se afastou. Depois de mais ou menos cinco minutos, ela estava de volta e eu repeti a pergunta. Ela respondeu: 'Não servimos negros.'

"No passado, ouvir uma dessas respostas era o suficiente para me deixar enfurecida, e eu teria ameaçado, com todas as palavras, cair em cima deles com um processo. Mas, naquele dia, consegui manter o sangue-frio vendo aquela moça como uma pessoa amedrontada.

"Amana e eu nos levantamos para ir embora, tranqüilamente, e então a garçonete se aproximou e eu lhe disse: 'Olha, tudo bem você não nos servir. Talvez seja uma norma da casa, talvez você tenha tido uma experiência negativa com alguém no passado. Mas eu só queria lhe lembrar que eu não fiz nada para magoá-la.' Dito isso, caminhamos para a porta.

"E então ouvi uma voz, muito gentil, me chamando: 'Voltem, por favor. Eu cometi um erro. Sinto muito. Vou servir vocês.'"

Aeesha afirmou-nos que descobriu que os Princípios da Cura das Atitudes têm uma aplicação prática em sua vida. Explicou que, desde o momento em que aprendeu a mudar o centro de sua percepção e ver as pessoas ou como cheias de amor ou como cheias de medo e pedindo ajuda, alcançou uma paz em sua vida que nunca antes alcançara. Ela está convencida de que, ao pôr um fim à sua própria raiva justificada, permitiu que as pessoas à sua volta também fizessem novas escolhas de mudança.

Aos onze anos pode-se tomar decisões

Temos muito a aprender sobre o indomável espírito de esperança que vive em todos nós, expressando-se e acendendo seu facho de luz até mesmo nos cantos mais escuros. Uma menina de onze anos, moradora de um cortiço violento e dominado pelas drogas em Chicago, que recentemente perdeu a mãe numa guerra de gangues, é um desses fachos de luz. Seu pai e seu irmão também haviam sido assassinados, mas, ainda assim, a luz dessa menina continua a brilhar com tanta luminosidade como a mais luminosa das luzes.

Em meio a todos esses traumas e sofrimentos, cuja solução haverá de lhe custar anos, essa criança órfã (que hoje vive com a avó) afirmou com a mais clara e absoluta determinação: "Eu vou mudar a minha vida. Eu vou fazer alguma coisa da minha vida e então, algum dia, depois que eu puder sair deste cortiço, eu vou voltar para tentar impedir que outras crianças passem pelo que eu passei. Eu sou capaz de fazer isso e é isso o que eu quero fazer."

As adversidades da vida podem ser mestres cruéis. Contudo, como nos mostra essa pequena "mestra", podemos escolher em qualquer momento mudar o curso da nossa vida alterando o centro da nossa percepção, vendo nossa vida a partir de uma perspectiva ligeiramente diferente.

O que é importante no modo como escolhemos para abordar novas idéias, o futuro ou a maneira de aprender? É fácil dizer que somos apenas produtos do meio ambiente, dos valores da família, da educação, da pressão do grupo e de outras pressões sociais. Contudo, em nossa busca de um outro modo de ver o mundo, é útil lembrar que, embora esses fatores tenham ajudado a moldar nossa vida no passado, eles não precisam ditar as escolhas que fazemos no presente.

Cada um de nós tem escolhas

Cada um de nós tem muitas escolhas, e podemos, a cada momento da vida, fazer novas escolhas. Não precisamos continuar a ser uma vítima do ambiente em que vivemos. Contudo, para encontrar um outro caminho, precisamos trabalhar muito para não dar respostas reflexas que se baseiam nas nossas experiências e condicionamentos passados.

Podemos preferir olhar para dentro de nós mesmos a cada dia para ver se há resíduos de medo, julgamento, raiva ou ódio. Se os encontrarmos, podemos preferir ver o valor de mudar nossa mente, deixando de lado os pensamentos negativos e os julgamentos. Essas novas escolhas é que irão mudar a nossa vida. Podemos resolver, a qualquer momento, criar um presente que não seja determinado pelas sombras do temido e doloroso passado. Podemos escolher um presente que se baseie no amor e no perdão.

Podemos nos lembrar de que a paz de espírito só se tornará uma realidade quando neutralizarmos os julgamentos negativos que fazemos uns dos outros e acreditarmos, de todo coração, na igualdade. Não conquistaremos a paz de espírito até que tenhamos pelos outros o mesmo interesse que temos por nós mesmos.

Quando enxergarmos a luz dos outros, o poder milagroso do amor virá fazer parte de nossa vida. Quando isso acontecer, quando começarmos a mudar nossa mente, nossa vida também irá mudar e o preconceito e a discriminação começarão a desaparecer da face da Terra.

Afirmações

1. Hoje verei todas as pessoas como iguais.
2. Se eu perceber que estou julgando os outros, devo lembrar de que isso acontece porque, de um modo ou de outro, estou julgando a mim mesmo.
3. Quando odeio os outros, é porque, de algum modo, odeio a mim mesmo.
4. Quando sou mesquinho com os outros, talvez seja porque não curei os momentos do meu passado em que os outros foram mesquinhos comigo.
5. Se eu me sinto o "dono da verdade" com relação aos outros, talvez seja porque quero mostrar que eles estão errados só para provar que eu estou certo.

CAPÍTULO 11

A Cura das Atitudes nos negócios (Parte A)

Talvez o negócio mais importante do nosso dia-a-dia seja interessar-se pelos outros, amá-los e servi-los.

O mundo dos negócios diz respeito a todos nós

Mesmo que não pensemos em nós mesmos como "homens do mundo dos negócios", estamos, de todo modo, envolvidos nas atividades empresariais sempre que entramos numa loja para comprar alimentos, livros ou um tubo de pasta de dente; sempre que enchemos o tanque do carro ou compramos um presente para um amigo; sempre que pagamos as contas de água e luz e o aluguel; quando compramos uma casa ou realizamos as milhares de outras atividades desse tipo.

Na maior parte do tempo, achamos que nossas relações comerciais não podem decorrer em paz. Sentimos que, se não estivermos constantemente em guarda, o outro tentará nos enganar. Quando agimos assim, experimentamos um sentimento de separação entre nós e os outros, como se o balcão que nos separa fosse uma trincheira que nenhum de nós jamais deveria cruzar.

Para muitos de nós, a simples menção da palavra *negócios* parece nos fazer esquecer a nossa identidade espiritual. O ego nos diz que, do mundo dos negócios, precisamos sempre ter medo (em vez de ter amor) e estar prontos para o ataque e defesa a cada passo. Assim como ocorre com a lei e os tribunais, podemos sentir que estamos num ambiente antagonístico onde corremos o perigo de nos transformar na vítima.

Nas transações comerciais, quando estamos no balcão no lado do consumidor, há muitos momentos em que nos sentimos frustrados — quando o preço da gasolina aumenta, quando achamos que o balconista nos tratou mal ou quando pensamos que a diretoria de alguma grande empresa não está fazendo o que deve para evitar a poluição ambiental. Nesses momentos em especial sentimos a separação entre nós e os "homens de negócios".

Embora possa parecer que o melhor seria termos uma mente compartimentada, o que nos possibilitaria manter a vida espiritual e a vida comercial completamente separadas uma da outra, permanece o fato de que já está ocorrendo uma transformação das atitudes e valores no mundo dos negócios. Quer façamos parte da estrutura da empresa, quer sejamos um empregado ou um freguês, todos nós temos a oportunidade de desempenhar um papel importante nessa transformação.

Já que grande parte do tempo de todos nós é dedicada a algum aspecto dos negócios, vamos analisar algumas das questões que podem causar conflito, bem como algumas das possíveis soluções.

Abre-se uma nova visão

Ao nos aproximarmos do novo milênio, constatamos que há cada vez mais evidências de que os líderes empresariais irão desempenhar um papel essencial na descoberta de novos modos de nos relacionarmos uns com os outros, e com o mundo, levando em conta a nossa espiritualidade. O número dessas pessoas ainda não é muito grande, mas essa tendência já se tornou evidente, conforme mostra o excelente *best-seller Megatrends 2000*, de John Naisbitt e Patricia Auberdine.

Particularmente nas áreas empresariais em que a concorrência é a alma do negócio, há sentimentos de medo, de raiva e de censura, do mesmo modo que ocorre em tantas outras áreas da nossa vida. Esses sentimentos podem provocar uma sensação de separação bastante perturbadora. Mais do que nunca, as empresas e as organizações sindicais a elas ligadas, e mesmo as pessoas que consomem seus produtos, estão numa posição privilegiada, neste momento da História, para influir significativamente no modo como nos comunicamos uns com os outros. Os valores e atitudes, em ambos os lados do balcão, estão passando por imensas mudanças.

Talvez o melhor modo de começarmos a compartilhar com vocês as muitas maneiras pelas quais a Cura das Atitudes pode entrar no campo dos negócios seja contar-lhes histórias de pessoas reais, em empresas reais, que já estão realizando essas mudanças. Algumas dessas empresas são grandes; outras pequenas. Mas todas elas estão tentando encontrar uma maneira mais humana e compassiva de conduzir seus negócios.

Esses empresários e empresárias estão oferecendo contribuições importantes para a cura de muitos dos estereótipos e fontes de medo e sofrimento que há tanto tempo vêm criando sentimentos de separação, não só entre a gerência e os empregados, mas também entre as empresas e nós que compramos seus produtos e serviços.

Esses empresários são pessoas como você e eu, que se preocupam em fazer aquilo que talvez seja a coisa mais importante que qualquer um de nós pode fazer — em todas as áreas da vida —, que é gerar mais união e menos separação. Essas pessoas e empresas estão fazendo uma diferença e demonstrando que existe realmente um outro modo de ver o mundo e que os negócios não são uma exceção.

"O amor é a essência do nosso ser"

Sue Siegel é uma mulher que está realmente fazendo uma diferença no mundo dos negócios. Sue trilha sua própria e tranqüila jornada espiritual. Seu passado foi bastante traumático, mas ela, em vez de ficar amargurada, resolveu aprender com essas experiências. Sue ajudou a criar uma empresa na qual as pessoas não são objetos e onde lhes é permitido falar sobre seus sentimentos.

Sendo uma pessoa que muito colaborou para criar uma atitude de zelo tanto pelos seus empregados como pela clientela, pensamos ser útil contar alguns detalhes do passado de Sue.

Sue Siegel começou a criar roupas femininas em 1967 e fundou sua empresa, dando-lhe o nome de Sue J. Inc. Suas roupas são conhecidas pela etiqueta "Joan Walters".

A partir desse início bastante modesto, Sue J. Inc. expandiu-se e tem hoje mais de 75 empregados e movimenta alguns milhões de dólares por ano. Desde o outono de 1990, Sue limita-se a presidir o conselho de administração, enquanto sua irmã Claudia e seu filho David dirigem as operações.

Sue já vinha aplicando os Princípios da Cura das Atitudes em sua empresa bem antes de ter ouvido falar do Centro. Sua avó materna foi, sem sombra de dúvida, sua mais importante mestra e mentora espiritual. Claudia, que nos presta alguns serviços voluntários, trouxe Sue ao Centro de Cura das Atitudes e emprestou-lhe vários dos nossos livros. Sue começou a freqüentar nossas reuniões, compareceu a um dos nossos seminários, tornou-se "facilitadora" e hoje é vice-presidente da nossa diretoria.

No instante em que encontra Sue, você sabe que está falando com uma mulher extraordinária, dona de uma mente que funciona à velocidade da luz e cuja luz interior é cristalina e visível a todos.

Entrevistando Sue em sua casa, notamos que seu rosto parecia agridoce. Por um lado, contemplávamos seus olhos vivos e brilhantes e seu sorriso extremamente contagiante, num rosto sensível, suave e compassivo. Por outro lado, seu rosto revelava sutilmente a presença de uma pessoa que sofreu grandes tristezas e pesares.

E, ao ouvi-la, sentíamos uma honestidade direta, clara e simples, irradiando a autenticidade daquela mulher através de suas palavras francas e sem nenhuma ambigüidade, enquanto ela falava sobre o que pensava e como se sentia. Era uma brisa de ar fresco sentir a plenitude e a grandeza de seu coração. Ela não tinha medo de ser vulnerável ou de deixar os outros tocarem o âmago de seu coração.

Antes de contar como Sue consegue criar o amor incondicional e ativar os Princípios da Cura das Atitudes em sua empresa, pensamos que seria útil mencionar algo sobre seu passado.

Sue nasceu em Landau, uma cidadezinha da Alemanha não muito distante da fronteira com a França. Era a caçula da família, com uma irmã e um irmão mais velhos. Embora o pai fosse muito exigente e severo, Sue era sua favorita e tinha com ele um relacionamento muito íntimo. Ele esperava muito de si mesmo e também dos outros, e Sue sentia que ele lhe permitia exercer seu poder pessoal. O ambiente em casa era de amor, mas a maior influência para Sue foi a força espiritual da avó.

Sue adorava visitar a avó, e esta, por sua vez, costumava tomar o trem e viajar meia hora para visitar a netinha. Sue nos disse: "Minha avó foi o maior exemplo de amor incondicional que já encontrei. Ela simplesmente nunca fez nenhum julgamento contra ninguém. Era a 'bondade absoluta' e nunca a vi tomando o partido deste ou daquele quando havia desacordos ou desentendimentos. O que eu mais admirava nela era sua paz.

"Minha avó tinha uma ligação muito íntima com Deus. Não que ela falasse muito sobre isso ou tentasse influenciar as idéias religiosas dos outros. Ela demonstrava sua crença em Deus através de uma total aceitação de todas as pessoas.

"Tenho doces lembranças dela assando tortas e biscoitos. Havia um sentimento muito bom em estar ao lado dela, e quando ela me dava um abraço apertado, parecia que estava me envolvendo por inteiro. Ela escutava, escutava de verdade, e eu sempre tive consciência de que ela iria me amar e me aceitar por completo, independentemente do que eu tivesse feito."

Duas coisas importantes aconteceram quando Sue tinha onze anos: primeiro, a irmã morreu de meningite e depois o irmão, seis anos mais velho que Sue, foi para um colégio interno. Sue tornou-se "filha única". Seus pais passaram por um longo período de luto, mas nunca falavam sobre o assunto. Uma das regras implícitas da família era nunca compartilhar os sentimentos com ninguém.

Sue disse-nos: "Eu sentia muitas coisas e não podia falar a respeito delas." Ela acreditava que seu papel na família era dar felicidade aos outros, negando e reprimindo seus próprios sentimentos. Mesmo quando se sentia interiormente perturbada, ela tentava mostrar um rosto alegre e sorridente, por crer que seu papel era tornar os outros felizes.

Foi nessa época (em 1933) que Hitler subiu ao poder e começou a formar o Terceiro Reich. À medida que o anti-semitismo se espalhava como um rastilho de pólvora pela Alemanha, Sue viu-se lançada no ostracismo até mesmo por seus melhores amigos. A situação foi ficando difícil a cada dia e então um tio que vivia em Buffalo, Estado de Nova York, providenciou a fuga de Sue para a Holanda e dali para os Estados Unidos.

O pai de Sue preferiu ficar em sua pátria, embora percebesse claramente que as coisas pioravam a cada dia. Ele acabou morrendo na Alemanha, pouco mais tarde, de complicações decorrentes de uma cirurgia. Logo depois de sua morte, a mãe de Sue juntou-se à filha em Buffalo. A avó conseguiu fugir para a Holanda, mas Hitler invadiu os Países-Baixos e ela foi enviada para um campo de concentração, onde morreu nas câmaras de gás.

Quando lhe perguntamos como lidava com a dor do passado, Sue respondeu: "Eu ainda estou lidando com isso. Uma parte de mim acha que não devemos ficar presos à dor, que podemos aprender as lições do passado e depois deixá-lo de lado. Mas, em certo sentido, outra parte de mim ainda está presa ao passado. Eu ainda não consegui compreender a profundidade das atrocidades nazistas, eu não entendo como os seres humanos podem ser tão cruéis uns com os outros.

"Até pouco tempo atrás, eu nem mesmo tinha contado aos meus filhos algumas das minhas experiências daquela época. Acho que eu me recusava a lidar com o passado, eu ainda não estava pronta para lidar com todos esses sentimentos. Mas eu quero me desenvolver mais e é por isso que agora eu estou fazendo o possível para explorar tudo o que acontece em mim. Quero aprender mais sobre o processo do perdão e descobrir uma maneira de abandonar todo o medo e o julgamento. Eu quero ser útil aos outros, de um modo criativo."

Bem cedo na vida, Sue descobriu que tinha um talento natural para estilista de moda. Trabalhou para outros estilistas durante algum tempo e depois abriu sua própria empresa. Casou-se. O marido viria a sofrer de esclerose múltipla e teve uma morte longa e desgastante. Foi outro momento desafiador na vida de Sue Siegel. Ela fez o possível para conservá-lo em casa até o fim, cuidando dele ao mesmo tempo que continuava a trabalhar na empresa. E tentando, sempre, mostrar-se alegre e animada.

Os negócios

Os negócios de Sue continuavam crescendo ano a ano. Ela se empenha ao máximo para pôr em prática todas as lições que a vida lhe ensinou. Uma coisa que ela nunca esquece é o verdadeiro milagre de ter conseguido fugir da Alemanha nazista, enquanto milhares de crianças de sua idade eram mortas nos campos de concentração.

Talvez por isso ela se sinta mais motivada do que a maioria das pessoas para fazer diferença no mundo, para dar a sua contribuição. Desde a fundação da empresa, ela tenta dirigir seus negócios numa "atmosfera familiar" que inclui todos os seus empregados. Afirmou-nos: "Eu nunca pediria a ninguém para fazer algo que eu própria não fizesse. Acho que devemos fazer aos outros aquilo que gostaríamos que eles fizessem a nós.

"No trabalho, eu me relaciono com cada funcionário como se ele fizesse parte da minha família. Eu sempre acreditei que é importante as pessoas disporem de um certo tempo, no trabalho, para falarem sobre as coisas que talvez as estejam incomodando em sua vida.

"Estou em plena sintonia com os meus colaboradores. Quando percebo que alguém está enfrentando algum problema, gosto de saber o que está causando seu mal-estar e ver se posso ser útil de algum modo. Só o fato de dedicarmos um pouco do nosso tempo às pessoas e simplesmente ouvi-las faz milagres para manter alto o moral.

"A 'missão declarada' da nossa empresa é : queremos que nossos produtos sejam sensíveis ao meio ambiente e queremos promover o crescimento e desenvolvimento pessoal dos nossos funcionários. Esta é a pulsação da nossa empresa. Não acreditamos na eficácia de fazer as pessoas se sentirem culpadas. Na verdade, acreditamos que o sentimento de culpa é contraproducente. Nós não agredimos as pessoas nem gritamos com elas.

"Como estou na indústria de confecção há tantos anos e sei o que significa viver neste ambiente agressivo, posso afirmar que essa é uma coisa que eu nunca vou querer na minha empresa."

Perguntamos como funcionava a distribuição de lucros na sua empresa e Sue nos respondeu: "Todos os funcionários que estejam trabalhando para nós há mais de um ano fazem parte do nosso plano de distribuição dos lucros. Além disso, temos um plano de bonificação que ocorre duas vezes por ano — distribuímos um bônus na época do Natal e outro em abril, quando do encerramento de nosso ano fiscal. E, para uma empresa do nosso porte, acho que estamos oferecendo um dos melhores planos de saúde e pensão do mercado."

"Sue, se você fosse convidada a discursar para os formandos da Harvard Business School, o que diria a eles?"

Ela ficou pensativa por um instante e depois disse: "Eu lhes diria para dominarem seu ramo de atividade e se comunicarem com clareza, mantendo, contudo, o coração aberto. Eu aconselharia que não se preocupassem apenas com o dinheiro que ficou como lucro líquido das suas atividades. O lucro líquido de uma atividade é muito mais do que isso. É a satisfação de criar alguma coisa que seja útil para os outros. Aqui na nossa empresa, ao mesmo tempo que seguramos os preços em níveis razoáveis e criamos roupas atraentes, tentamos tornar nossos produtos mais duráveis. E eu também explicaria aos formandos a minha crença de que, para termos sucesso interior e exterior, é importante compartilharmos os lucros com os outros.

"Eu lhes falaria sobre a satisfação de vermos crescer um bebê que nós mesmos criamos e enfatizaria que o verdadeiro crescimento só ocorre quando a honestidade, a consciência e a integridade estão no topo da lista, em todas as nossas comunicações."

Relendo nossa entrevista com Sue Siegel, o ponto que mais nos impressionou foi a sensação da presença viva de sua avó. Muitas vezes, em meio aos sofrimentos e problemas da vida, esquecemos que existiu uma pessoa que nos marcou, que fez uma diferença para nós, que continua a nos dar forças para mantermos viva a esperança num mundo que não só parece inamistoso como também pode ser realmente ameaçador.

Sue nos disse: "Não se passa um dia sem que eu pense na minha avó. Ao meu próprio modo, faço o possível para imitá-la. Eu não poderia ter um exemplo melhor."

Embora esteja claro que Sue leva para o ambiente empresarial uma atitude de atenção e de sinceridade, não queremos dar a impressão de que tudo é luz e doçura em sua vida. Ela é feminina e forte. Sue também sabe ser inflexível, mas nunca às custas de outra pessoa, nunca atacando. Ela é direta e honesta. Talvez o que ela lhe disser não seja exatamente o que você queria ouvir, mas pode apostar que será uma comunicação honesta.

A concorrência

Na maioria das empresas, a concorrência é a alma do negócio, conquistar o mercado é o objetivo fundamental. Talvez um dos grandes problemas que algumas empresas enfrentam hoje é pensar a concorrência em sua forma mais destrutiva. Ou seja, ver o concorrente como um inimigo e fazer de tudo para conquistar sua fatia do mercado, não importa qual seja o preço. Essa atitude significa fazer o possível para garantir que você vence e o seu concorrente perde. As atitudes que encorajam as pessoas a dar valor à concorrência sadia são, em geral, destruídas pelo ímpeto de aniquilar o concorrente.

A concorrência está sendo substituída por outras atitudes que também começam com a letra "c": cooperação, cuidado, compaixão e criatividade. Existe uma nova ênfase sobre a excelência em todos os nossos esforços, em vez de concentração total sobre a concorrência e aquilo que podemos fazer para nocautear o nosso concorrente.

Parece que há um desdobramento espiritual extremamente difícil de ser expresso em palavras. Estamos começando a ver resultados positivos à medida que as empresas inovadoras (a "linha de frente") vão se diferenciando daquelas empresas tradicionais onde o conceito de lucro líquido limita-se ao dinheiro e os objetivos limitam-se à satisfação dos interesses mais egoístas.

A "forma" dessa nova empresa ainda não está muito clara, mas seu tecido "conectivo" está ficando cada vez mais nítido: é um tecido feito de amor, pleno de coração, zelo, interesse e uma vontade de ser tão útil aos outros como gostaríamos que os outros fossem úteis a nós. É a consciência voltada para o "dar" e não para o "tomar"; e a auto-realização que surge quando fazemos o possível para que todos exerçam seu próprio poder pessoal e ponham em prática suas potencialidades.

Uma atitude de igualdade

Dentre as muitas empresas que estão descobrindo maneiras novas e mais solícitas de fazer negócios, a "Levi Strauss & Co." é uma das mais citadas. Esta empresa e seu proprietário, Bob Haas, verdadeiramente acreditam que o lucro líquido precisa ser algo mais do que dinheiro. A "Levi Strauss", uma empresa familiar, foi uma pioneira na descoberta de um novo modo de fazer negócios — um modo que demonstra ser possível ganhar dinheiro ao mesmo tempo que se cria um ambiente de trabalho baseado no poder pessoal de cada um e caracterizado por zelo, consideração, honestidade e responsabilidade. O tecido conectivo desta empresa é o amor e uma atitude zelosa e sincera, plena de integridade e responsabilidade, em relação aos empregados, aos produtos e aos consumidores.

Esta é uma empresa que se empenha para respeitar e dar poder pessoal a cada um dos seus empregados; uma empresa onde todos são igualmente mestres-discípulos e discípulos-mestres para cada um dos outros. A ênfase sempre recai nos aspectos positivos, e o potencial de liderança é encorajado em todas as pessoas que ali trabalham. Enfatiza-se a comunicação aberta entre todos os funcionários; ali, gerente e operários de todos os níveis se misturam e conversam uns com os outros, compartilhando livremente seus pensamentos e sentimentos.

Foi uma experiência maravilhosa visitar o escritório simples do principal executivo da "Levi Strauss & Co.". A primeira coisa que vimos foi uma mesa redonda, coberta por desenhos feitos por Elise, a filha de onze anos de Bob Haas.

Bob, que gosta que os empregados o chamem pelo primeiro nome, estava vestido informalmente com *jeans*, camisa e suéter. Disse-nos que era aniversário de Elise e não permitiria que coisa nenhuma interferisse em seus planos de estar em casa com a filha no fim da tarde. Essa orientação para a família é enfatizada em todos os níveis da empresa. Parece-nos que uma empresa capaz de abrir seu coração desse modo é uma empresa para a qual as pessoas realmente gostam de trabalhar; os empregados realmente dão valor ao emprego que têm.

Uma das coisas mais estimulantes que iríamos descobrir durante nossa visita foi a "Declaração das Aspirações da Levi Strauss & Co.". Esta não era apenas mais uma daquelas listas vazias de "missões da empresa" que o pessoal enfia numa gaveta e esquece logo depois de ler. Não, esta lista de aspirações era o próprio pulsar do coração da empresa.

Estava bem claro que aquelas aspirações eram o leme que orientava toda a infra-estrutura de uma empresa muito flexível e responsiva. Elas definiam valores empresariais que encorajavam uma cuidadosa atmosfera de dignidade, consideração pessoal, responsabilidade, honestidade e respeito mútuo. Ajudavam a criar um estilo de comunicação entre todos os empregados, no qual todos se sentiam em segurança para poder discordar e compartilhar um *feedback* honesto. O fio de ouro que percorre todas essas afirmações é o poder pessoal de cada indivíduo, com a empresa dando pleno apoio ao crescimento pessoal de todos os envolvidos.

Achamos essa declaração tão importante que decidimos citá-la na íntegra:

Declaração das Aspirações da Levi Strauss & Co.

Todos nós queremos uma empresa de que todo o nosso pessoal sinta orgulho, onde todos os empregados tenham a oportunidade de contribuir, de aprender, de se desenvolver e de progredir, com base no mérito individual e não em politicagens nem em protecionismo. Queremos que nosso pessoal se sinta respeitado, tratado com justiça, que seja ouvido e que esteja envolvido. Acima de tudo, queremos a satisfação de fazer amizades, do equilíbrio entre a vida pessoal e a vida profissional e de sentir prazer no nosso esforço.

Quando descrevemos o tipo de Levi Strauss & Co. que queremos no futuro, estamos falando de construir sobre o alicerce que herdamos: afirmando as melhores tradições da nossa empresa, preenchendo lacunas que possam existir entre princípios e práticas, e atualizando alguns dos nossos valores para refletirem as circunstâncias contemporâneas.

Que tipo de liderança é necessária para tornar realidade as nossas aspirações?

Um novo comportamento: Liderança que dá exemplo de retidão, de abertura às influências, de compromisso com o sucesso dos outros, de disposição para reconhecer a nossa própria contribuição aos problemas, de responsabilidade pessoal, de trabalho de equipe e confiança. Não só devemos dar exemplo desses comportamentos como também precisamos ensinar os outros a adotá-los.

Diversidade: Liderança que valoriza uma força de trabalho diversificada (idade, sexo, grupo étnico, etc.) em todos os níveis da organização, diversidade nas experiências e diversidade nas perspectivas. Comprometemo-nos a aproveitar ao máximo a riqueza da bagagem pessoal e da capacidade de todo o nosso pessoal, e a promover uma maior diversidade nas posições de influência. Buscaremos pontos de vista divergentes: a diversidade será valorizada e a honestidade recompensada, não reprimida.

Consideração: Liderança que oferece uma maior consideração — tanto financeira como psíquica — pelas pessoas e equipes que contribuem para o nosso sucesso. Todos os que contribuem merecem consideração: os que criam e inovam, e também os que continuamente dão apoio às exigências do dia-a-dia da empresa.

Praticas éticas de gerenciamento: Liderança que simboliza nossos padrões de compromisso ético. Devemos ser claros quanto às nossas expectativas e forçar esses padrões éticos por toda a empresa.

Comunicações: Liderança que é clara quanto aos objetivos e desempenho da empresa como um todo, de cada unidade e de cada indivíduo. Nosso pessoal precisa saber o que se espera deles e receber um *feedback* honesto e oportuno sobre seu desempenho e aspirações de carreira.

Poder pessoal: Liderança que aumenta a autoridade e a responsabilidade dos que estão mais próximos dos nossos produtos e da nossa clientela. No instante em que promovemos ativamente a responsabilidade, a confiança e a consideração na empresa, iremos liberar e aproveitar as aptidões de todo o nosso pessoal.

Está bem claro que a Levi Strauss é uma empresa inovadora, da linha de frente, uma empresa que está disposta a abandonar o velho modelo no qual os gerentes usavam sua autoridade para manipular os funcionários por meio do medo, com toda a ênfase no controle e pouca atenção à escuta e ao poder pessoal.

A Levi Strauss foi fundada em 1850 e, desde sua fundação, a família Haas tem sido a luz orientadora e tem ajudado a criar uma cultura empresarial que é uma inspiração para todos nós. A empresa dá seguimento a uma tradição de compromisso com os valores sociais e com a criação de um ambiente de trabalho positivo. Seus compromissos filantrópicos são diversos e multifacetados.

Sua resposta aos empregados que contraíram o vírus da AIDS, bem como às organizações de auxílio aos aidéticos, por exemplo, tem sido extraordinária e está criando um padrão para toda a comunidade empresarial.

Bob Haas contou-nos uma história interessante sobre o poder pessoal, ocorrida na fábrica de Blue Ridge, Geórgia. Os operários dessa fábrica foram informados de que receberiam um bônus correspondente a 50% de qualquer redução de custos resultante de idéias com as quais contribuíssem. Em resposta, funcionários de todos os níveis começaram a buscar meios de aumentar a eficiência e a produtividade. A gerência ouviu todas as propostas, como se comprometera a fazer. E agora estão em andamento diversos aperfeiçoamentos importantes que fizeram da Blue Ridge uma das melhores fábricas do grupo. A visão empresarial de Bob está orientada para a criação de ambientes voltados para o trabalho em equipe com múltiplas aptidões, nos quais a equipe assumirá coletivamente muitas das tarefas que antes eram de única responsabilidade de supervisores e treinadores.

Ao visitar essa empresa, tem-se de imediato a sensação de uma família feliz, onde cada membro é valorizado e onde se percebe que as pessoas apreciam seu trabalho e seu crescimento. Existe um respeito pela dignidade e pela capacidade de crescimento de cada indivíduo. Existe confiança porque, na medida do possível, as informações circulam entre todos os envolvidos, sem haver segredos. A "Declaração das Aspirações" está se tornando o pulsar do coração desse grupo empresarial, que se empenha para viver de acordo com ela e torná-la viva em todos os níveis.

Bob não quis falar sobre suas crenças espirituais ou caminho espiritual que possa estar seguindo. Ele não queria ser classificado em nenhuma categoria. Mas afirmou, contudo, que seus melhores mestres nesta vida, as pessoas que poderiam ser vistas como que ligadas ao seu processo de aprender a expressar sua essência espiritual, eram a filha e a esposa.

O que transpareceu na nossa entrevista com Bob Haas foi que ali estava um homem que age de acordo com suas convicções, que realmente vive suas crenças do melhor modo possível. Ele tem um ponto de vista extremamente claro sobre os valores da integridade, honestidade, zelo, escuta, colaboração, cooperação e tomada conjunta de decisões. O que também ficou evidente foi sua capacidade de compartilhar as coisas que ainda ignora, a disposição de ser vulnerável, o interesse pelos outros e o foco de esperança, concentrado como um raio *laser*, mesmo nos momentos de perturbação. Ele segue a crença de que, quando exercemos o poder pessoal e nos interessamos pelos outros, não há limites para o crescimento.

A compartimentação

Cada vez mais pessoas estão percebendo a importância de deixar de viver uma vida compartimentada, fragmentada, na qual são um tipo de pessoa durante as horas de trabalho e outro tipo totalmente diferente, quando estão em casa. Do mesmo modo, muitas empresas começam a perceber que todos se beneficiam quando existe uma maior harmonia entre a vida pessoal e a vida profissional de seus funcionários.

Cada vez mais pessoas estão resolvendo voltar o centro de sua atenção para o ato de viver uma vida completa e integral, em que o interesse pelos outros é tão importante quando o interesse por si mesmas, e descobrindo que esses princípios podem ser aplicados tanto à sua vida profissional quanto à sua vida pessoal.

Dar é receber

Fred Matser é um excelente exemplo de pessoa que está envolvida com seu próprio processo de transformação pessoal já há muitos anos. Mais recentemente, ele vem se empenhando em pôr em prática seus princípios espirituais em todas as áreas de sua vida, incluindo seus negócios. Relacionamentos repletos de interesse humano, nos quais existe igualdade e respeito por todas as pessoas com quem ele se comunica — desde o porteiro do prédio até a junta de diretores —, são hoje a regra e não a exceção na vida de Fred. E a compartimentação é bem menor.

Fred é um querido amigo nosso, dos maiores agentes imobiliários da Holanda. Tanto ele como sua empresa passaram por uma surpreendente transformação. Até poucos anos atrás, seus objetivos básicos eram fechar negócios e ganhar dinheiro. E Fred era competente em ambos.

À medida que começou a lidar seriamente com os assuntos não resolvidos em sua vida pessoal, Fred descobriu que estivera espiritualmente vazio. Começou a ver sua própria interconexão com todas as coisas do Universo. Passou a ouvir sua voz interior e a fazer o melhor possível para tomar todas as suas decisões com base nessa orientação interior. Pouco a pouco, Fred aprendeu a confiar num Poder Superior, e o foco de sua atenção mudou: em vez de ganhar dinheiro, iria dar dinheiro aos outros.

Na Suíça, dirigiu alguns programas para a Cruz Vermelha e seu equivalente islâmico, o Crescente Vermelho, contribuindo com seu tempo pessoal e apoio financeiro. Esses programas visam a reduzir a mortalidade infantil e a incidência de enfermidades relacionadas com a diarréia. À medida que se tornava mais útil aos outros e doava seu dinheiro para causas dignas, Fred percebeu que dedicava uma parcela menor de seu tempo aos negócios imobiliários. Ocorreu um fenômeno interessante: sua imobiliária gerava lucros cada vez maiores e isso queria dizer mais dinheiro disponível para seus esforços filantrópicos.

As atitudes de Fred com relação aos relacionamentos, tanto na vida pessoal como na profissional, começaram a mudar. Ele percebeu que havia uma maneira criativa de afastar-se do controle e das batalhas onde sempre precisava haver um vencedor e um perdedor.

Recentemente, Fred teve a oportunidade de vender 50% das ações de um *shopping-center* a um preço bastante convidativo. Os outros sócios vetaram a venda. Nos velhos tempos, disse-nos Fred, ele teria ficado zangado e teria partido para a luta em defesa de seus interesses. Mas agora simplesmente se distanciou do assunto, conservando a paz de espírito.

Duas semanas depois, os sócios o procuraram para informar que tinham decidido concordar com a venda.

Mais dinheiro do que nunca está entrando em seu caixa, depois que ele mudou sua abordagem e suas atitudes com relação às outras pessoas. Mais do que nunca, Fred está realmente se concentrando em ter pelos outros o mesmo interesse que tem por si próprio.

Outra história que Fred nos contou envolvia uma transação comercial que estava sendo negociada. No passado, ele teria ficado sob forte tensão. Agora, no entanto, sua orientação era clara. Ele sabia quais as condições financeiras que poderia aceitar e conservou-se bem descontraído, confiando plenamente no resultado da negociação.

O homem com quem negociava foi ficando cada vez mais furioso e disse a Fred: "Não consigo negociar com você. Você se recusa a resistir e a brigar comigo!" Fred respondeu: "Eu já lhe disse como me sinto e que resolvi não lutar." Depois, o outro homem começou a chorar e disse: "Eu estou acostumado a lutar quando fecho um negócio. Para mim, é surpreendente ver que é possível negociar sem lutar e sem ter medo. Eu lhe agradeço por esta experiência." Como Fred nos sugeriu, essa situação deixou de ser um caso de "ganhador/perdedor" e se tornou um caso de "ganhador/ganhador", já que eles encontraram uma solução satisfatória para ambos.

Há poucos anos, Fred tomou a decisão de doar uma parcela maior de seu dinheiro para causas filantrópicas. Hoje ele está organizando seus assuntos a fim de poder dedicar todo o seu tempo pessoal a essa atividade. Fred não só acredita como sabe muito bem que dar e receber são a mesma coisa.

No livreto que descreve suas três organizações filantrópicas, ele escreve o seguinte:

> O caos no meio ambiente é um reflexo da desordem na nossa mente e no nosso coração. Ao longo dos anos, fui percebendo cada vez mais que todas as coisas estão ligadas entre si e que a força motriz por trás de tudo é o amor incondicional. Se o ser humano deixasse de lado o medo, a beleza da Terra voltaria a se manifestar mais plenamente.

Fred acrescentou que, ao dar este conselho, está plenamente consciente de que ele próprio, a cada dia, ainda deixa de obedecê-lo. À medida que os homens de negócios vão descobrindo em si mesmos a vontade de fazer o possível para ajudar a criar mais união e harmonia no mundo, as experiências de mestres como Sue Siegel, Bob Haas, Fred Matser e milhares de outros como eles são os nossos guias e nos oferecem marcos valiosos para iluminarmos o caminho à nossa frente.

Perguntamos a Fred Matser qual o conselho que ele daria a um jovem que hoje estivesse ingressando no mundo dos negócios. Acreditamos que sua resposta oferece um maravilhoso conjunto de afirmações:

Afirmações

1. Compartilhe sempre.
2. Sempre dê um pouco de si mesmo àquilo que faz... não só o seu dinheiro.
3. Sinta alegria com aquilo que faz.
4. Confie no seu Poder Superior e a abundância lhe será concedida.
5. Confie nos seus instintos e faça escolhas que lhe dêem uma sensação de bem-estar.

CAPÍTULO 12

A mudança das atitudes nos negócios (Parte B)

Deixar dc lado os limites anteriores, transformando a competição em compaixão e cooperação e apoiando o crescimento ilimitado da pessoa; talvez este seja um dos maiores desafios com que hoje se depara o mundo dos negócios.

Novas atitudes no local de trabalho

Gostaríamos de analisar alguns fatores que parecem criar problemas no local de trabalho, em especial os elementos que parecem causar um sentimento de separação e que talvez estejam inibindo o poder pessoal, a auto-estima e o desenvolvimento do indivíduo.

Embora nossa sociedade tenha se beneficiado com os imensos avanços tecnológicos e científicos alcançados no século XX, muitos dos quais permitiram que algumas empresas crescessem a ponto de se tornarem instituições globais, em alguns momentos faltaram coisas significativas no âmago e na pulsação do ambiente empresarial. Isso pode ser mais bem descrito como um vazio espiritual, resultante de se negligenciarem os aspectos humanos dos negócios.

Antes, o objetivo essencial dos negócios era vencer a qualquer preço, não importando quem saía ferido no processo. Hoje temos um novo despertar, uma crença de que há uma outra maneira de ver o mundo, um outro modo de nos relacionarmos uns com os outros, e um jeito bem diferente de se conduzir os negócios sem limitá-los aos nossos interesses egoístas. Esse despertar está ocorrendo porque existe uma crescente percepção de que a velha estrutura vertical de gerenciamento — a conhecida pirâmide, com uns poucos indivíduos no topo detendo o pleno poder, e um número imenso de pessoas na base, sem nenhum poder — simplesmente não funciona mais.

Há um aumento constante de novas atitudes nos locais de trabalho. Isso inclui um interesse renovado pelo desenvolvimento pessoal, beneficiando não só a empresa como também o indivíduo. Existe uma nova percepção de que o poder pessoal, o respeito mútuo e comunicações mais abertas são uma fonte de força para o quadro de pessoal como um todo. Essas atitudes costumavam limitar-se ao escalão superior, aqueles poucos "eleitos" que ocupavam o topo da pirâmide. Hoje, constata-se um maior movimento nas empresas para que a mesma preocupação se estenda a todos os demais — operários, fornecedores e consumidores.

Não há valor em culpar nem em censurar

Já há muitos anos, eu (Jerry) sou amigo de John Robinson, atual presidente do conselho de administração do Grupo Harper, com sede em San Francisco, que foi recentemente matéria de capa da revista *Forbes*. Sua mulher, Patsy, foi uma das pessoas que nos ajudou a criar o Centro de Cura das Atitudes, em 1975. John e eu somos vizinhos e, quando estamos na cidade, encontramo-nos toda quinta-feira às 6:30 da manhã para trocar idéias. Ele é um dos nossos mais ativos colaboradores e vem se empenhando para incorporar aos seus negócios vários dos Princípios de Cura das Atitudes.

John pôs em prática, tanto em seus negócios como em sua vida pessoal, a vontade de acreditar que a mente humana não possui limitações, que nossos pensamentos criam a nossa própria realidade e que somos responsáveis por tudo aquilo por que estamos passando. Ele vem demonstrando o valor de reconhecer que estaremos nos limitando a nós mesmos se ficarmos aferrados a queixas e a pensamentos contrários ao perdão, e que estaremos afirmando nosso poder pessoal se perdoarmos. John acredita que nada é impossível e que nossos pensamentos criam a nossa realidade.

John escreve um boletim mensal dirigido aos seus 3.500 ou mais empregados, contando-lhes o que está acontecendo não só na empresa mas também em sua própria família. John também criou as belas instalações conhecidas como Retreat Place (Lugar de Retiro), às margens do rio Russian, no norte da Califórnia, onde se realizam os seminários da empresa e os cursos de treinamento profissional ao longo do ano. Muitos de seus funcionários são enviados, para completarem sua formação, a colégios, universidades e centros de treinamento. John acredita realmente que tem o dever de proporcionar a seus empregados uma oportunidade de enriquecerem sua vida.

John criou um "boletim da saúde" para sua empresa, estimulando os funcionários de todas as filiais no mundo inteiro a assumirem uma maior responsabilidade pela própria saúde, e disso resultou um número menor de horas de trabalho perdidas por causa de doenças. Nesse boletim, os funcionários do Grupo Harper lêem sobre meios de melhorarem a saúde através de dietas e exercícios, e aprendem maneiras de mudar suas atitudes e estilos de vida.

John acredita verdadeiramente que podemos deixar de lado todos os pensamentos negativos e criar imagens mentais positivas — visões plenas de possibilidades, em vez de limitações ou dúvidas. Sua empresa é extremamente bem-sucedida e está em contínuo crescimento.

Acabar com a culpa

Nos velhos tempos, os funcionários do Grupo Harper tinham verdadeiro horror das reuniões para discutir orçamento, temerosos de que John fizesse "rolar algumas cabeças". Certo dia, John e eu tivemos uma longa conversa sobre os efeitos negativos de se motivar as pessoas através do medo e da culpa; depois disso, John mudou de atitude e anunciou ao seu pessoal que nunca mais haveria nenhuma "caça às bruxas" dentro da empresa — nunca mais se fariam reuniões para procurar os culpados por este ou por aquele problema. Em vez disso, todos seriam encorajados a assumir uma abordagem totalmente diferente e encarar os erros e equívocos como lições com as quais todos iriam aprender. Para encorajar essa nova abordagem, John chegou a compartilhar com seus funcionários alguns de seus próprios erros.

Houve uma mudança imediata na atitude de todos. Os empregados deixaram de ter medo de comparecer às reuniões sobre orçamento. Todos começaram a aprender que ninguém pode se desenvolver sem cometer erros, e que os erros são simples equívocos que devem ser corrigidos e não coisas das quais devemos nos sentir culpados ou tentar encobrir encontrando outra pessoa a quem censurar. A partir de então, ficou mais fácil corrigir os erros. Num ambiente onde as pessoas eram capazes de expor livremente seus erros, em vez de tentar ocultá-los, todos tinham a possibilidade de aprender com os erros. O progresso da empresa foi maior do que nunca antes.

O valor de não estar na defensiva

Certa manhã, encontrei-me com John logo antes de ele seguir para uma reunião de acionistas. John ouvira o boato de que os acionistas do Grupo Harper estavam aborrecidos porque achavam que certas informações tinham sido ocultadas; ele acabara de conversar com seus advogados, tentando determinar quais as possíveis estratégias defensivas a serem adotadas.

Sugeri a John que havia uma alternativa: em vez de ver os acionistas como o inimigo, ele poderia escolher vê-los como pessoas amedrontadas e desejosas de receber informações precisas. Compartilhei uma afirmação do Centro: "Não estar na defensiva é a minha segurança." A outra que sugeri foi a de ficar na defensiva, mas compartilhar a verdade. John telefonou-me mais tarde, nesse mesmo dia, dizendo que a reunião com os acionistas fora excelente: tranqüila, pacífica e produtiva. John aprendeu profundamente a lição e continua a falar aos outros sobre a importância de não nos conservarmos na defensiva.

John também aprendeu o valor de ficarmos quietos por um instante e, quando tomarmos a decisão de olharmos para o nosso âmago, ouvirmos nossa voz interior, nosso eu intuitivo. John Robinson toma quase todas as suas grandes decisões com base no instinto.

Nenhum de nós deixa de se prender ao mundo exterior e aos negócios do dia-a-dia. Parece quase impossível parar e ficar quieto, para tomar as decisões com base na nossa orientação interior. John faz questão de não se prender às más notícias de ontem. Pelo contrário, ele acredita que deve criar sua própria história no momento presente; desse modo, ele se liberta do sentimento de precisar agir como um robô cujas ações são limitadas por um programa de computador baseado naquilo que aconteceu ontem ou mesmo em anos passados.

John sabe que uma mente disciplinada é uma mente livre e equilibrada. Ele se disciplinou para fazer exercícios e correr todos os dias, e observa seu consumo de alimentos comendo apenas alimentos saudáveis. Parece bem mais jovem do que sua idade cronológica, porque acredita que somos tão jovens quanto acreditamos ser jovem o nosso coração. Cada dia é, para John, um dia novinho em folha, maravilhoso e desafiador. Ele é o tipo de pessoa que jamais entenderia o significado da palavra tédio.

John acredita que as empresas, para terem sucesso, precisam se tornar mais conscientes de que são "cidadãs do mundo", entidades globais, e ter uma atitude de zelo, não só por suas próprias estruturas e comunidades como também pelo mundo como um todo. John defende a idéia de que as empresas bem-sucedidas são aquelas que realmente se concentram em servir e atender as necessidades dos outros.

Talvez seja útil mantermos sempre em mente a crença de que todos nós somos os mestres uns dos outros. O mundo dos negócios pode ser um mestre particularmente bom, porque cada empresa é, em si, uma comunidade. Cada empresa é um laboratório onde as pessoas vivem e trabalham juntas; um lugar onde as crenças que mantemos na nossa mente podem realmente fazer uma diferença na vida de todos nós, independentemente do lado do balcão em que nos encontremos.

Melba Beals

Melba Beals trabalha como relações-públicas há mais de quinze anos. Eis a lição que ela nos oferece: é possível levarmos nossas crenças espirituais mais profundas à arena dos negócios — mesmo numa área tão competitiva como a publicidade — e sermos, ao mesmo tempo, bem-sucedidos. A história de Melba é inspiradora, não só por ter muito sucesso nos negócios como também por ser uma escritora que tem uma real contribuição a oferecer à sociedade. Ainda adolescente, em Little Rock, Arkansas, Melba foi uma das nove crianças negras que precisavam ser escoltadas pelo exército até a escola durante a luta pelos Direitos Civis, em 1957. Melba sente que essa experiência, por mais assustadora que tenha sido, serviu para fortalecê-la.

Quando a entrevistamos, Melba afirmou: "Acho que toda a minha vida estive num caminho espiritual. De início, eu tinha alguma dificuldade em integrar meu caminho espiritual pessoal com os meus negócios. Quando abri minha agência de propaganda, eu vinha da 'escassez' e teria aceito qualquer negócio, desde que não fosse ilegal ou imoral. Comecei a ganhar um bom dinheiro, mas um dia pensei comigo mesma que, na verdade, eu não estava fazendo absolutamente nada para melhorar este mundo. E então decidi, com todas as partes de mim mesma, que eu iria fazer alguma coisa a respeito.

"Descobri que eu nunca poderia ter paz interior enquanto não vivesse com integridade, tanto na minha vida pessoal como na minha profissão. E foi então que comecei a entrevistar os clientes potenciais, para determinar se eu queria fazer o trabalho para eles. As empresas de relações públicas despejam palavras no Universo. Este é o trabalho delas. Bem, decidi que eu não queria fazer isso, a menos que as palavras servissem à humanidade.

"Nunca trabalhei para os fabricantes de cigarros e de bebidas alcoólicas. Parei de trabalhar para pessoas ou empresas que não tinham a real intenção de contribuir positivamente para o Universo. Decidi que eu iria servir a Deus servindo aos outros. Eu não iria ajudar a despejar mais lixo na mídia.

"Quando entrevisto meus clientes, pergunto a eles como seu produto serve aos outros. Eu lhes pergunto: 'Este é um produto que o senhor gostaria que sua mãe comprasse?' Tento determinar se existe integridade na empresa e nos produtos.

"Hoje, sinto que existe coerência entre a minha vida pessoal e a minha vida profissional. Eu me sinto mais feliz e mais em paz com a vida. Hoje eu vejo os relacionamentos como professores que são enviados para aprimorar o meu aprendizado. E estou sempre aprendendo. Não consigo compreender como o mundo poderia funcionar sem o perdão. O perdão precisa ser uma parte integrante do nosso trabalho e da nossa vida pessoal. E eu me comprometi com viver de acordo com essa postura."

Conhecemos Melba há muitos anos. Muitas vezes ela ofereceu gratuitamente seus serviços para o nosso projeto "As crianças como mestres da paz". Melba é uma bela luz que leva consigo sua espiritualidade aonde quer que vá. Encerrando a entrevista, ela afirmou: "Algumas pessoas me disseram que eu era boa demais para dar certo no mundo dos negócios. Acredito que provei que elas estavam erradas. Acho que bondade é a nossa força e não a nossa fraqueza."

A nova humanização dos relacionamentos profissionais

No passado, e ainda hoje, uma regra implícita do mundo dos negócios era: "Nunca revele seus verdadeiros sentimentos." E há um velho *slogan* que ainda circula no mercado: "Se quer chegar ao topo, aprenda a ser insensível."

Outra lei não-escrita que atrapalhou a vida de muitas pessoas, principalmente quando elas se encontravam no topo, foi esta: "Sempre aja como se você fosse perfeito e todos os outros não passassem de uns idiotas." A idéia por trás desta lei era a de que só deveríamos nos associar às pessoas num eixo horizontal, ou seja, só lidaríamos com pessoas que fossem nossas "iguais" em termos de dinheiro, de influência e posição social. Ficava implícito que deveríamos fugir de qualquer associação com as pessoas que estivessem abaixo do nosso nível na estrutura empresarial. Essas atitudes criaram relacionamentos altamente manipuladores, nos quais as pessoas eram tratadas como objetos.

Connie Boucher

Connie Boucher é uma das pessoas mais inspiradoras, maravilhosas e determinadas que alguém poderia querer conhecer. Ela fundou sua empresa em 1960, sem nenhum dinheiro mas com muita determinação. Conhecendo Connie, não causa surpresa que ela tenha dado à sua firma um nome que reflete suas crenças mais íntimas: Determined Productions (Produções Determinadas). O que sua história nos oferece é uma lição importante sobre o poder da atitude de determinação.

A companhia vem crescendo constantemente ao longo das três últimas décadas e expandiu, dos três funcionários iniciais, aos trezentos de hoje. É uma empresa familiar. Connie preside o conselho de administração, enquanto seu filho Douglas exerce a presidência executiva. Determined Productions desenha, fabrica e licencia uma ampla variedade de brinquedos, livros, bonecas, roupas e outros acessórios para crianças e adultos. Talvez seja mais conhecida pelos produtos que apresentam os personagens da tira *Peanuts* (Charlie Brow, Snoopy e sua turma) e pelas mercadorias criadas pela ilustradora-escritora Joan Walsh Anglund.

Quando lhe perguntamos quais os problemas que precisou enfrentar no mundo dos negócios por ser mulher, Connie respondeu: "Às vezes, penso que é útil ser um pouco ingênua. Eu não sabia, quando criei a Determined Productions, que uma mulher poderia ter problemas nos negócios. Só sabia, no fundo meu coração, que eu tinha energia, determinação e a idéia de fazer a empresa dar certo. Nunca deixei que os outros me desviassem do meu objetivo. Nunca pensei que alguma coisa fosse impossível. Eu não acredito que exista algo que uma pessoa não possa fazer."

Temos a certeza de que qualquer pessoa que passe algum tempo ao lado de Connie irá sentir imediatamente sua energia irrefreável e seu entusiasmo pela vida. Ela tem uma atitude de crença total em si mesma, e não deixa espaço para a insegurança.

Acreditar em nós mesmos

Perguntamos a Connie de onde, na sua opinião, teriam vindo seu ímpeto e sua confiança em si mesma. Ela logo se pôs a falar sobre sua mãe: "Recebi muito estímulo dos meus pais, mas foi mamãe quem realmente me inspirou. Minha mãe cursou a universidade e foi membro da Phi Beta Kappa."* Estava sempre envolvida com um projeto ou com outro. Escrevia artigos para a revista *Sunset* e trabalhava ativamente com as escoteiras.

"Mamãe continuou a trabalhar como diretora da Divisão de Mala Direta da Determined Productions até duas semanas antes de sua morte. Ela tinha 87 anos quando morreu."

Pedimos a Connie para nos explicar sua filosofia na direção da empresa. Ela pensou por um instante e depois disse: "O mais importante é o relacionamento com as pessoas. Acho que é possível dirigir uma empresa na qual as pessoas se importam realmente umas com as outras. Procuro tratar todos os meus funcionários como se fôssemos uma única família."

Conversamos sobre a proporção de homens e mulheres que trabalham na sua empresa. Connie disse-nos que havia um equilíbrio quase perfeito, com talvez uma ou duas mulheres mais que homens. E concluiu afirmando que instruiu sua filial no Japão para contratar mais mulheres para cargos executivos.

Uma atitude de zelo

Perguntamos a Connie se ela sentia que levara princípios espirituais para sua empresa e, caso sentisse, quais seriam suas crenças nesta área. Eis sua resposta: "Meu avô era pastor, muito liberal, da Igreja da Missão Sueca. Ele acreditava realmente que você dá aquilo que recebe, que você trata os outros como gostaria que eles o tratassem. Acredito que existe alguma coisa maior do que todos nós, uma coisa que simplesmente não chegamos a compreender plenamente.

"Procuro levar esses princípios para a nossa empresa. Por exemplo, sinto que preciso dar algo como retribuição por todas as coisas maravilhosas que me aconteceram durante a minha vida de empresária. E é por isso que a De-

---

* Instituição acadêmica norte-americana, cujos membros são escolhidos em função de sua excelência nos estudos. (N.T.)

termined Productions envolveu-se profundamente com diversas organizações ligadas a alguma causa digna, incluindo a UNICEF e o World Wildlife Fund. Criamos linhas de produtos para essas duas organizações e uma porcentagem de cada venda reverte diretamente para elas. Procuro mostrar meu apreço pelos meus empregados oferecendo-lhes bons benefícios. Acredito que os nossos planos de saúde e de distribuição de lucros estão entre os melhores do mercado.

"Acho que os relacionamentos têm uma importância fundamental, mas sou obrigada a confessar que há certos dias em que tenho dificuldade de praticar o perdão. Acredito que o perdão desempenha um papel importante — tanto nos negócios como na nossa vida pessoal."

Perguntamos: "Depois que você partir, o que gostaria que as pessoas lembrassem a seu respeito?"

Ela respondeu: "Que eu me interessei pelos outros."

Um conselho aos outros

Perguntamos qual conselho ela poderia dar aos jovens que estão pensando em entrar no campo dos negócios. Connie respondeu: "Eu lhes diria para colocarem todo o coração naquilo que estão fazendo e trabalharem duro. Para nunca permitirem que outras pessoas os façam abandonar seus sonhos.

"Eu lhes diria para, acima de tudo, acreditarem em si mesmos e saberem que nada é impossível, que não existem limites. Para terem entusiasmo. Para nunca perderem a esperança. Para se interessarem pelo que está acontecendo ao nosso planeta e às pessoas menos afortunadas do que eles, e para estarem dispostos a fazer algo a respeito. Para fazerem com que seu objetivo seja manter relacionamentos amáveis, gentis e nutridores, e reconhecerem a importância do perdão."

Terminamos a entrevista perguntando: "Dentre todas as muitas coisas que você fez, qual a que lhe deu mais orgulho?" Connie pensou um pouco antes de responder: "Nunca pensei nisso antes, mas acho que o que dá mais orgulho é ter desenvolvido uma empresa bem-sucedida e ter me tornado um exemplo para outras mulheres. É muito importante que as mulheres não abdiquem do seu poder pessoal.

"A segunda coisa que me ocorre é que eu tenho orgulho dos meus filhos e netos. Meus cinco netos me acompanham a toda a parte. Claro que nem sempre tudo é perfeito, mas somos uma família muito unida e isso me deixa extremamente feliz."

Não temos a menor dúvida de que o sucesso de Connie e o sucesso de sua empresa multinacional, a Determined Productions Inc., têm muito que ver com algumas atitudes que ela guarda em seu coração e em sua mente. Estas são as atitudes fundamentais de Connie: (a) deixar de lado os pensamentos negativos do passado; (b) acreditar em si mesma e nunca pensar que alguma coisa é impossível; e (c) acreditar que a razão pela qual estamos aqui é cuidar dos outros e ajudá-los. Connie é uma mestra maravilhosa para todos os que a conhecem.

Problemas de relacionamento nos negócios

De todos os muitos problemas hoje encontrados no mundo dos negócios, a maioria dos especialistas concorda que, no topo da lista, ou muito perto do topo, estão os relacionamentos. Os relacionamentos no trabalho não só afetam a produtividade como também podem indicar a diferença entre ter uma mente sempre perturbada e incapaz de se concentrar no presente, e ter uma mente em paz. Há muitos problemas de relacionamentos domésticos que se deslocam para a vida profissional, e vice-versa. Assim, embora talvez à primeira vista consideremos os nossos relacionamentos como um problema ligado ao trabalho, muitos especialistas em relações empresariais sugerem que o modo como nos relacionamos com os outros deve ser objeto da nossa prioridade.

Há amplas evidências de que as nossas atitudes com relação aos outros são apenas um reflexo das nossas atitudes com relação a nós mesmos. Existem muitos de nós, que passaram pelo divórcio, para quem o relacionamento permaneceu sem ser curado. Nossas emoções não-curadas podem facilmente deslocar-se para a nossa vida profissional, na qual é fácil encontrar uma oportunidade para descarregar a amargura e o ressentimento que ainda guardamos no coração.

Há ainda muitos relacionamentos doentios, nos quais abusamos dos outros ou talvez tenhamos sofrido abuso. Muitos tentaram subir a escada do sucesso pisando nas outras pessoas. Ou talvez guardemos amargura no coração porque alguém pisou em nós. Independentemente de quem pisou de quem foi pisado, esses relacionamentos podem ser altamente problemáticos.

Muitos alcançam um grande sucesso no mundo exterior, mas, ainda assim, o êxito interior lhes escapa e a vida pessoal continua na maior desordem. Muitos correm pela vida sempre com tanta pressa que raramente encontram a paz. E há os que parecem ter muitos amigos e a maior satisfação e sucesso tanto na vida pessoal como nos negócios, mas não têm ninguém com quem realmente partilhar seus pensamentos e sentimentos mais íntimos. E continuam a ir em frente, vivendo vidas solitárias, fragmentadas e separadas.

Ao ajudar os outros, você cura a si mesmo

Don Carlson, de Orinda, Califórnia, é conhecido de longa data por seu compromisso pessoal de transformar este mundo num lugar melhor para nele vivermos. Sua história continua a convencer todos os que a ouvem de que o ideal de Don pode se tornar uma realidade no mundo dos negócios. Don foi, por muitos anos, o principal executivo e o presidente do conselho de administração da Consolidated Capitals. Ele nos disse, durante a entrevista para este livro, que o conceito de lucro líquido na sua empresa ia bem mais fundo que o simples dinheiro; afirmou-nos também que se empenhara para fazer com que os relacionamentos e o serviço aos outros se tornassem uma das primeiras prioridades da empresa.

Don afirmou que fazia tudo para criar o melhor ambiente de trabalho possível. A empresa tinha coisas tais como um ginásio de esportes, quadras de basquete, uma quadra de tênis e muitos equipamentos com que os empregados podiam se exercitar, mantendo o corpo e a mente saudáveis e alertas durante as horas de trabalho. Além disso, a empresa pagava os cursos de nível superior que qualquer funcionário desejasse freqüentar, sem que esses cursos fossem necessariamente orientados para os negócios.

A Consolidated Capitals empenhou-se em reconhecer a contribuição de seus funcionários de todos os escalões. Ofereceu a todos eles a oportunidade de comprar ações da empresa, e autorizou-os a tomarem decisões. A empresa era como uma família zelosa, na qual havia grande respeito pela criatividade e utilidade de todos os empregados. Foram feitos todos os esforços para não censurar os outros quando ocorria algum erro, e cada indivíduo era encorajado a aprender com seus próprios erros.

Don Carlson está em uma busca espiritual há muitos anos. Ele não pertence a nenhuma organização religiosa, e seria equivocado tentar classificá-lo em qualquer categoria. No entanto, não temos a menor dúvida de que sua jornada para a realização espiritual desempenhou um papel sutil, embora definido, na condução dos negócios dessa empresa à qual ele está ligado há tantos anos. Don disse-nos que o perdão tem um lugar bem definido tanto no local de trabalho como na vida pessoal de uma pessoa.

Don e sua empresa estão preocupados com o nosso planeta Terra e com a doação aos outros. Ao longo dos anos, envolveram-se com muitas atividades comunitárias, incluindo programas de ensino e as Olimpíadas Especiais. No que se refere à sua jornada espiritual, Don nos disse: "Todos somos criaturas espirituais presas neste invólucro de ossos e pele. Acredito que nossa jornada aqui deve ser da maior utilidade possível para os outros e, embora eu tenha escolhido os negócios como meu veículo, tentei ser um bom amigo para muitas pessoas e procurei, na minha vida, fazer as coisas que melhor serviriam ao maior número de pessoas."

Don criou uma organização não-lucrativa, a ARKS, que contribui para causas dignas nas quais as pessoas fazem o melhor possível para influenciar positivamente o mundo, levando amor e uma atitude de zelo para os necessitados. Don dá o melhor de si para pôr em prática suas crenças espirituais, continuando a ser útil a diversas organizações que se devotam ao serviço aos outros.

Terminamos a entrevista perguntando a Don: "Qual conselho você daria aos formandos de uma escola de administração?" Eis sua resposta: "Eu lhes diria para confiar em si mesmos, lhes lembraria de que todos nós somos seres espirituais, uma parte de Deus. Se confiarmos nisso e permitirmos que os nossos sentimentos sejam o barômetro dos nossos pensamentos e ações, a longo prazo sempre alcançaremos as respostas certas."

Procure o amor, não os defeitos

Warren Werthimer demonstra que, tanto no mundo dos negócios como nos nossos relacionamentos pessoais, é realmente possível sermos buscadores do amor e não buscadores de defeitos. Warren é o proprietário do Rolling Hills Club, um clube familiar poliesportivo localizado em Novato, Califórnia. Eu (Jerry) conheço Warren há muitos anos e testemunhei sua transformação espiritual, a qual também transformou sua vida profissional.

Aos olhos da maioria das pessoas que o conheceram antes de sua transformação, Warren era o típico homem poderoso, que podia ser provocador e exigente. Para ele, era muito fácil ficar furioso e perder o controle; em geral, parecia que só se preocupava consigo mesmo. Parecia ter necessidade de viver aquele tipo de vida na qual sempre controlava as outras pessoas.

Warren começou a estudar o livro *Um Curso de Milagres* e passou a usar os ensinamentos desse livro como uma alavanca para sua transformação espiritual. Freqüentou algumas reuniões sobre *Um Curso de Milagres* que o Centro de Cura das Atitudes estava promovendo naquela época. Certa noite, ele falou sobre a raiva e a angústia que estava sentindo com relação ao comportamento de seu filho adolescente. O rapaz estava "passando ao ato" na forma de roubos e furtos.

Warren lembrou-se de que eu lhe sugeria considerar a possibilidade de sair de si mesmo e pedir ajuda perguntando: "O que eu preciso para criar um ambiente de amor para mim e meu filho?" Foi exatamente isso que ele fez. Posteriormente, disse-me que, ao fazer essa pergunta a si mesmo, a resposta que recebeu foi: "Faça as coisas que lhe ajudarão a sentir amor pelo seu filho."

Em essência, nesse mesmo dia, Warren passou a ser um buscador de amor em vez de um buscador de defeitos. E a coisa funcionou. O relacionamento entre ele e o filho começou a melhorar de maneira significativa. A auto-estima do filho se elevou, suas notas melhoraram e ele acabou se tornando um excelente programador na área da computação. Warren afirmou que, à medida que ia melhorando o relacionamento com o filho, ele próprio começou a aprender muito sobre o valor de perdoar aos outros e a si mesmo.

Depois, Warren descobriu que poderia aplicar esses mesmos princípios espirituais, de uma maneira bastante prática, no dia-a-dia do gerenciamento do clube de tênis. Essas novas idéias integraram-se aos princípios operacionais do clube. Tanto Warren como seus funcionários concordaram em assumir a responsabilidade de criar um ambiente de verdadeira amizade e reconhecer que sempre podemos escolher o modo como encaramos qualquer situação perturbadora.

Por exemplo, quando um sócio do clube telefona cheio de raiva, parecendo que está atacando, Warren e seu pessoal tentam vê-lo como um ser amedrontado que está pedindo amor. No momento em que os funcionários e os sócios do clube deixaram de ver cada acontecimento como um ataque pessoal e perceberam que havia segurança em ficar na não-defensiva, a maioria dos problemas começou a ser solucionada com a maior facilidade.

Sócios e funcionários são encorajados a ser honestos com relação aos sentimentos que nutrem uns pelos outros e a não se "reprimirem" voluntariamente. São encorajados a buscar um espaço acolhedor, em seus corações, para a outra pessoa. A atitude predominante é concentrar-se nos pensamentos positivos em vez de nos negativos, e saber que cada um é responsável por seus próprios sentimentos.

Warren está interessado em criar oportunidades para que todos possam crescer. Freqüentemente, convida oradores para virem conversar e dialogar sobre uma infinidade de assuntos diferentes. Ele também acredita que dar é receber — e costuma "ceder" o clube para as festas de Natal do Centro de Cura das Atitudes. Warren descobriu que os mesmos princípios espirituais podem funcionar com eficácia tanto na sua vida pessoal como na sua vida profissional.

Um número cada vez maior de empresas, grandes e pequenas, estão demonstrando a nova consciência da comunidade empresarial. Essas organizações estão desempenhando um papel ativo em demonstrar atitudes úteis e zelosas quanto à comunidade a ao mundo onde vivem. Erguendo-se no horizonte estão empresas como a Patagonia Sportswear, Ben & Jerry's Ice Cream e Body Shop, que dedicam uma soma apreciável de dinheiro para proteger o meio ambiente e ajudar os países do Terceiro Mundo.

Pessoas em todas as partes estão descobrindo que a solução para os seus próprios problemas geralmente surge quando elas reconhecem que a doação, o zelo, o amor e a vontade de ajudar os outros aplainam o terreno e pavimentam a estrada para uma jornada bem mais fácil. Jornada na qual aprendemos uma das mais fundamentais de todas as verdades: dar é receber.

O novo paradigma do mundo dos negócios — regras para todos nós

Em 1990, foi publicado um livro maravilhoso — *Creative Work: The Constructive Role of Business in Transforming Society.** Esse livro foi escrito pelo futurólogo Willis Harman, amigo nosso de longa data, em colaboração com John Hormann. Incluindo observações de Stan Janger e Amy Edmondson, trata-se de um dos melhores livros que conhecemos sobre a transformação espiritual no mundo dos negócios. Tivemos a oportunidade de entrevistar Willis, John e Stan para este livro.

---

* *O Trabalho Criativo — O Papel Construtivo dos Negócios numa Sociedade em Transformação*, publicado pela Editora Cultrix, São Paulo, 1992.

Willis Harman participou ativamente da criação da World Business Academy, que permite aos homens de negócios que estão na linha inovadora do novo paradigma empresarial compartilharem seus pontos de vista e aprenderem uns com os outros. Um dos problemas que enfrentamos é o fato de que o valor real do que fazemos muitas vezes não se manifesta de uma maneira que possa ser medida ou avaliada.

Perguntamos a Stan Janger se ele compartilharia conosco algumas de suas observações sobre as empresas envolvidas na própria transformação — ou seja, empresas que estavam lançando um olhar saudável a todos os seus antigos valores e atitudes, com a disposição para fazer uma mudança. Stan afirmou-nos que, em geral, essas eram organizações nas quais empregados, gerentes e acionistas sentiam que tinham poder pessoal, apreciavam seu trabalho e vivenciavam os frutos de seus esforços.

Willis, John e Stan afirmaram que o antigo paradigma industrial do Ocidente começou a sofrer uma ruptura devido a estas causas:

- Ele falhou em satisfazer a condição básica de que todo cidadão tenha a oportunidade de ser um participante pleno e valorizado, com o sentimento de pertencer e de ser útil.
- Falhou em alcançar, a longo prazo, uma distribuição satisfatoriamente eqüitativa do poder e da riqueza.
- Falhou em dar ao homem contemporâneo o sentimento de que é um membro útil e necessário do todo social que, por sua vez, estivesse ligado a um plano significativo de existência na totalidade de uma ordem cósmica ou divina.

Algumas das sugestões apresentadas no livro *Creative Work* são:

- Promover a integridade, a criatividade, a confiança e a cooperação — indo além da competição predatória, da pressão, da manipulação e da fraude.
- Reduzir a burocracia dentro das grandes organizações — indo além do conceito ultrapassado de que "Confiança é bom, mas controle é melhor".
- Promover valores e incentivos que estimulem a proteção do planeta Terra: seus processos que sustentam a vida, seus recursos, suas regiões selvagens e sua beleza — indo além do conceito da Terra como objeto dos desejos humanos.

- Se o fato fundamental a nosso respeito é sermos seres espirituais num Universo espiritual (e se a atual negação desse fato é realmente um erro), então qualquer estrutura social que se construa em torno dessa negação acabará deixando de ser satisfatória.

A mudança das atitudes

Estamos expostos à tentação de perder a paz de espírito, não só nos negócios como em todos os aspectos da nossa vida. A maioria de nós precisa de toda a ajuda que pudermos obter para nos lembrar de que nossas atitudes são escolhas nossas.

Preparamos duas listas: a primeira, das atitudes negativas que podem inibir a paz de espírito e criar separação, e a outra, que serve para nos relembrar as maneiras pelas quais podemos criar união e paz de espírito em todas as áreas da nossa vida.

Atitudes que criam separação

Estamos criando separação em nossa vida sempre que:

- acreditamos que gritar com os outros e atacá-los nos faz conseguir o que queremos;
- acreditamos que nossos próprios interesses devem vir antes dos interesses dos outros;
- resolvemos ser implacáveis a respeito do comportamento dos outros, ou ser implacáveis com nós mesmos;
- ocultamos informações sobre o que está ocorrendo na empresa ou participamos no que diz respeito a espalhar boatos;
- não permitimos que os nossos empregados participem dos lucros da empresa;
- tratamos os outros como objetos, ou não somos tratados como seres úteis e criativos;
- não acreditamos em nós mesmos; e sempre que nos falta fé e confiança;
- só o escalão superior tem permissão para participar das tomadas de decisão;
- acreditamos que manipular os outros é um meio satisfatório de comunicação;

- passamos o dia julgando os outros — mesmo quando nossos julgamentos ficam apenas em nossa mente.

Atitudes que ampliam a paz, o desenvolvimento e a união

Podemos ampliar a paz e a união:

- como empregados — tendo uma atitude na qual existe o mesmo nível de criatividade e responsabilidade que teríamos se a empresa nos pertencesse;
- como empregadores — tendo a atitude de querer criar o tipo de empresa na qual gostaria de ser empregado;
- assumindo a responsabilidade pelo nosso sucesso e nos comprometendo com o sucesso dos outros;
- estando dispostos a ver os outros como seres cheios de amor ou como seres cheios de amor que pedem amor;
- vivendo cada dia com honestidade e integridade, e sentindo harmonia entre o que pensamos, dizemos e fazemos;
- estando dispostos a perdoar a nós mesmos e aos outros; e dispostos a deixar de lado as sombras do passado, vendo os outros e a nós mesmos apenas no presente;
- por meio da nossa disposição para ouvir os outros sem julgamento;
- por meio da nossa disposição para ser carinhosos e zelosos com os outros e com nós mesmos;
- por meio da nossa disposição para não rotular as pessoas de uma maneira negativa;
- por meio da nossa disposição para viver um dia de cada vez, sem julgar os outros nem condenar a nós mesmos.

CAPÍTULO 13

O envelhecimento — manter vivo o coração da "criança interior"

A longo prazo, moldamos nossa vida e moldamos a nós mesmos. O processo nunca termina, até morrermos. E as escolhas que fazemos são, em última análise, de nossa responsabilidade.

Eleanor Roosevelt

O medo de envelhecer

Vivemos numa cultura orientada para a juventude. A ênfase na eterna juventude gerou um medo do processo de envelhecimento que talvez não tenha precedentes na História. As propagandas na televisão e nas revistas e jornais encorajam-nos a fazer todo o possível para evitar a aparência de alguém velho. Somos encorajados a dar combate às rugas e à flacidez com as armas da cirurgia plástica; na verdade, a cirurgia plástica para evitar a aparência de velho já está disponível para praticamente todas as partes do corpo humano.

Muitos de nós que temos pais idosos, ou marido, mulher ou outros entes queridos sofrendo de algumas das doenças associadas com a velhice (como o mal de Alzheimer, por exemplo) talvez nos deixemos dominar pelo medo. Não só nos preocupamos profundamente com o curso da vida dessas pessoas, como também pensamos, em segredo, na possibilidade de que "isso um dia pode acontecer comigo". Decerto, um dos nossos maiores medos com relação à velhice é virmos a perder o controle das nossas faculdades mentais e físicas.

O medo de nos tornarmos seres inúteis também é um grande problema quando entramos na chamada "terceira idade". As práticas de emprego na indústria e comércio tendem a criar em nós a impressão de que a nossa vida útil termina em certa idade. Por exemplo, na indústria aeronáutica, os pilotos são forçados a se aposentar aos 60 anos. Muitos outros ramos de atividade forçam a aposentadoria de seus empregados aos 65.

Já que grande parte da nossa auto-estima tem que ver com o que fazemos no mundo, uma aposentadoria forçada pode nos fazer sentir que a vida acabou para nós. Não necessariamente captamos essa mensagem de modo consciente, mas podemos sentir uma súbita depressão e decréscimo de energia. A simples idéia de sermos forçados a nos aposentar em certa idade pode nos fazer sentir que, de um minuto para outro, deixamos de ser úteis ou de ter valor. Muitas pessoas que estão enfrentando seus anos de aposentadoria descrevem assim esse sentimento: "É como se me levassem para o pasto, para eu terminar meus dias ruminando quietinho, sem incomodar o resto do mundo."

Embora de início os problemas de depressão e do decréscimo de energia possam parecer orgânicos e passíveis de serem resolvidos com os remédios adequados, a verdade é que eles em geral acabam provando que são problemas de atitude. Em outras palavras, os sentimentos geralmente associados com o processo de envelhecimento quase sempre têm mais que ver com as atitudes de auto-estima do que com os fenômenos que ocorrem nos níveis físico e mental à medida que envelhecemos. Se percebermos a verdade contida nessa afirmação, entenderemos que existe realmente uma outra maneira de ver o processo de envelhecimento e que é possível curar as atitudes que nos limitam na segunda metade da vida.

Reflexões pessoais

Eu (Jerry) comecei a me interessar pelo envelhecimento devido ao fato de meu pai ter vivido 92 anos, ao passo que minha mãe, recentemente falecida, quase chegou a completar 98. Ambos, antes de morrer, perderam a visão.

Meu pai e minha mãe muito me ensinaram sobre os desafios do envelhecimento. Algumas das lições que aprendi com eles foram das mais difíceis, e ainda assim das mais valiosas, de toda a minha vida.

O projeto de vida que eu traçara para os meus pais estabelecia que seus últimos anos seriam agradáveis, sem nenhum problema de saúde. Ora, eu acreditava que eles, depois de passar tantos anos trabalhando tão árdua e altruisticamente pelos filhos, deveriam ter a oportunidade de ser felizes e desfrutar a velhice. Meu projeto não se concretizou, pois meus pais tinham muitos problemas de saúde e viam a velhice como um inimigo, não como um amigo. Por fim, fui obrigado a esquecer o projeto que escrevera para eles e descobrir um significado mais profundo da palavra aceitação.

Houve muitas decisões dolorosas que meus irmãos e eu fomos forçados a tomar em nome de nossos pais. Papai viveu seus últimos anos com meu irmão Art e sua mulher Peggy; os últimos anos de mamãe foram vividos num abrigo de idosos em San Francisco. Para mim, sempre houve uma grande tentação de me sentir culpado por qualquer decisão que meus irmãos e eu tomávamos a respeito de nossos pais.

À medida que vai aumentando a vida média da população, milhares e milhares de famílias são desafiadas a enfrentar problemas semelhantes aos que meus irmãos e eu enfrentamos. Todos nós estamos sendo forçados a lançar um outro olhar mais íntimo às nossas atitudes sobre o envelhecimento.

Há muitas pessoas que talvez não precisem tomar essas decisões difíceis neste exato momento. Mas, basta pensar no futuro e já agora sentiremos um pouco da dor e da confusão envolvidas nos diversos problemas que poderão surgir, não só em relação a nossos pais e companheiros como também em relação ao nosso próprio envelhecimento.

Paciência, ternura, bondade e aceitação

Nunca poderemos encontrar em nós a paciência, a ternura, a bondade e a aceitação enquanto nos apegarmos à raiva, às queixas e ao ressentimento, por mais que procuremos dissimular que fazemos isso. É realmente muito difícil ser amorosos e úteis aos nossos pais se ainda conservamos questões pendentes com relação a eles, datadas da nossa infância. Se nossos pais são idosos e doentes, talvez tentemos ser-lhes úteis e mostrar-lhes amor; mas, se ainda os censuramos de algum modo, o mais provável é que encontremos conflitos, expressos por meio de batalhas externas ou internas. A ajuda que nasce do simples sentimento de dever e obrigação não necessariamente traz o amor.

Se nossos pais, por qualquer motivo, conseguem acionar em nós o gatilho que dispara o conflito e o desespero, é importante percebermos que fomos nós que armamos este gatilho. Há muitas pessoas que ainda desejam que seus pais tivessem sido diferentes — menos críticos, menos intransigentes e mais carinhosos. Há pessoas que sofreram brutalidade física, incesto e abuso emocional e espiritual. É da maior importância não negar esses sentimentos; devemos respeitar a raiva e o ressentimento. Mas, se quisermos pôr em prática os Princípios da Cura das Atitudes na nossa vida, acabaremos tendo de perguntar a nós mesmos: "Será que isso que me parece ser raiva e ira justificadas me traz paz de espírito?" Se a resposta for negativa, talvez queiramos encontrar meios para perdoar o passado e todas as sombras escuras que encontramos em nós mesmos ou nos outros.

Há hoje muitos grupos de apoio, tanto nos nossos Centros como em outras organizações, que ajudam as pessoas a lidar com os sentimentos difíceis relacionados com o passado. O perdão, que antes parecia totalmente impossível, muitas vezes se torna realidade. Com freqüência ocorre o reconhecimento de que, se tivéssemos vivido no mesmo ambiente familiar em que nossos pais passaram a infância, teríamos cometido os mesmos erros que eles cometeram. Talvez todos nós, que hoje somos pais e mães, estejamos tentando fazer o melhor possível com base nas circunstâncias das quais viemos.

Há muitos pais, já idosos, que continuam a criticar os filhos adultos, tentando aparentemente fazer com que eles se sintam culpados a cada passo do caminho. Há momentos em que nós, filhos já adultos, ainda conservamos aquela criancinha interior que continua a buscar a aprovação e a aceitação dos pais. Talvez até sintamos raiva quando não recebemos de nossos pais o respeito e o amor que deles desejamos.

A idéia que temos de nós mesmos e de nossos pais começa a mudar quando somos capazes de vê-los como seres cheios de medo, em vez de vê-los como seres cheios de raiva que nos atacam e censuram.

Quando podemos resolver não ver mais a nós mesmos como vítimas, e, em vez disso, ver nossos pais como grandes mestres da paciência e da aceitação, somos capazes de começar a sentir paz de espírito. Isso significa que aceitamos a escolha feita pelos nossos pais: eles preferiram queixar-se, ser infelizes e censurar. Mas se sabemos, no fundo do coração, sem sombra de dúvida, que a essência do nosso ser é o amor, então sabemos que nada pode nos ferir. Em vez de ver as máscaras e disfarces que nossos pais estão usando para lidar conosco, podemos optar por ver a verdadeira essência do seu amor.

O amor é sempre terno, bondoso e paciente. E é a essência desse amor que nos faz deixar de sentir qualquer necessidade de controlar o que quer que seja. E então somos livres para nos elevarmos através da aceitação em nossos corações, uma aceitação que se traduz na prática do amor incondicional.

Há um provérbio maravilhoso que faz parte dos ensinamentos espirituais do Oriente: "Não tente forçar o rio." Quando fluímos junto com o rio e deixamos de tentar nadar contra a corrente, a paz e a tranqüilidade começam a nos envolver. Este é um belo lembrete que nos ajuda a renunciar à necessidade de controlar o relacionamento com nós mesmos e com nossos pais.

Eu (Jerry) encontrei a paz no relacionamento com minha mãe quando parei de tentar mudá-la, quando deixei de pensar que o único meio de eu ter paz interior era fazendo com que minha mãe mudasse.

No momento em que eu (Diane) escrevo este livro, minha mãe e meu padrasto têm setenta e poucos anos de idade. Ambos gozam de excelente saúde e se envolvem plenamente com a vida. Houve muitas ocasiões, no entanto, em que me preocupei com o futuro deles e perguntei a mim mesma o que iriam fazer se acaso lhes surgissem sérios problemas de saúde ou alguma prolongada doença terminal. Eu também me perguntava quais seriam as minhas reações se isso acontecesse e tinha esperança de poder ser-lhes útil.

O que ficou bastante claro depois que enfrentei realmente esse problema foi que eu estava amedrontada com o que iria ou não ocorrer no futuro. Minha mente estava acostumada a criar uma dezena de histórias, algumas delas bastante deprimentes. Senti-me desamparada durante vários anos, porque não conseguia imaginar o que poderia fazer para impedir que meus piores medos se tornassem realidade. As possibilidades que eu imaginava pareciam totalmente fora do meu controle.

Isso fez surgir em mim uma sensação de impotência — eu não só era incapaz de controlar o processo real de envelhecimento de minha mãe e meu padrasto como tampouco, e isso era o pior, era capaz de controlar o meu próprio envelhecimento. Só consegui fazer algo a respeito quando percebi que o que me deprimia eram as minhas *atitudes em relação ao envelhecimento.* Mesmo que não podendo controlar o que se passava fora de mim, eu certamente podia fazer alguma coisa para ter paz com relação ao que ocorria dentro de mim.

Comecei a me envolver realmente com meus pais, planejando os anos que eles ainda tinham de vida; isso, por sua vez, deu-me discernimento e coragem para planejar os meus últimos anos de vida. Hoje essas preocupações deixaram de ser um problema para mim e estou confiante de que terei, a cada dia, a orientação e os instrumentos necessários para enfrentar todos os desafios que surgirem.

O medo de ser abandonado

O medo de estar isolado e de se sentir só e abandonado é comum a muitas pessoas idosas que dependem de outras para o atendimento de suas necessidades básicas. Pessoas que trabalham em asilos e abrigos, proporcionando cuidados aos idosos, dizem que um dos maiores problemas que eles enfrentam é a visita apenas ocasional da família e dos seres queridos, ou, em muitos casos, a ausência total dessas visitas.

Algumas pessoas evitam visitar os pais nesses abrigos porque, muitas vezes, essa é uma experiência dolorosa. Essas pessoas acham difícil não só ver os próprios pais como também os outros residentes, sentados imóveis contemplando o espaço e nitidamente sentindo-se isolados, deprimidos e talvez confusos. Em geral, as pessoas que têm os pais num desses abrigos geralmente admitem que não querem visitá-los por causa de seus próprios sentimentos de desamparo e até mesmo de culpa. Pois, na verdade, não queremos ser lembrados dos nossos próprios medos pelo que pode acontecer conosco quando envelhecermos.

É muito freqüente que os idosos internados em abrigos nunca sejam abraçados ou sequer tocados. Numa visita recente que fizemos a uma dessas casas, vimos um homem de seus noventa anos olhando fixamente para um papagaio numa gaiola. Para nós, tanto o homem como o papagaio pareciam imensamente tristes. Tivemos a impressão de que o homem estava se identificando com o pássaro preso na gaiola. Ambos estavam presos, ambos estavam limitados.

O modo como tratamos os idosos é um reflexo direto da nossa cultura voltada para a juventude, a qual inclui a negação do fato de que todos nós envelhecemos. Poucas pessoas discordaram do fato de que nossas atitudes com relação à velhice precisam ser totalmente repensadas.

Mary Cole

Na época em que eu (Jerry) estava passando por uma fase bastante frustrante ao tentar criar um ambiente mais feliz para meus pais, recebi a visita de uma mulher maravilhosa que tinha oitenta e dois anos de idade. Ela se mudara recentemente para Los Angeles, vinda de um lar para idosos em Mill Valley. Seu nome era Mary Cole. Uma mulher vibrante, animada e cheia de disposição. Sua energia, lembro-me bem, mais fazia pensar numa adolescente destemida do que numa octogenária.

Mary Cole disse-me que depois de ler dois dos meus livros, *Love is Letting Go of Fear* e *Teach Only Love*, sentiu uma forte orientação interior para mudar-se para o norte da Califórnia a fim de ficar mais próxima do Centro de Cura das Atitudes. Pediu a nossa ajuda para criar um grupo de Cura das Atitudes no abrigo que escolhera para viver, uma instituição chamada "As Sequóias".

Mary observou que muitas pessoas desses abrigos se sentem como vítimas. Sentem-se abandonadas pelos filhos e largadas num lugar onde não querem morar. Mary disse-nos que, nessa situação, a maioria das pessoas acaba se preocupando com os problemas físicos e está sempre reclamando de alguma parte do corpo. Ela acreditava que essas pessoas tinham medo da morte mas receavam falar a respeito.

Mary nos contou que vários dos seus amigos da instituição As Sequóias pareciam estar vivendo num doloroso passado. Haviam se tornado amargos, ressabiados e ressentidos com a vida, e se sentiam abandonados não só pela família como também por Deus.

Mary disse-nos: "Gosto realmente dos Princípios da Cura das Atitudes e tento colocá-los em prática todos os dias da minha vida. E sabem o que mais? Eles funcionam! Os conceitos que eu mais aprecio são: 'Este instante é o único tempo que existe' e 'Quando você aprende a ajudar os outros, aprende a ajudar a si mesmo'.

"Eu sei, no fundo do meu coração, que se aquelas pessoas tivessem a chance de deixar de lado sua preocupação com o próprio corpo e passar a se ajudar mutuamente, começariam a se sentir melhor com relação a si mesmas, às suas vidas e aos outros."

Mary Cole prosseguiu: "Olhe, eu não acho que os problemas da velhice estejam mais relacionados com o nosso corpo do que com o estado da nossa mente e com as atitudes que guardamos nela. Sei que aquelas pessoas, se parassem de culpar Deus e os filhos pela sua própria infelicidade e assumissem a responsabilidade por si mesmas, deixariam de sentir toda essa 'autopiedade'.

"Quanto a mim, não penso muito na minha idade cronológica. O importante para mim é manter o coração cheio de amor e ser grata por todas as bênçãos e desafios que a vida me apresenta.

"Acho que precisamos ensinar uns aos outros que o modo como nos sentimos tem pouco que ver com o envelhecimento do nosso corpo. Na verdade, o modo como nos sentimos tem muito que ver é com o amor que temos no coração, com a nossa vontade de ser gratos à vida e aos desafios que ela nos apresenta, e com a nossa vontade de dar amor e oferecer a mão aos outros."

Enquanto Mary falava, eu sorri e pensei comigo mesmo como ela fora bem-sucedida em aplicar os Princípios da Cura das Atitudes de modo simples e prático no seu dia-a-dia. Mary também me falou sobre sua imensa fé em Deus. Ela disse: "Quando você está ajudando e amando os outros, não importa se o que você faz é grande ou pequeno — tudo é obra de Deus. E então a alegria é tão grande que simplesmente faz desaparecer qualquer queixa que você pudesse ter."

Mary lembrou uma frase que certa vez Madre Teresa compartilhou conosco: "Não podemos fazer grandes coisas, só podemos fazer pequenas coisas com muito amor."

Para mim, Mary Cole representou uma brisa de ar fresco e fiquei ansioso para juntar-me a ela em seus esforços. Isso foi em 1979, e os grupos que ela criou ainda estão plenamente atuantes na instituição As Sequóias. Mary morreu há cinco anos, mas sua presença está sempre conosco.

Há alguns anos, Hugh Downs tinha um programa na PBS* que abordava a vida dos idosos e mostrava o que eles estavam fazendo para ajudar a si mesmos. Antes da morte de Mary Cole, tivemos o privilégio de comparecer a esse programa junto com ela e outros membros do grupo que ela ajudara a criar na instituição As Sequóias. Percebemos o orgulho que transparecia no rosto de todos eles, não por estarem na televisão mas, sim, devido à força e à alegria que sentiam dentro de si mesmos por serem capazes de ajudar tantos outros.

As reuniões semanais

Sentimo-nos profundamente inspirados sempre que nos é possível freqüentar uma das reuniões de segunda-feira à tarde do grupo criado por Mary Cole na instituição As Sequóias. As reuniões duram uma hora e meia. No início, as pessoas seguram as mãos umas das outras e lembram a si mesmas que estão ali por uma razão: encontrar paz de espírito e transmitir amor. Quando alguém está doente ou impedido de comparecer, os presentes se concentram nele e esse pensamento é colocado no centro do círculo.

As reuniões começam com a declaração dos dozes Princípios da Cura das Atitudes e das dez normas estabelecidas para as reuniões dos grupos de apoio. Essas normas, que são seguidas por todos os grupos do Centro de Cura das Atitudes, são:

---

* Public Broadcasting System, rede de TV educativa norte-americana. (N. T.)

Normas para os grupos de Cura das Atitudes

1. Nosso objetivo é trabalhar a nós mesmos, aprender o perdão e praticar a escolha da paz interior.
2. Nos grupos, reconhecemos que amar é ouvir, e concordamos em ouvir com um coração aberto, dar apoio mútuo e praticar a escuta e compartilhar sem julgamentos.
3. Estamos aqui para curar a nós mesmos. Não estamos aqui para dar conselhos a ninguém nem para mudar suas crenças ou seu comportamento.
4. Compartilhamos a partir da nossa própria experiência. No momento em que nos arriscamos a expor o nosso estado emocional, encontramos uma experiência comum que permite a União.
5. Respeitamos a nós mesmos e a cada um dos outros como um ser único. Reconhecemos que o importante é o procedimento de cada pessoa e não o julgamento que fazemos dele.
6. Apoiamos a orientação interior de cada um dos outros. Deixamos que cada pessoa encontre suas próprias respostas.
7. Os papéis de aluno e de mestre são intercambiáveis. Eles fluem de uma pessoa para outra independentemente de sua idade ou experiência.
8. Praticamos o estar junto com os outros vendo "a luz e não o abajur".
9. Concordamos em lembrar que sempre temos uma escolha entre a paz e o conflito, entre o amor e o medo.
10. Todas as informações compartilhadas no grupo são confidenciais.

Depois de ler essas normas em voz alta, o facilitador pergunta quem deseja começar. Os membros do grupo partilham seus problemas uns com os outros e, é claro, logo descobrem que não estão sozinhos. Juntos, eles formam um "casulo" de amor incondicional, fazendo o possível para encontrar outros meios de ver as situações, através da aplicação dos Princípios da Cura das Atitudes.

Cada membro do grupo se compromete a respeitar o sigilo, bem como nunca tentar mudar qualquer pessoa. Cada um se compromete a não fazer pregações nem dar conselhos, mas a compartilhar a partir de um espaço muito pessoal no qual possa ter vivido experiências semelhantes e aprendido a curar suas próprias atitudes.

Algo que sempre nos impressiona é o bom humor que surge à medida que as pessoas vão estendendo umas às outras os maiores dons que os seres humanos podem conceder — ouvir com amor incondicional, sem nenhum julgamento e sem nenhum desejo de interromper o outro. Nessas reuniões, as pessoas ouvem e respondem umas às outras tentando incorporar os Princípios da Cura das Atitudes em suas vidas. Em vez de se sentirem agredidas em certas situações dolorosas, vêem os outros como seres amedrontados que pedem amor.

Uma das experiências fascinantes que assistimos foi o desaparecimento total de estados depressivos que davam sinais inequívocos de ser crônicos. Vimos desaparecer por completo os sintomas de pessoas que haviam recebido diagnósticos de senilidade patológica, deficiência da memória e problemas de orientação espacial e temporal.

Ficamos impressionados com o número de milagres que acontecem quando pessoas de qualquer idade encontram um ambiente seguro no qual podem ser realmente úteis aos outros e abrir o próprio coração. O poder do amor incondicional, de se criar um ambiente no qual podemos realmente nos sentir úteis aos outros, é extraordinário. Esses princípios espirituais têm aplicações bastante práticas em todas as áreas da vida e ficou bem claro que não há quaisquer restrições de idade.

O poder de cura do perdão

Lembramos muito bem de uma mulher de oitenta e seis anos que sofria de uma moléstia coronária chamada angina do peito. A medicação parecia não estar funcionando e não lhe trazia nenhum conforto.

Certo dia, numa das reuniões, perguntaram a ela se havia alguma coisa em sua vida pela qual não tivesse perdoado a si mesma. Ela pensou por um instante e então começou a chorar. Verteu um manancial de lágrimas. Ela disse que não conseguia acreditar naquilo que lhe veio à mente em resposta a essa pergunta.

A mulher lembrou-se de um incidente, quando tinha cerca de seis anos de idade: sua mãe mandou-a comprar alguma coisa na mercearia da esquina e ela, enquanto o merceeiro estava de costas, roubou uma barra de chocolate. Nunca falara a ninguém sobre esse incidente, mas sentia tanta culpa e vergonha desse pequeno furto que o manteve oculto nas profundezas do inconsciente durante oitenta anos!

Bem, está claro que no momento em que ela finalmente decidiu perdoar a si mesma e esquecer o passado, a medicação para a angina do peito começou a dar bom resultado. Ela acabou encontrando, literalmente, o conforto que desejava. Talvez todos nós precisemos de alguém em quem confiar desse modo, para compartilharmos nossos segredos íntimos a fim de que eles deixem de nos causar danos físicos e emocionais.

John Goodman

A idéia de levar a Cura das Atitudes às comunidades e abrigos de pessoas idosas está ganhando aceitação cada vez mais ampla, e hoje já é usada em diversas localidades dos Estados Unidos. Há alguns anos, John Goodman, sócio-gerente da Sage Company de Minnesota, não só se familiarizou pessoalmente com o nosso trabalho como também começou a oferecer, a todos os idosos residentes na Sage, aulas sobre a Cura das Atitudes e outras propostas baseadas no conceito de bem-estar.

A empresa de John possui e gerencia diversos lares e clínicas de repouso para pessoas idosas, espalhados por todo o país. John Goodman conta-se entre os inovadores na área de ajudar a criar uma nova consciência nos serviços e assistência prestados aos idosos e às suas comunidades. Ao entrar em uma de suas casas, sente-se de imediato a pulsação do amor que nelas existe em grande abundância.

Com múltiplos níveis de cuidados e serviços à sua disposição, muitos dos residentes estão com John já há longo tempo. Numa recente visita à Flórida, onde se localizam algumas dessas instalações, uma mulher ativa, de seus noventa anos, aproximou-se de nós no saguão para nos cumprimentar. Perguntamos se ela gostava de viver ali. Respondeu-nos que nunca havia tido um filho, mas, se tivesse, gostaria que fosse igual ao John. E, ao pronunciar essas palavras, deu um beijo estalado e espontâneo no rosto de John e abraçou-o com todo o calor materno. Isso, por certo, nos fez perceber muito bem o tipo de vida que ela levava naquele lar de idosos.

Corações e mentes plenos de amor criam o traçado e a arquitetura das comunidades para pessoas idosas de John Goodman. Há complexos com escolas, centros comunitários culturais e até mesmo creches, que facilitam uma comunhão natural e agradável para todos entre crianças pequenas, pais e mães e pessoas idosas. Além disso, uma infinidade de atividades e programas integrando as várias gerações colaboram para que os idosos se sintam valorizados, úteis e com vida.

Fomos convidados a fazer uma palestra em Key Largo, Flórida, onde se inaugurou recentemente uma nova comunidade de idosos da Sage Company: as Palmas de Largo. Fizemos uma palestra aberta ao público em geral sobre a Cura das Atitudes e, mais tarde, nessa noite, uma palestra especial para os residentes das Palmas. A maioria deles estava por volta dos oitenta e nove anos de idade.

Ficamos impressionados ao perceber como aquele grupo estava interessado em sua vontade de encontrar outro modo de ver o mundo. Fizeram-nos perguntas extraordinárias e mantivemos um diálogo maravilhoso. Depois nos reunimos com os funcionários da Sage para conversar sobre os programas que promovem a Cura das Atitudes e outras formas de conscientização pessoal; eles continuarão a implementar esses programas nas demais instalações da Sage em todo o país.

Nunca se é velho demais para mudar

Em dezembro de 1989, um grande mestre entrou em nossas vidas. Esse mestre era uma mulher de noventa e três anos. Seu nome de batismo era Andrea de Nottbeck, mas ela preferia ser chamada de Happy (Feliz). No dia 14 de dezembro de 1989, recebemos um telefonema de Genebra, Suíça, de alguém que não conhecíamos. Essa pessoa disse que era a esposa do nosso editor francês e nos informou que havia uma senhora de noventa e três anos, chamada Happy, que tinha determinado quadro que gostaria de dá-lo para nós. A razão do telefonema era perguntar se poderíamos ir à Europa na semana anterior ao Natal para receber o presente.

Falando francamente, esse telefonema nos pareceu bastante estranho: uma pessoa desconhecida pedindo-nos para ir com urgência à Suíça. Nossa resposta foi a pura verdade: tínhamos muitos planos para o Natal e aquela viagem seria impossível. A mulher então nos perguntou se poderíamos ir na semana entre o Natal e o Ano-Novo. Como não estávamos em condições de confirmar pedimos a ela para nos ligar no dia seguinte ao Natal, pois, tendo mais informações, iríamos pensar no assunto, rezar e tomar uma decisão.

Ocupamo-nos com os nossos outros projetos e esquecemos esse assunto até que, no dia 26 de dezembro, a mulher voltou a nos telefonar. Explicou-nos que, como Happy não falava inglês, não podia falar diretamente conosco. O caso é que Happy tinha um quadro de um pintor espanhol do século XIV; esse quadro pertencia à sua família havia séculos e ela queria doá-lo para nós. Happy queria doar-nos o quadro antes de morrer. Embora gozasse de boa saúde, queria que fôssemos vê-la de imediato. Perguntamos qual o tema da pintura e a mulher nos respondeu: Jesus Cristo.

Curiosos, perguntamos por que Happy nos escolhera como herdeiros do quadro. A mulher explicou que Happy, durante uma meditação no alto das montanhas suíças, perguntara quem deveria zelar pelo quadro. A resposta que aflorou foi: "*Love is Letting Go of Fear*... Gerald Jampolsky."

Então foi a nossa vez de meditar e, para nossa grande surpresa, recebemos a orientação para ir receber o quadro. Dois dias mais tarde, estávamos em Genebra com Happy. Descobrimos que se tratava de uma mulher admirável. Através de um intérprete, contou-nos sua história.

O marido morrera havia muitos anos. Nunca tiveram filhos. Embora possuísse dezenas de milhões de dólares, Happy disse que sempre fora uma mulher infeliz e amarga. A maioria das pessoas achava difícil lidar com ela. Em geral, ela se mostrava irritadiça e nervosa.

Quando tinha oitenta e cinco anos, alguém lhe deu um exemplar de *Love is Letting Go of Fear*. Happy contou-nos que este se tornou o seu livro de cabeceira: foi lendo e relendo durante todo um ano, tentando integrar os princípios do livro à sua vida através do encontro de uma outra maneira de ver o mundo.

Happy passou por uma transformação extraordinária, à medida que aprendia a perdoar todas as pessoas que achasse que lhe haviam feito algum mal. Começou a perdoar a si mesma pelos seus erros e a deixar de se censurar. Sua personalidade mudou por completo. Antes, ela era uma mulher rabugenta, revoltada e irritadiça; agora, era alegre e feliz. Mudou seu nome para Happy. Nós não o sabíamos naquela época, mas Happy fora a responsável pela edição de *Love is Letting Go of Fear* em francês, anos antes.

Mostraram-nos uma revista francesa na qual ela foi matéria de capa. A foto da capa mostrava Happy voando de asa-delta sobre os campos da França. Ela tinha oitenta e oito anos na época! Depois, contaram-nos que, com noventa e um anos, ela fez acrobacias num biplano. Tornou-se vegetariana e meditava diariamente. A cada dia, seu relacionamento com a Fonte tornava-se mais íntimo.

Happy decidiu que queria doar todo o seu dinheiro para organizações filantrópicas; na época em que nos conhecemos, essa tarefa já tinha sido completada. Seu último bem material era o Cristo pintado no século XIV. Em suas meditações, ouviu a orientação interior de que, embora estivesse bastante saudável, em breve deixaria o corpo físico e deveria encontrar o próximo responsável pela guarda do quadro.

Happy disse-nos que havia muitos interessados na posse daquele quadro, incluindo museus, igrejas, parentes e amigos, e que todos eles tentaram dissuadi-la de passá-lo para as nossas mãos. Happy afirmou que, quando estava no alto da montanha, ficou bem claro que o quadro deveria ser posto sob a nossa guarda, muito embora ela não nos conhecesse pessoalmente. Passamos três dias maravilhosos ao lado de Happy. Ela foi uma das pessoas mais felizes, tranqüilas e desapegadas, embora plena de amor, que já conhecemos. Tivemos também a felicidade de começar um Ano Novo ao seu lado.

No dia 2 de janeiro de 1990, eu (Jerry) viajei para o Oriente Médio atendendo a um compromisso anterior e Diane voltou para a Califórnia com o quadro. Três semanas depois, recebemos um telefonema informando que Happy morrera em paz durante o sono. Ela continua a ser um grande exemplo para nós. Já que Happy nunca se sentiu velha demais para mudar, sabemos que nós próprios nunca seremos velhos demais para mudar.

Ter o coração jovem é uma atitude

Estamos sempre aprendendo muitas lições com as pessoas idosas que encontramos em nosso caminho. Os idosos que mais nos impressionam são os que não parecem prestar demasiada atenção à idade cronológica. Constante neles é a atitude de serem jovens no coração. São pessoas cheias de entusiasmo e de prazer pela vida. Elas parecem viver cada dia como se tivessem acabado de nascer, como se cada dia fosse uma experiência totalmente nova.

Essas pessoas nos ensinaram que, quando olhamos no espelho, é mais importante atentar para ruguinhas do sorriso do que procurar ver as rugas da idade. Elas nos ensinam que não precisamos nos concentrar apenas no corpo. Mesmo quando seu corpo não está muito bem e quando há certa incapacidade de fazer as coisas que faziam antes, essas pessoas idosas ainda se sentem vivas, fortes, cheias de animação pela vida. Para elas, o corpo é sempre um amigo, nunca um inimigo.

Muitas das pessoas idosas que conhecemos ao longo dos anos se mantêm jovens através da prática contínua de algum tipo de exercício físico todos os dias, mesmo quando estão confinadas ao leito ou a uma cadeira de rodas.

Outras continuam a se exercitar ao ar livre caminhando, escalando morros, andando de bicicleta, jogando tênis ou golfe.

As pessoas idosas que dão a impressão de estar bem consigo mesmas não parecem viver no passado ou no futuro. Elas são tranqüilas e é raro vê-las fazendo julgamentos sobre os outros.

Como as criancinhas, sentem entusiasmo pela vida e por tudo o que nela existe. Parece que um dos segredos que as mantêm vivas e entusiasmadas pela vida é seu interesse pelos outros e um coração cheio de amor.

Este é um dos Princípios da Cura das Atitudes mais freqüentemente citado pelos idosos que conhecemos: é importante esquecer os rancores e as queixas do passado; é importante não se sobrecarregar com fardos muito pesados. Os muitos mestres que tivemos o privilégio de conhecer no mundo todo nos ensinaram que é realmente possível seguir em frente com leveza, com olhos risonhos, com senso de humor e com uma atitude de perdão a cada passo que damos.

Sentimos que um dos segredos para uma pessoa não se deixar prender pelos mitos sobre o processo de envelhecimento é parar de contar os anos ou abdicar de seu poder pessoal só porque dobrou a marca dos sessenta, dos setenta, dos oitenta ou de qualquer outro número supostamente mágico. Parece que as pessoas que vivem uma velhice mais ativa, produtiva e feliz são exatamente as que não se apegam a mitos tais como: numa certa idade, espera-se que isso ou aquilo aconteça às nossas aptidões físicas e mentais; depois de uma certa idade, há um modo "apropriado" de agir.

Parte do segredo do envelhecer bem é nos concentrarmos, com muita dedicação, na busca de meios de ser útil aos outros. Isto significa libertar a criança curiosa e insensata que existe em cada um de nós. Significa aprender a permanecer no presente — sem se deixar prender ao passado nem ao futuro. Significa saber que, dia após dia, sempre há novas oportunidades de ser útil aos outros.

Com noventa anos de idade, nosso querido amigo John Fetzer contou-nos, poucas semanas antes de morrer, que diariamente procurava telefonar para cinco pessoas e dizer-lhes que as amava. Achamos que foi isso que conservou-lhe um sorriso no rosto até o seu último instante de vida neste plano.

Parte do segredo de viver plenamente durante todos os nossos anos de vida é manter viva a imaginação e conhecer a poderosa bênção que vem ao nosso encontro, independentemente da idade, quando praticamos a gratidão ilimitada em todos os segundos que vivemos.

Somos gratos a todos os que sempre buscaram uma maneira de se sentirem úteis, a todos os que contaram as bênçãos recebidas e não seus desapontamentos, a todos os que nos fizeram ver que não precisamos ter medo do processo de envelhecimento ou mesmo da morte. Essas pessoas estão sempre nos demonstrando que a vida e o amor são eternos.

Afirmações

1. Não há nada a temer no envelhecimento.
2. Sou sempre tão jovem quanto a criança inocente e brincalhona que vive dentro de mim.
3. Minha mente é sempre livre, não importa o que esteja acontecendo ao meu corpo.
4. O que conta na vida é a plenitude do meu coração e não o número de rugas do meu rosto.
5. Quando me sinto útil e prestativo aos outros, esqueço minhas preocupações sobre o processo de envelhecimento.
6. Nunca sou velho demais para fazer novas escolhas.
7. Nunca sou velho demais para aprender coisas novas ou explorar novas idéias.
8. Nunca sou velho demais para ter importância.

CAPÍTULO 14

Atitudes com relação à paz

A causa da paz ou do conflito está dentro de nós, não fora, e cada um de nós pode fazer algo a respeito disso.

A mente tranqüila

Se uma pessoa é tranqüila o tempo todo, independentemente das circunstâncias caóticas ou trágicas de sua vida, há uma grande tendência de se dizer que ela não está respondendo de modo realista à vida. Essa pessoa poderá até mesmo ser acusada de estar se recusando a ver a realidade ou de estar escondendo a cabeça num buraco, como o avestruz.

A abdicação do nosso poder pessoal

Vivemos numa sociedade que tende a afirmar que viver em constante estado de tensão não só é normal como saudável, em conseqüência de todas as coisas terríveis que acontecem no mundo. Somos ensinados que é normal e saudável sentir medo a maior parte do tempo; que, se você é tranqüilo, provavelmente está negando a raiva gerada pelo fato de ser uma vítima. Muitos de nós crescemos com a crença de que as guerras são inevitáveis e de que não é possível viver num mundo onde exista uma paz harmoniosa.

Muitos de nós abdicamos do nosso poder pessoal, permitindo que os outros determinem em que devemos acreditar ou não, o que é saudável ou doentio, em vez de tomar nossas próprias decisões sobre esses assuntos. Muitas pessoas acham que ser tranqüilo é o mesmo que ser inativo. Um dos propósitos deste livro foi salientar a possibilidade de que a paz nada tem que ver com o que está acontecendo na nossa vida exterior, e sim que a paz está totalmente relacionada com o que está acontecendo em nós.

A causa última de paz ou conflito vem de dentro de nós, não de fora, e todos nós, enquanto seres individuais, podemos fazer algo a respeito.

Deixar de lado os bloqueios que interferem na nossa vida

Os bloqueios que interferem na nossa capacidade de lembrar que nosso estado natural é o amor e a paz abrangem a crença na culpa, na censura, no medo, no desejo de vingança, na agressão e na guerra. Isso tudo constitui o cerne do ego. A Cura das Atitudes percebe o valor de esquecer esses bloqueios a fim de podermos lembrar que nossa verdadeira natureza é o amor e a paz, e reconhecer que vivenciamos o amor e a paz demonstrando-os na nossa própria vida. Seria possível vivenciar realmente a paz interior ao mesmo tempo que agredimos outra pessoa, quaisquer que sejam as bases racionais oferecidas pelo nosso ego para a agressão? Não, isso seria impossível. Trabalhar pela paz e lutar pela paz são duas coisas totalmente diferentes. Nossos medos e o nosso ego querem que vejamos o valor da agressão, escondendo da nossa consciência o fato de que, quando damos valor à agressão, perdemos a paz que buscamos.

A paz é extremamente simples e, no entanto, fazemos com que ela pareça extremamente difícil. Tudo o que precisamos é lembrar, a cada dia, que toda vez que valorizamos a agressão a nós mesmos ou ao outro, qualquer que seja a causa, perdemos a paz de espírito.

Paz: a inimiga do ego

Muitos de nós — e certamente Diane e Jerry estão incluídos nisto — temos enorme dificuldade para sentir o estado de paz com tanta freqüência quando teríamos desejado. A razão para isso é que os pensamentos do ego vêem a paz como uma ameaça. Por difícil que seja admitir isso, cada um de nós tem dentro de si sistemas de pensamento que encaram a paz como um inimigo.

Respondendo aos medos do ego, faríamos o possível para destruir nossos sentimentos de paz e veríamos esse processo como necessário à proteção do ego. Desse modo, quando estamos nos sentindo em paz, de repente surge, parecendo vir de lugar nenhum, uma situação na qual a tentação leva a melhor e nos surpreendemos julgando ou condenando. Com a velocidade do raio e do trovão, somos dominados por pensamentos agressivos e por julgamentos dirigidos contra os outros ou contra nós mesmos.

Nosso ego quer realmente que nos sintamos amedrontados e preocupados com possíveis ataques ou perdas. Enquanto nos sentirmos assim, o ego está justificado. Mas, para os momentos em que nos sentimos em paz, o ego dispõe de um sistema de radar que percebe imediatamente o estado de paz e está sempre pronto para encontrar um meio de nos pôr em estado de conflito.

A luta pela paz

Quando tentamos trabalhar pela paz por meio da luta, a própria paz que buscamos torna-se tão esquiva quanto um peixe debaixo d'água, porque, no processo de agressão, não somos pacíficos. Ter pensamentos agressivos significa que estamos jogando jogos de guerra com nós mesmos e com os outros.

Perdemos nossa paz de espírito quando lutamos e atacamos os outros, o que é apenas uma projeção da nossa luta interior. Claro que nos recusamos a ver isso como uma projeção. Pelo contrário, queremos pensar que confiamos plenamente nas nossas próprias percepções e acreditar que a causa de todo conflito que vivemos está totalmente fora de nós.

Nosso ego sempre escolherá alguma forma de ataque para resolver um problema, e isso pode cobrir toda a gama que vai do pensamento que julga guardado na mente até a agressão física aos outros. Por outro lado, o nosso verdadeiro eu — que escolhe a não-violência e a paz como meio de resolver problemas — escolhe buscar o amor, em vez de buscar o conflito e o medo.

A paz de espírito

A paz de espírito não precisa estar relacionada com as coisas do mundo que vemos. Ela é puramente uma questão de reconhecer nossa ligação eterna com a Fonte e com o amor que une a vida como um todo. Trata-se de uma paz que só sentimos quando a partilhamos com os outros. Você irá descobrir que não precisa dizer uma única palavra para que os outros saibam que você está sentindo paz interior. As vibrações pacíficas que você emite serão evidentes para o mundo e para todos à sua volta.

Muitos de nós passamos pela experiência de escalar uma montanha e chegar até um lago tranqüilo, tão puro, sereno e cristalino que quase podíamos ver o fundo. Esta imagem bem poderia simbolizar a mente que está em paz.

Uma mente em paz é o nosso estado natural. Em paz está a mente que não contém confusão e impurezas, a mente permeada de tranqüilidade, quietude, alegria e amor.

Uma mente em paz tem lucidez porque não julga, não tem medo nem quaisquer pensamentos conflitantes de agressividade.

É na união de uma mente em paz com um coração em paz que o amor se abre e se expande, refletindo a essência da nossa identidade espiritual.

Dar paz aos outros

A paz começa com cada um de nós. Não podemos dar paz aos outros e ao mundo a menos que a tenhamos em nós mesmos. Não podemos sentir verdadeiramente a paz interior a menos que tenhamos curado as questões pendentes do nosso passado, deixando de lado as queixas por meio do perdão. Nossa paz interior é uma das maiores dádivas que podemos dar aos outros e ao mundo.

Para ter paz, é necessário viver a vida com uma atitude pacífica que se evidencia tanto nos nossos pensamentos quanto nas nossas ações. Ter paz é estar plenamente comprometido, com todas as fibras do nosso ser, com a crença de que a paz é possível. Já que são os nossos pensamentos que em última análise criam a nossa realidade, à medida que pensamos na paz seremos a paz.

Lemos recentemente um livro inspirado, *Peace Is Every Step*, do monge vietnamita Thich Nhat Hanh. Ele afirma, neste livro, que a consciência pode ser dividida em duas partes — as sementes e as manifestações.

Cada vez que uma semente se manifesta, ela produz novas sementes do mesmo tipo. Por isso, quanto mais raiva sentirmos, mais sementes da raiva iremos manifestar e trazer ao mundo. Por outro lado, quanto mais tranqüilos e alegres forem nossos pensamentos, mais as sementes da paz e da alegria se multiplicarão e se manifestarão no mundo.

Cultivar os jardins da paz e do amor

Durante muitos anos, sentimos que era útil ver a mente humana como um jardim a ser cultivado e nutrido. O jardim do amor e da paz que existe em cada um de nós precisa de constante cuidado. Deve ser regado pelo nosso amor. Seu sol é a apreciação da sua beleza e o ato de compartilhar essa beleza com todos os outros.

Às vezes, quando nos distraímos ou adormecemos, surgem as ervas daninhas da raiva, do medo, da culpa, do julgamento e da condenação. Essas ervas daninhas não têm serventia alguma para nós. Por isso, no instante em que percebermos uma erva daninha no jardim, devemos arrancá-la de imediato, dando assim ao amor o espaço e o ar necessários para poder ser experimentado.

Quando nos lembramos de cuidar do solo com o nosso perdão, sentimos que nosso jardim é belo, adorável, majestoso, sem nenhuma erva daninha.

A jardinagem é uma das puras alegrias da vida, uma dádiva de amor e uma bênção para nós mesmos e para todos os outros.

O jardineiro do solo e o jardineiro da paz e do amor são um só, pura beleza e amor intercalados com a pureza da paz eterna.

Afirmações

Achamos que não poderíamos oferecer uma afirmação melhor do que os pensamentos e imagens do poema de Diane, "O Jardineiro":

Quando acordares a cada manhã,
toma em tuas mãos todo o amor que Eu te concedi
e com ele regues generosamente os Meus jardins,
generosa, ilimitadamente.

Tua taça nunca se esvaziará
pois Eu a encherei, a cada noite, no fim da tua jornada
bem além dos limites nos quais um dia acreditaste.
Tu irás cuidar das flores e arrancar as ervas daninhas
e colherás, Meu jardineiro, um tesouro
que palavra alguma pode descrever.

III PARTE

A CURA DAS ATITUDES — DEZOITO LIÇÕES SEMANAIS

Uma das mais importantes perguntas que podemos fazer a nós mesmos a cada segundo de cada dia é: este pensamento, estas palavras, este ato, levam à união ou à separação?

DEZOITO LIÇÕES SEMANAIS: COMO USAR A CURA DAS ATITUDES EM CADA ASPECTO DA NOSSA VIDA

As lições a seguir foram desenvolvidas para nos ajudar a reeducar a mente no sentido de deixar de lado as antigas crenças e convicções que nos mantêm num estado de medo e de perturbação. O objetivo dessas lições é ajudar-nos a não temer o amor e a dar às nossas comunicações um propósito de união e não de separação.

São dezoito lições semanais. Sugerimos que a cada semana você se concentre em uma lição, durante pelo menos cinco minutos, todas as manhãs logo ao despertar e novamente ao fim do dia, durante cinco minutos, antes de deitar. Achamos que é útil escrever a lição da semana numa ficha ou folha de papel e levá-la conosco e, se possível, passar os olhos por ela durante o dia tantas vezes quantas se achar conveniente.

Faça o possível para ser amável e paciente consigo mesmo e lembre-se, a cada dia, de que somente os seus próprios pensamentos o ferem.

1. Posso escolher entre ver todas as outras pessoas ou como seres que oferecem amor ou como seres amedrontados que pedem ajuda.

Aplicação: Quando os outros agem com raiva, ressentimento e julgamento ou parecem estar me agredindo, eu sempre posso escolher entre vê-los tal qual se mostram exteriormente ou como seres amedrontados, lançando um pedido por amor. Quando não respondo na mesma moeda — retribuindo a raiva, ressentimento, julgamento ou agressão —, então sou capaz de ir buscar dentro de mim mesmo a minha própria abundância de amor. Posso, portanto, resolver responder com amor e compaixão e não na perspectiva do medo que percebi nos outros.

2. Eu posso escolher a paz quando me oriento para ser interiormente pacífico, independentemente do que ocorre no exterior.

Aplicação: Toda vez que eu acredito que a minha paz de espírito depende do que outra pessoa faz ou deixa de fazer, ou depende de um acontecimento ou de uma experiência fazer ou não parte do meu caminho, sempre estarei em conflito. É útil lembrar-me de que, a cada momento, não importa o que esteja acontecendo no exterior, posso realmente escolher ficar em paz no meu interior. Hoje eu posso escolher como irei me sentir em relação a mim mesmo, aos outros e ao mundo.

3. O alívio de todas as tensões provém da Cura das Atitudes em minha mente.

Aplicação: Posso me livrar do cansaço e da tensão que estou sentindo neste exato momento se me lembrar de que não são as pessoas nem as circunstâncias ou os acontecimentos exteriores a mim que causam a minha perturbação. São as minhas atitudes, pensamentos e julgamentos a respeito dos outros e das coisas que me deixam esgotado e cheio de tensão.

4. A percepção é um espelho, não um fato. O que eu penso é o que eu vejo, porque os pensamentos de raiva projetam um mundo de raiva e os pensamentos de paz propagam a paz no mundo.

Aplicação: Se hoje eu me sinto preocupado por causa do que vejo no mundo exterior, irei me lembrar de que aquilo que percebo e vivencio é o resultado da projeção dos pensamentos da minha própria mente. Tudo o que vejo é filtrado pela lente das minhas experiências anteriores, e isso se revela no mundo à minha volta. O que percebo no mundo exterior são, na verdade, os meus pensamentos convertidos em imagens e projetados como se eu estivesse me olhando num espelho. À medida que reconheço essa realidade, posso olhar para dentro de mim mesmo e ver de que maneira estou preso a pensamentos implacáveis e agressivos em relação a mim mesmo ou aos outros. Ao me decidir transformar os pensamentos que guardo dentro de mim, a minha percepção do mundo também se transforma.

5. "Não sou uma vítima do mundo que vejo."[1]

Aplicação: Se estou me sentindo como uma vítima, oprimido, explorado; se estou sentindo que, no fundo, o amor é perigoso e prejudicial, agora direi a mim mesmo que meu erro é acreditar que a causa do que penso e sinto está no mundo exterior. Eu irei me lembrar de que não sou o indefeso resultado dos pensamentos e ações dos outros. Já que todos os meus pensamentos sem amor por mim mesmo são projetados no mundo exterior e, assim, determinam o que eu vejo no mundo, eu sou uma vítima dos meus próprios pensamentos e não uma vítima do mundo exterior. Quando me sinto sem amor e sem ser amado, é porque, no meu íntimo, não estou acreditando que mereço ser feliz. Hoje eu resolvi me lembrar de que são os meus próprios pensamentos de rancor por mim mesmo que me levam a pensar que sou uma vítima; e eu posso optar, a todo momento, por transformar os pensamentos negativos em pensamentos positivos.

6. Deixarei de dar valor ao apego, à culpa e à censura, lembrando-me de que minha atração por eles produz o medo de amar.

Aplicação: Quando estou transtornado e com medo de amar, é porque os pensamentos de culpa a respeito de mim mesmo e a censura que faço aos outros me impedem de me sentir em paz e amado. Não é possível sentir amor e paz interior enquanto continuo a valorizar a culpa e a censura, pois esses sentimentos não podem coexistir. Hoje, quando opto pela paz através do amor e do perdão, toda culpa e censura desaparecem.

7. "Nunca estou transtornado pela razão que imagino."[2]

Aplicação: Quando fico transtornado, parece que a causa da minha angústia é o que está acontecendo fora de mim. Na verdade, o motivo da minha perturbação não tem nada a ver com o mundo exterior; as coisas fora de mim são apenas uma imagem de algo projetado a partir daquilo que não curei no meu próprio passado. Ao me perguntar, "quando, onde e com quem já partilhei este mesmo sentimento antes?", irei descobrir rapidamente qual a experiência do meu passado que agora preciso perdoar, curar e liberar.

8. "Estou determinado a ver as coisas de modo diferente."[3]

Aplicação: Existe um outro modo de olhar o mundo e hoje estou determinado a encontrá-lo. Já que minhas percepções do mundo são determinadas pelos meus próprios pensamentos e pelo meu próprio sistema de crenças, e já que um reflete o outro, posso escolher os pensamentos que coloco na minha mente; através do perdão e da libertação dos pensamentos e relacionamentos não-curados, verei o mundo de um modo diferente. Ao escolher a paz de espírito como o meu único objetivo e o perdão como a minha função primordial, minha paz e meu perdão irão se refletir no mundo que eu vejo.

9. Hoje resolvi não julgar nem interpretar os motivos ou o comportamento de ninguém.

Aplicação: Quando me sinto sozinho ou separado dos outros, geralmente é porque estou julgando e interpretando os motivos e o comportamento deles. Muitas vezes me convenço de que sei o que é melhor para uma outra pessoa e, quando ela não segue o roteiro que lhe escrevi, entro em conflito. Ao reconhecer que todos os meus julgamentos e interpretações a respeito da outra pessoa são, quando muito, percepções, posso abandonar as ilusões que alimentava sobre essa pessoa e, assim, libertar a nós dois.

10. "Saúde é paz interior, e curar é deixar de lado o medo." [4]

Aplicação: Posso ser uma pessoa saudável e curada, independentemente do aspecto exterior que meu corpo tenha assumido. Hoje, para alcançar a verdadeira saúde, escolho a paz de espírito como meu único objetivo, deixando que todos os meus outros esforços e objetivos se tornem *intenções*. Hoje, no meu desejo de ser completamente curado, estou disposto a abandonar todos os pensamentos de medo e agressão dirigidos aos outros e a mim mesmo.

11. "O perdão me oferece tudo o que desejo."[5]

Aplicação: Quando me sinto magoado com relação ao sentido que a minha vida tomou ou, talvez, com o sofrimento que os atos de outra pessoa me causaram, ou quando sinto não ter recebido amor suficiente, posso sentir a tentação de me aferrar às minhas queixas contra os outros, já que isso parece me oferecer aquilo que desejo. No entanto, é exatamente esse apego que causa toda a minha dor, sofrimento e conflito. Hoje, pergunto a mim mesmo: O que desejo da vida? Quero felicidade? Quero paz de espírito? Quero manter relacionamentos alegres e amorosos? O perdão me oferece tudo isso, e muito mais.

12. Hoje libertarei todas as pessoas que encontrar do cativeiro dos meus julgamentos, deixando de vê-las através da imagem preconcebida que faço delas.

Aplicação: Quando me decido a reconhecer que as imagens preconcebidas que faço dos outros são projeções dos pensamentos, atitudes e julgamentos da minha própria mente, posso libertar as pessoas do cativeiro dessas projeções se eu abandonar meus pensamentos de agressividade. Quando me decido a libertar outra pessoa, estou na verdade libertando a mim mesmo do papel de carcereiro dos meus próprios pensamentos limitadores. Ao escolher a liberdade para os outros, estou também escolhendo a liberdade para mim mesmo.

13. "Dar e receber são a mesma coisa, e tudo o que dou, estou dando para mim mesmo."[6]

Aplicação: Minha experiência passada mostrou-me com freqüência que, quando dou alguma coisa, deixarei de tê-la e sofrerei escassez e privação. Ela também me mostrou que alguém precisa me dar para que possa saber o que é receber. Hoje, se estou me sentindo triste, solitário ou carente de amor, irei procurar alguém a quem alegrar, oferecer a minha companhia e dar amor incondicional, sem nenhuma expectativa de receber algo em troca. Ao dar o que desejo para mim mesmo, vivenciarei o crescimento e a expansão do amor no qual ninguém jamais perde e todos ganham.

14. Hoje resolvi deixar de ver qualquer valor no ato de me comparar com os outros.

Aplicação: Quando percebo que estou me comparando com os outros, posso reconhecer que essa atitude não só é desamorosa para comigo mesmo como também coloca o outro como meu inimigo. Admirar as aptidões de alguém e vê-las como um exemplo positivo a ser seguido é bem diferente de comparar e julgar a si mesmo ou ao outro. À medida que busco encontrar a singularidade das pessoas, e lhes dou apoio no lugar onde estão, também posso apreciar e realçar a mim mesmo.

15. Sempre que eu pensar que, para ser feliz, tenho de esperar por algum tempo futuro, estou escolhendo conscientemente não ser feliz no presente.

Aplicação: A felicidade é o nosso estado de espírito natural. Ela é uma decisão e uma escolha interior. Em última análise, ela nada tem que ver com os acontecimentos ou com as experiências do mundo exterior. Quando eu pensar que minha felicidade depende da obtenção de algo no futuro, eu me lembrarei de que ela só pode ser vivida no presente. Já que o agora é o único momento que existe, eu posso ser feliz neste momento ao escolher a paz de espírito como o meu único objetivo e ao dar o meu amor incondicional.

16. Enquanto eu acreditar que a raiva me traz algo que realmente quero, estarei em conflito e a paz fugirá de mim.

Aplicação: Embora eu saiba que expressar a minha raiva é uma parte saudável e importante da minha experiência humana, também sei que o apego à raiva nunca me trouxe paz, felicidade ou amor. Se ela fez algo por mim, foi ajudar a afastar de mim a paz, a felicidade e o amor. Hoje resolvi abandonar os pensamentos de raiva que fazem com que eu ou a outra pessoa nos sintamos culpados. Eu me lembrarei de que não posso sentir raiva — que é uma forma de medo — e amor ao mesmo tempo.

17. Posso ver tudo aquilo por que estou passando como uma lição positiva, sem exceções.

Aplicação: Muitas das nossas experiências negativas no mundo não têm nenhum aspecto positivo. No entanto, é possível extrair algo de bom delas, alguma lição, de modo que elas acabem se mostrando benéficas de algum modo. Pode ser que eu aprenda lições como a paciência, como a tolerância, como a compaixão, como o perdão ou como a aceitação. Em geral, aprendo lições que talvez nunca tivesse esperado. A crença de que todas as experiências, sem exceção, trazem lições positivas para o meu aprendizado, gera em mim a disponibilidade para aprender as lições da minha experiência.

18. Ao mudar minha mente, mudo a minha vida, lembrando a mim mesmo que, qualquer que seja o problema, o amor é a resposta.

Aplicação: Ao reconhecer que são os meus próprios pensamentos que criam o mundo que vivencio, posso resolver mudar minha mente e, portanto, mudar o que estou vivenciando. A qualquer momento, posso escolher a paz em vez do conflito e o amor em vez do medo. Posso me tornar uma pessoa que dá amor, em vez de uma pessoa que pede amor; um buscador de amor, em vez de um buscador de defeitos. Posso ensinar apenas amor, pois amor é o que eu sou.

Epílogo

Vemos que a Cura das Atitudes nada mais é que a cura e a libertação do passado, quando deixamos de valorizar o apego que sentimos pelas mágoas que um dia sofremos. A Cura das Atitudes é uma forma de amnésia celestial, que resulta do perdão que concedemos aos outros e a nós mesmos.

Qual é um dos maiores erros que o ser humano pode cometer? É dar aos outros o poder de decidir se ele é digno de amor ou não.

O que é a liberdade, senão a ampla e irrestrita capacidade de encanto e de admiração — sentida no coração da inocente criança que existe dentro de cada um de nós — que vivenciamos no mistério da vida?

O que é a criatividade, senão honrar o nosso Criador, ouvir o nosso eu intuitivo, expressar a nós mesmos além das palavras e compartilhar nosso amor e singularidade além dos limites da nossa imaginação?

O que é o riso, senão a música que nasce dos nossos passos ligeiros a trilhar o caminho da nossa verdadeira morada? O riso é a melodia do nosso verdadeiro eu, cujo coração está sempre sorrindo. É uma canção de alegria, na absoluta certeza de que na nossa verdadeira realidade não existem coisas como o medo, a culpa e a censura.

O que é a paciência, senão o conhecimento de que não há realmente coisas como passado, presente e futuro — de que agora só o eterno existe no mundo real? A paciência é natural quando confiamos e sabemos, no fundo de nós mesmos, que já estamos em casa e nada mais precisamos fazer do que compartilhar o amor da criação.

O que é a intimidade, senão a disponibilidade para deixar que os outros vejam o nosso eu interior? A intimidade existe quando deixo de me sentir vulnerável ou amedrontado; quando estou confiante de que, mesmo sabendo tudo o que há para saber sobre mim, você ainda me amará. Intimidade é a ausência de máscaras, de disfarces, de segredos, de vergonha e de culpa. Intimidade é a vontade de compartilhar com você todos os meus pensamentos, sem medo de ser agredido. É a dissolução de todas as barreiras entre a minha alma e a sua. É a expressão completa do amor incondicional.

Quando o amor, o zelo, o abraçar e o tocar se tornarem, na nossa rotina do dia-a-dia, tão essenciais quanto o ato de comer e de dormir, talvez desapareçam muitas das doenças da humanidade.

Quando todas as pessoas do mundo aceitarem a realidade de que todos nós estamos espiritualmente unidos, deixará de haver guerras e conflitos. Haverá apenas amor, bondade, compaixão, crescimento e amizade.

O que é a vida, senão uma jornada na qual aprendemos que dar e receber são a mesma coisa? Uma jornada na qual aprendemos que o nosso propósito aqui é amar, perdoar e estar sempre dispostos a estender uma mão prestativa aos outros.

Quando tivermos nos libertado totalmente das limitações do passado e abrigarmos somente amor em nossos corações, poderemos nos elevar além das nuvens mais distantes e mergulhar no infinito. Com fé e confiança, nosso eterno sonho da volta ao lar torna-se a nossa realidade. Vivenciamos a harmonia da unidade com nossa Fonte e com todos os outros seres, num mundo onde existe apenas união — sem nenhuma separação —, um amor eterno e uma total ausência de medo.

Notas relativas ao livro *Um Curso de Milagres*

Muitas das idéias que expusemos neste livro baseiam-se nos princípios de *Um Curso de Milagres*. Este livro se compõe de três seções ou volumes:

- *Text,* com 622 páginas;
- *Workbook for Students,* com 478 páginas; e
- *Manual for Teachers*, com 88 páginas.

(Nas referências a seguir, listamos as citações diretas ou indiretas do *Text* e do *Workbook for Students.*)

PARTE I

Capítulo 1

1. "Saúde é paz interior... a doença é alguma forma de busca externa". (*Health is inner peace... Illness is some form of external searching.*) — *Text*, Cap. 2, "The Origins of Separation", pág. 15.
2. "Saúde é paz interior..." (idem)

Capítulo 4

1. "Nunca estou transtornado pela razão que imagino." (*I am never upset for the reason I think.*) — *Workbook*, Lição 5, pág. 8.

PARTE II

Capítulo 7

1. "Não sou um corpo. Eu sou livre. Pois ainda sou como Deus me criou." (*I am not a body. I am free. For I am still as God created me.*) — *Workbook*, Revisão VI, pág. 376 e Lição 205, pág. 380.

Capítulo 11

1. "O amor é a essência do nosso ser." (*Love is the essence of our being.*) Esta afirmação baseia-se em "O Amor, que me criou, é o que eu sou"(*Love, which created me, is what I am.*) — *Workbook*, Lição 229, pág. 396.

PARTE III

1. "Não sou uma vítima do mundo que vejo."(*I am not a victim of the world I see.*) — *Workbook*, Lição 31, pág. 48.
2. "Nunca estou transtornado pela razão que imagino." (idem)
3. "Estou determinado a ver as coisas de um modo diferente." (*I am determined to see things differently.*) — *Workbook*, Lição 21, pág. 32.
4. "Saúde é paz interior..." (idem)
5. "O perdão me oferece tudo o que desejo." (*Forgiveness offers me everything I want.*) — *Workbook*, Lição 122, pág. 213.
6. "Dar e receber são a mesma coisa, e tudo aquilo que dou, estou dando a mim mesmo." (*Giving and receiving are the same, and all that I give, I give to myself.*) Esta afirmação baseia-se em "Tudo aquilo que dou, é dado para mim mesmo" (*All that I give is given to myself.*), "E o verdadeiro perdão, assim como os meios pelo qual é alcançado, cura a mente que o concede, pois dar é receber." (*And true forgiveness, as the means by which it is attained, must heal the mind that gives, for giving is receiving.*) e "Hoje tentamos compreender a verdade de que, quem dá e quem recebe são o mesmo." (*Today we try to understand the trust that giver and receiver are the same.*) — *Workbook*, Lição 126, pág. 222/3.
7. "Ensine apenas amor, pois isso é o que você é."(*Teach only love, for that is what you are.*) — *Text*, Cap. 6, "As Lições do Amor", pág. 87 e *Workbook*, Lição 110.

SOBRE OS AUTORES

O dr. Gerald (Jerry) G. Jampolsky e sua mulher, Diane V. Cirincione, são também os co-autores de *Love Is the Answer*, *Wake-up Calls* e *Me First and the Gimme Gimmes*.

Ambos têm renome internacional no campo da saúde, da educação e dos negócios.

O dr. Jampolsky, fundador do Center for Attitudinal Healing, com sede em Tiburon, Califórnia, onde mora com sua mulher, é mundialmente conhecido por seus livros *Love Is Letting Go of Fear*, *Teach Only Love* e *Goodbye to Guilt*.

Diane Cirincione é empresária e autora de *Sounds of the Morning Sun*.

Se você quiser informações sobre as palestras e cursos de Gerald (Jerry) Jampolsky e Diane Cirincione, ou se quiser comprar os livros e fitas, escreva (anexando envelope já preenchido com seu nome e endereço) para P.O. Box 1012, Tiburon, CA 94920 ou telefone para 1-8000-359-2246.

As citações de *A Course in Miracles* foram feitas com autorização da Foundation for Inner Peace, Inc., P.O. Box 1104, Glen Ellen, Califórnia 95442. *A Course in Miracles* pode ser adquirido junto à Foundation for Inner Peace: a coleção dos três livros em capa dura ou completa, num único volume.

DESPERTE E MUDE A SUA VIDA
Um Guia para Desenvolver suas Próprias Capacidades

Soozi Holbeche

A época que estamos vivendo é um período de mudanças para muitos de nós. O mundo está mudando tão depressa que fica difícil enfrentá-lo. Sentimo-nos inseguros com as constantes notícias de desastre ecológico, de colapso econômico, de epidemias e de crescente instabilidade mundial.

Soozi Holbeche é uma agente de cura internacionalmente famosa, cuja atividade se completa com a organização de concorridos seminários e a autoria de livros cada vez mais disputados pelos seus leitores. Ela acredita que estamos passando por um período excitante e dinâmico da nossa evolução e que representa a passagem para a última fase da nossa história atual. Estamos prestes a entrar num novo clima de espiritualidade e de crescimento. Se aprendermos a aproveitar a energia das mudanças que estão ocorrendo à nossa volta, atingiremos um novo nível de percepção.

Em *Desperte e Mude a sua Vida*, Soozi nos ajuda a vencer o medo que temos da mudança. Ela nos ajuda a entender o que está acontecendo e por que está acontecendo, e indica as maneiras de nos sintonizarmos com os novos padrões deixando os padrões indesejáveis para trás. *Desperte e Mude a sua Vida* é um livro indicado para todos os que se preocupam com o nosso mundo e com a qualidade de vida.

* * *

Soozi Holbeche é especialista em diagnósticos, agente de cura e autora de *Como os Sonhos Podem nos Ajudar* e do *best-seller O Poder das Pedras Preciosas e dos Cristais*, ambos publicados pela Editora Cultrix.

O VERDADEIRO SUCESSO

Uma Nova Compreensão de Excelência e Eficácia

Tom Morris, Ph.D.

Segundo Tom Morris, muitos de nós encaram a vida de uma maneira errada, dando a maior atenção às coisas menos importantes e deixando de nos preocupar com as mais importantes. O *Verdadeiro Sucesso*, um livro inteligente e bem-humorado, nos ajuda a colocar o pensamento no seu devido lugar. Ele nos leva a compreender que precisamos dar atenção, primeiro, à nossa vida interior, e que a excelência é a causa e não o produto do sucesso.

Tom Morris, professor de filosofia na Universidade de Notre Dame, agraciado com inúmeros prêmios, convidado para fazer palestras no país inteiro, acredita que, se conseguirmos compreender e interiorizar o que ele propõe neste livro, nossa vida poderá assumir o significado que tanto desejamos.

Lendo-o e compreendendo seus princípios, podemos criar novos conceitos acerca do significado da vida. Podemos começar a compreender que o sucesso está ao alcance de todos, ricos e pobres, famosos e obscuros. Podemos começar a compreender como a nossa excelência pessoal pode começar a gerar um nível de felicidade e de sucesso com o qual, até agora, mal conseguíamos sonhar.

O livro de Tom Morris está repleto de revelações, de constatações, de humor, de parábolas e de histórias que nos desafiam, nos motivam e nos inspiram. Tom Morris nos oferece em troca o renascimento da excelência, dos valores, e a possibilidade de alcançar a felicidade nos tempos atuais.

* * *

O autor é professor de filosofia na Universidade de Notre Dame. Formado pela Universidade da Carolina do Norte, em Chapel Hill, tem dois mestrados e um Ph.D. conjunto em filosofia e estudos religiosos da Universidade Yale. Recebeu várias bolsas de estudo para financiamento dos seus trabalhos e foi nomeado Professor do Ano em 1990, no Estado de Indiana.

EDITORA CULTRIX

Outras obras de interesse:

GERENCIAMENTO ECOLÓGICO (EcoManagement) - Guia do Instituto Elmwood de Auditoria Ecológica e Negócios Sustentáveis
Ernest Callenbach, Fritjof Capra, Lenore Goldman, Rüdiger Lutz e *Sandra Marburg*

MAESTRIA - As Chaves do Sucesso e da Realização Pessoal
George Leonard

O CAMINHO DO HERÓI COTIDIANO
Lorna Catford e *Michael Ray*

AJUDE-SE A SI MESMO
Jerry A. Schmidt

COMO DESENVOLVER O PODER DA MENTE
A. Winter e *R. Winter*

A SABEDORIA DA MENTE SUBCONSCIENTE
John K. Williams

UM CAMINHO PARA COMEÇAR DE NOVO
Ingrid Olbricht e *Ursula Baumgardt*

VIVA O POSITIVO, ABAIXO O NEGATIVO
Paul J. Centi

O PODER EMOCIONAL POSITIVO
Stanley Ainsworth

COMO SUPERAR AS NOSSAS BARREIRAS
Will Parfitt

UMA LIÇÃO DE VIDA
Meir Schneider

ENSAIOS DE SOBREVIVÊNCIA Anatomia de uma Crise da Meia-Idade
Daryl Sharp

O QUE É INTUIÇÃO e Como Aplicá-la na Vida Diária
Philip Goldberg

O MISTÉRIO DA INTUIÇÃO
Brian Inglis

Peça catálogo gratuito à
EDITORA CULTRIX
Rua Dr. Mário Vicente, 374 - Fone: 272-1399
04270-000 - São Paulo, SP